KB270857

수행의 완성도론

인류가 수행으로 도달할
최선의 진리 실상은?
최상의 목적 가치는?
최대의 증과 결과는?

내일을여는지식 철학 14

수행의 완성도론

■ 염기식 지음

한국학술정보㈜

깨달음의 본질은 기존의 인식 체계를 무너뜨릴
새로운 세계관적 본질을 체인하는 것이다.
무엇을 끊고 버리고 무너뜨려야 깨달음을 얻을 것인가?
온 인류가 이해할 수 있고 실천할 수 있고 도달할 수 있는
보편적인 깨달음의 목적과 가치와 증과 세계,
그리고 수행의 황금 루트를 개척하기 위하여

수행의 완성도 의미

수행은 인류가 온갖 고투로 진리를 일구고자 했던 투혼의 대명사이다. 비록 일부 선각자들에 의해 실천되었던 선택된 행저이었기는 하지만, 그들이 바친 고귀한 인생 목적과 희생이 있었기 때문에 인류는 오늘날 새로운 문명 차원을 전개할 수 있는 구원의 대동력을 가동할 수 있게 되었다. 그 길이 고난이었던 만큼 우리는 형통할 수 있고, 그 길이 외골수 고독이었던 만큼 다 행복할 수 있다. 그들이 온갖 험로를 개척하고 거친 터를 닦아 놓았기 때문에 인류는 그 너머의 세계까지 바라볼 수 있다. 곧 선현들이 일군 진리를 기반으로 대완성도를 기할 수 있게 되었다.

진리를 완성하기 위해서는 그 본질이 분열을 완료해야 하고, 수행도를 완성하기 위해서는 증과가 함께해야 한다. 증명할 수 있기 위해서는 이론적인 체계화가 필수이다. 옛날에는 직접 "닦아서 증명하고자 한 수증론(修證論)"[1]이 대세였지만, 그것은 개인적인 체험들에 의존한 관계로 진리로서의 객관적인 요구에 부응하지 못했다.[2] 이 같은 불미로 수행이 우주의 진실 구조를 밝히는 중추 역할을 담당해 왔는데도 불구하고 주관성을 면하지 못했다.

수행이란 방법으로 진리를 연결시킨 佛陀만 하더라도 깨달음을

---

1) 원통불법의 요체, 청화선사 법어집(2), 성륜각, 2003, p.112.
2) 선승들은 깨달음을 얻은 위대한 진리의 교사들이다. 그런데도 그것을 왜 보편화, 객관화, 세계 이해화하지 못했는가?

얻으려 한 일념에만 몰두하여 수행이 대우주 본질과 교호한 작용성을 원리화하지는 못했다. 그리고 그를 따른 추종자들도 수행을 단지 覺을 얻기 위한 방편으로 여겨 강을 건너고 나면 나룻배는 버려도 좋다는 생각을 가졌다. 그러니까 정작 깨달은 이는 있어도 결국 만인이 함께 갈 수 있는 보편적인 길이 되지 못했다. 일체 覺과 팔만 사천 법문과 증과 세계가 장애에 가려 버려 법열의 세계를 제대로 이해할 수 없었다. 그야말로 각자가 일일이 수증하지 않을 수 없다.

이렇게 되어서는 복잡다단한 현대 사회에서 수행이 본유한 구원력을 제대로 발휘할 수 없다. 세상은 온통 타락 일변도로 치닫고 있는데 도력이 높다는 일부 고승들만 홀로 고고할 수 없다. 만인이 다 수행이 비축한 고원한 가치 보배를 나눌 수 있기 위해서는 세계의 제 수행 방법론을 원리적으로 요해, 응집해야 한다. 여기에 수행론이 그 체제 구축을 새롭게 하지 않을 수 없는 요청이 있다.

그래서 이 연구에서는 佛陀가 2,500년 전 장대한 법열의 세계를 펼쳐 수많은 영혼들을 구원하고 先天 문명을 꽃피운 전적에도 불구하고, 지적한 바 수행이란 방법론을 원리화하지 못해 지리멸렬 상태에 있는 점에 착안하여, 수행의 목적 가치를 보다 세계론화하고 작용 메커니즘을 원리화해 고고함의 벽을 허물고자 한다. 그리해야 세상이 타락한 만큼, 수행이 末世 인류를 구원할 원동력으로서 거듭날 수 있다.

이 연구는 수행이 죄악에 찌든 인류의 영혼을 구제하고 본성을 회복할 마지막 비장약으로 보거니와, 인류가 지난날 저지른 죄악이 전무하고 타고난 욕망이 없다면 수행은 필요 없다. 하지만 그렇지 못하다면 수행이 지닌 본질 회복적 메커니즘이 긴요하다.[3]

인간은 결코 그냥 존재하는 것이 아닐진대 존재하는 궁극 실상을 파헤치기 위해서는 진리 일굼 노력이 필수적이다. 그래서 인류는 역사상 수행이란 실마리 끈을 놓아 본 적이 없다. 그렇기 때문에 이 연구는 수행이 이룬 지적 유산과 증과된 진리를 일치시킨 완성도 모습을 구축하게 되었다.

先天 하늘에서는 분열성이 지닌 한계성답게 방법 따로 결과 따로라, 진리는 존재하되 그 실상을 이해하기가 어려웠다. 하지만 이제 수행의 작용 메커니즘을 요해하게 되면 세계에 가로놓인 진리의 모습이 명백해지리라. 동서 간 문명의 본질이 밝혀질 뿐 아니라, 제 역할들이 분명해지고 통교까지 가능하다. 그리해야 수행이 만 영혼과 함께할 세계화의 길을 틀 수 있다.[4] 수행→진리→세계로 나아가므로 초월 세계(神)인들 넘나들지 못하겠는가? 서양 인식론은 현상의 분열 질서를 극복할 수 있을 것인가를 의문시했지만,[5]

---

3) 저지른 죄악을 씻고 끝없이 샘솟는 인간 욕망을 잠재우기 위해서는 수행 말고는 달리 대안이 없음.
4) 수행의 자체 본질을 요해함으로써 진리의 본질을 밝히고, 진리와 지식의 세계사적 역할과 구조를 명백하게 대비함.
5) 서양은 분열 질서 자체를 결정적인 세계 구축의 근간으로 삼음.

수행은 정말 그와 같은 초월 본체성에 도달할 수 있는 수단으로서 개척되었다.

불교에서는 覺者들이 밝힌 혜안으로 반야란 초월 지혜가 이미 걕출되어 있는 상태이다. 그래서 남은 것은 그렇게 해서 드러난 세계의 본질 구조가 무엇을 뜻하는가 하는 것을 판단하는 것인데, 이 것을 이 연구가 하나님이 태초에 천지를 지으신 창조 실상과 연관하여 규정짓고자 한다.[6] 先天의 진리, 역사, 팔만 사천 법문인들 평가, 엑기스화해 갈무리할 수 없겠는가? 그리하여 온갖 지혜의 본체자이신 하나님과 통할 수 있다면 그로써 수행론은 완성되리라. 수행은 실질적으로 하나님의 초월 본체성에 도달할 수 있는 인식의 가교 역할을 담당하리니, 바로 이 같은 착안점을 이 연구가 최대한 논제화하고 진리적으로 구체화하고자 한다.[7]

인류는 수행을 통하여 인간이 태어난 창조 본향, 곧 우주적 본체와 이질화되지 않기 위해 정진했고, 이해함을 넘어 진리 자체와 일체화되기 위해 노력했다. 이 추구 가치를 실현하기 위해 이 연구에서는 인류가 여태껏 개척한 수행 문화를 최대한 통섭하고자 한다. 그리해야 모든 무형의 존재 본질, 즉 수행으로 쌓은 공덕과 믿음 현상을 원리화해 새로운 정신문명의 기틀을 이룰 수 있다.

---

6) 수행을 통해 우주의 궁극적인 실상에 도달하는 것, 여기에 지나온 과정 일체를 통섭할 수 있는 안목과 혜안이 생김.

7) 수행은 우주 본질과의 교감 작용으로 神의 존재 본체를 인식할 수 있는 길을 틈.

　수행의 역할 확대와 완성도 의미는 만 영혼이 깨달음과 구원을 얻고 하나님과 교감할 영성시대 맞이 절차인 것이 분명하다. 일체의 분열 과정을 통섭함과 아울러 새로운 차원 세계로 진입할 초석 다짐이다. 선현늘이 수행으로 이룬 고귀한 희생도를 혓되지 않게 하고, 만 영혼을 빠짐없이 하나님에게로 인도하기 위해 수행의 완성도론을 제창하게 되었다. 인간성, 진리성은 물론이고 하나님의 살아 계신 뜻까지 깨달을 수 있길…….[8] 인류 구원과 열망을 대변하고 모든 영광을 재현할 수 있길…….

2009년 12월
경남 진주에서 저자 염기식 씀.

---

8) 누구나 깨닫고 누구나 하나님을 인식함.

제1장 수행론의 개설

수행론의 개설

1. 수행 개념

수행은 주로 종교에서 쓰는 말로 종교적 진리를 깨치고 생활화하기 위해 하는 것이다. 각 종교마다 다양한 수행법이 있고,[9] 닦는다, 옳게 한다 혹은 다스린다는 의미로서의 修로써 시작되는 단어도 많다. 수기－修己는 자기 몸을 닦는다는 뜻이고, 수도－修道는 道를 닦는 것, 수련－修鍊은 몸과 마음을 닦아서 단련하는 것, 수신－修身은 수양하여 몸을 닦고 행실을 올바르게 하는 일, 수양－修養은 품성과 지덕을 닦음이고, 수학－修學은 학업을 닦음, 수행－修行은 행실을 닦음이다.

무엇이든 갈고 닦지 못할 것이 없겠지만, 특히 수행이 지닌 일반적인 의미 안에서는 마음, 몸, 道, 행실을 닦는다는 목적이 집중되어 있다. 그리고 수행과 같은 맥락이면서도 삶의 가치 추구와 인간성 함양 문제를 포괄하는 개념에 수양이 있다. 수행은 그 뉘앙스가 종교적인 실천 측면이 강한데, 수양은 인간 완성을 지향하는 인격과 정서의 컨트롤, 교양 문제와 관계가 깊다. 수양은 학문을 닦거나 품덕을 쌓고자 할 때, 나아가서는 성인이 되기 위한 기본 조건이었고(유교), 불교에서는 佛陀란 교조의 행적을 생활의 전형－典型으로 삼아서 佛門의 교법을 지키고 선행을 닦는 일, 즉 계(戒)·

---

9) 『중학교 도덕(1)』, 서울대학교사범대학 1종도서편찬위원회, 2001, p.67.

정(定)·혜(慧)를 닦고 탁발·순례·고행·명상·좌선하는 일 등을 수행으로 쳤다.[10]

동양 문화권에서는 道라는 개념이 노자란 한 걸출한 상식인이 있어 인식 지어졌듯, 수행은 불교란 문화권에서 거의 전용되다시피 했고, 수양은 유교에 의해 방계－傍系되었다. "믿고(마음) 깨닫고 (인식) 행하여(실천) 증험(구현)하는 것이 종교 신앙의 요체일진대"[11] 수행은 그들이 믿은 바대로 종교적 진리 내지 지혜를 얻고 증험하는 데 있어서 핵심 역할을 담당했다. 종교적 진리와 지혜가 무엇인가 하는 것은 현대인들이 탐구하고 있는(학문) 진리란 개념과는 자못 성격이 다른 측면이 있다. 종교라는 영역이 자연과 객관적인 사물 현상을 탐구하고 있는 학문과 구별되는 바에야,[12] 종교가 갈구한 진리와 지혜는 객관적으로 증험하기 어려운 형이상학적 체현일 가능성이 높다.

사실 철학에서도 지혜를 구하고 사랑한다고 하는데, 종교에서건 철학에서건 진리와 지혜는 형이상학적인 무형의 철칙과 본체성을 자각하는 것과 연관된다. 철학에서는 관념과 이성으로서 이치를 판별하려 하는 노력이 되겠고, 종교에서는 사물의 이면에 내재한 초월적인 이치성을 통각하는 것이지만, 어떡하든 진리와 지혜는 드러나 있는 것을 통해 드러나 있지 않은 것을 가늠할 수 있어야 하며, 보이지 않는 것을 통해서 보고 있는 것을 가늠할 수 있어야 한다. 하지만 수행이 아무리 요긴한 진리 획득의 방법론이라고 해도 만인에게 어필할 정도로 문명적 가치로서 확산되지는 못했다. 수행

---

10) 『새우리말 큰사전』, 신기철·신용철 편저자, 삼성출판사, 1985, p.수행 편.
11) 『한국철학사상사』, 주홍성·이흥순·주칠성 저, 김문용·이홍용 역, 예문서원, 1993, p.100.
12) 인생의 원리 내지 영혼의 궁극처 문제와 관련.

하나로 팔만 사천 법문을 펼친 불교도 어떻게 해서 法의 세계와 수행이 연관될 수 있는 것인지에 대한 정확한 관계 고리를 밝히지는 못했다. 어떻게 수행을 해야 한다는 行法과, 그렇게 하기 위해서는 어떤 계―戒를 지켜야 한다는 것과, 인욕을 끊어야만 깨달음을 얻을 수 있다는 것은 분명한 것인데, 인식 절차에 있어서 안타깝게도 갭이 있다. 일반적인 목적 가치로서는 인격을 닦기 위해, 無明의 세계를 깨치기 위해, 욕망을 이기기 위해 수행이 필요하다고 하지만, 이 같은 가치들이 진리 세계와 연관해서 종합되지는 못했다. 그러니까 종교마다 수행을 통해 이룰 이상적인 세계상들이 제시되었는데도 불구하고 방법론을 놓고 비교하면 큰 차이가 없다.

원불교 경전인 『正典』에서는 "정신이라 함은 마음이 뚜렷하고 고요하여 분별성과 주착심이 없는 경지를 이름이요, 수양이라 함은 안으로 분별성과 주착심을 없이 하며, 밖으로 산란하게 하는 경계에 끌리지 아니하고 뚜렷하고 고요한 정신을 양성하는 것을 이름이다."[13]라고 했다. 곧 정신 수양은 욕심과 번민을 없애고 온전한 정신의 자주력을 얻기 위한 길을 일컫는다. 마음의 상태, 정신 상태를 일정한 수준까지 컨트롤할 수 있는 경지까지 올려놓는다는 개념이다. 시대가 변화함에 따라 수행의 가치와 필요성이 재정립되어야 할 형편이지만, 몸과 마음을 닦는다는 고유한 목적 범위마저 벗어날 수는 없다. 末世를 맞이하여 온갖 구원 사상이 난무함으로써 수행으로 얻는 증과 세계에 있어서도 허황한 가치 지침이 많다. 시대에 뒤떨어진 주문을 도입하였고, 인지하기 어려운 정신 차원을 말하였으며(靈界), 민족의 고유 수련 행법 등을 운운했다.

하지만 지금은 인류가 총체적으로 종말을 맞이한 상황이라 수행

---

13) 『正典』, 제2교의 편, 제4장 삼학, 제1절 정신수양.

이 아전인수 격인 해석에 그쳐서는 안 된다. 만생이 요원한 구원의 단비가 되어야 한다. 죄악을 씻고 욕망을 극복하지 못하면 멸망을 면하지 못한다는 절박한 그 무엇이 있어야 한다. 왜 道를 닦고 수양을 모토로 삼아야 하는 것인지에 대한 필연적인 가치관을 함께 제시할 수 있어야 한다.14) 개념만 번다한 관념 놀음이 되어서는 안 된다. 제 영역에 걸쳐 진리 세계를 주도할 수 있는 원리성을 천명하고 구체화해야 한다. 수행의 목적이 해탈에 있다면 靈의 해탈도 있겠고 肉의 해탈, 慾으로부터의 해탈도 있을 것인데, 그 목적들을 통합해야 한다. 몸을 닦든 마음을 닦든 道를 닦든, 지향한 목적을 일관할 수 있어야 한다. 그리해야 하나인 수행으로써 인류를 궁극 세계로 인도할 수 있다. 수행 방법은 대차가 없는데 제시한 목적과 세계들이 천차만별하다 보니까 각자인 수행 가치로써 각자인 증험 세계를 점유해 버렸다. 각양각색인 종교 진리가 제각각인 존재 세계 아래 있다.

따라서 이 연구에서는15) 만개할 대로 만개된 수행의 가치들을 포괄해서 하나인 절대 목적 체제로 재편하고자 한다. 수행은 뭐니 뭐니 해도 진리 일굼과 체득이 본연의 목적이다. 그런데 이 같은 목적을 완수하기 위해서는 만개된 수련 체제를 정비해야 한다. 인간은 제 진리를 인식하는 능력을 구비한바,16) 그 능력을 극대화하는 데 수행이란 방법론이 요청된다. 흔히 수련은 원석의 제련에 비유하듯 어떤 형태로든 인간이 지닌 능력을 집약할 수 있어야 내외

---

14) 우리는 이 세계가 더 이상 갈 곳이 없는 末世로 보고 종말로 보며, 특단의 대책이 없는 한 멸망이 필연적으로 도래하리라고 보는 것이 중요하다. 여기서 모든 고는 풀려난다. 한계성을 인식하지 못할진대 절실한 대비책은 세워질 수 없다. 그런데도 현세대가 정말 아무 대책을 내놓지 못하고 있다는 것은 이 연구와의 현격한 인식차이다.

15) 이 연구는 『세계수행론』의 총 열 편 중, 제3편 「수행의 문」을 단행본화한 것임.

16) 인간은 진리로 구성된 본질체임.

적으로 잠재한 진리성을 형상화할 수 있다. 戒를 지키고 욕망을 떨쳐 버린다고 해서 지혜를 획득할 수 있는 것은 아니다. 세계와 접한 인식력을 도야하고 의식, 의지, 사고, 정신, 본질을 일관된 목적 아래 두어야 한다.

인류가 양산한 수행에 대한 가치 개념은 단순하지 않아 수행을 통하지 않은 가치 세계와 도달 가능한 이상 세계는 없다. 인간성의 회복, 도덕성의 수호, 심성 함양, 정서 함축, 정진, 가치 추구, 호연지기 - 浩然之氣, 기력의 양성, 氣의 合一, 무한한 자아 인식, 자아 정립, 참 나의 완성, 최고의 가치 실현과 일굼, 지천명 - 知天命, 천명 인식, 성인, 天人合一 경지, 영적 진화, 영성, 영각, 인식의 고도, 직관, 사색, 깨달음, 깸, 세계적 감응과 영적 교감, 판단과 통찰력, 정신 집중, 초월 인식력과 세계 진입, 세계의 형상화, 궁극적인 실재(神 내지 본체 인식), 지혜, 청정 본성, 허무의 극복, 본질적 준비, 본질 회복, 세계의 본질 자각, 의지 일관, 본질 정화, 정열 보존, 선정, 돈오 돈수, 구경열반, 정각, 해탈, 見性 成佛, 自性을 깨달음 등등. 이들은 한결같이 수행을 주축으로 해서만 획득할 수 있는 가치 경지라는 사실을 알 때, 그 가치성을 규합하면 수행은 인류가 처한 종말적 상황을 전회할 구원의 에너지를 발산하리라. 인간성의 문제, 세계 내에서의 작용성, 영적 교감과 인식의 문제, 의지적 추구, 본질 준비, 깨달음의 원리성, 見性의 세계가 밝혀져 인류가 원한 이상향으로서의 정신문명 기틀을 이루리라.

그래서 이 연구가 수행을 통해 수립하고자 하는 진리 체계는 인류가 부분적으로 실행했거나 잠재된 가능성을 연구의 영역으로 들추어내어 통합하는 것이니, 이 같은 총합 목적과 지혜 위에 하나님의 구원 의지가 있다. 하나님이 마지막 남은 인류를 빠짐없이 구원하기 위해 총체적인 지혜를 발하셨다.

2. 수행 성격

　사람에게는 각자 특유한 감정·의지·행동 특성이 있듯, 이 연구도 나름대로 점유한 고유한 성격이 있다. 우선 밝힐 성격으로서 이 연구는 수행으로만 영혼을 구원의 門으로 인도할 수 있는 행위적인 지침을 제공하고자 한다. 하나님의 구원 의지를 가시화한 세부적인 조건 설정 작업이랄까? 수행론의 체계 구성에 있어서 핵심이 된 과제 작업이다.

　수행론 하면 통상 창의적인 行法을 고안해서 획득 가능한 증과 세계를 주도하려는 것인데, 이 연구는 그런 行法의 제창보다는 수행을 통한 가치 세계의 규합과 교―敎的 지혜를 완성하고자 하는데 치중했다. 수행 체제는 인간 삶을 리드하는 종합적인 가치 구현 시스템으로 재구성 되어야지 신체의 질적 변화들에 집착해서는 안 된다. 믿음과 마음을 끝까지 보위할 수 있어야 한다. 의지를 일관하는 것은 다양한 삶의 형태 가운데서 구현되어야 하며, 일정한 行法 틀 안에 가두어서는 안 된다. 진리를 일구는 데 있어서 行法은 어디까지나 일정한 수준으로 이끄는 수단이다. 직접적인 작용 원동력이 아니다. 수행론이 일상의 삶 가운데서 추구하는 다양한 行을 바탕으로 한 敎의 혜―慧와 해―解를 강구 목적으로 할진대, 그렇게 해서 진리 세계를 완성하고자 한다면 그 구현 방법론으로서는 먼저 정신과 의지를 효과적으로 집중할 수 있어야 한다.

불교 철학에서는 실상론 – 實相論과 연기론 – 緣起論이 해결해야 할 최대의 지적 과제로서 대두되어 있거니와, 이것은 수행을 통해 세계의 본질성을 요해하고자 하는 法의 문제이자 인식의 문제이다. 行法을 통한 해결 과제가 아니다. 물론 이 연구도 인류가 정형화해야 할 行의 추구에 대한 기준을 가지고 있지만, 그 정도는 합리적인 형태로서의 生의 목적 규정 상황이다. 서양 철학처럼 불교에서도 진리 추구에 있어서 인식의 문제는 중요한 위치를 점한다.[17] 수행론도 인식이란 문제를 해결해야 세계의 살아 있는 진리에 이르는 방법론이 될 수 있다. 증과를 확실하게 확인할 수 있어야 수행은 명실상부하게 末世에 만생을 구원할 수 있는 자격 門이 된다. 어떻게 해서 이 같은 일이 가능한가? 지금은 창조 이래 생성의 대주기가 완료된 때라, 지난날의 분열 과정을 낱낱이 해명할 수 있는 敎的 완성 조건이 순숙되었다.

따라서 동일한 여건이라도 과거에는 行의 추진 원리가 제 法과 본체 진리를 분화하고 인식하는 쪽으로 작용하였다면, 지금은 그렇게 해서 만개하게 된 제 法을 풀어서 완성할 수 있게 된 것이 관건이다. 佛陀가 2,500여 년 전에 본체 진리를 깨닫는 방법론으로 수행을 통한 전형을 제시하였다면, 오늘날은 그렇게 해서 추출된 法의 세계를 완성할 수 있어야 한다.

無極은 太極으로서 무한하고 끝없는 생성을 특성으로 하지만 어느덧 그 결말은 가장 극명한 본질로서 특질을 드러낸다. 無極은 太極에 의해서 그리고 太極은 無極에 의해서 성격의 유형과 특질이 결정되는 有한 본질로서의 전환 경계선을 가진다. 무한한 본질성은 무한함으로써 무한한 유한성을 결정하는 창조 구조도이다. 의도한

---

17) 『불교학개론』, 김동화 저, 보연각, 1984, p.94.

메커니즘에 따라 구축된 구조성이다. 그렇게 창조하지 않았다면 그렇게 운위될 수 없는, 무한할 수 없는 유한성이다. 정말 본체계가 무한하기만 하다면 천지간에서 수행으로 인식할 수 있는 진리 세계는 어디에도 없어야 한다. 법칙, 규칙이 없어야 실질적인 의미에서 무한성이다. 그런데 고도한 의식 차원에서 보면 처처에서 제 法의 실상 세계가 여여하기만 하다. 그 같은 세계를 수행을 통한 추진 의지를 통해 낱낱이 요해할 수 있게 됨으로써 이것을 이제는 해명해서 규합하는 쪽으로 나가야 한다(수행 의지마저 요해함).

그러니까 이전까지는 수행이 진리를 인식하는 중요 메커니즘으로서 대류를 이루었다면 이제는 그렇게 해서 요해한 진리를 규합할 수 있는 방법 면에서의 완성을 기도하고, 중생들을 구원할 방법 면에서의 권능 메커니즘을 정비해야 한다. 도덕성과 인간성은 물론이고 온 인류를 가증한 현실로부터 구원할 통합 인식 차원에서의 수행 가치와 목적, 원리, 방법, 세계를 모색해야 한다. 인류가 맞이한 총체적인 위기를 벗어나기 위해 수행을 방법적으로 완성시켜야 한다.

滅道 문명을 전환시킬 대사명적 기치와 에너지를 결집한 수행의 보편적 방법론과 이해 가능한 원리를 제시할 수 있어야 한다.

지금까지의 수행 체계는 세계가 분열 중인 특성상 인류를 진정한 목적 세계로 인도할 만큼 완전한 안내역을 담당하지 못했다. 안내가 확실해야 만인이 빠짐없이 구원의 門을 찾을 수 있다. 혼란에 처한 인류를 방치하면 한 영혼도 구원할 수 없다. 만 인류가 빠짐없이 찾아 나설 수 있는 방법적 길을 제시해야 한다. 세계 없이 길은 영속될 수 없듯 수행 없이 영혼들은 구원될 수 없다. 진리를 완전하게 인식함으로 구원의 길에 이르기 위해서는 그 길을 틀 수 있는 認識論과 價値論과 수행론을 병행해야 한다. 접근 경로와 인식의 과정을 자세하게 밝혀야 진리 세계에 도달할 수 있는 이론을 성립할 수 있다. 의식을 정화하고 영혼의 고결성을 결정하는 선도 역할만으로써는 부족함이 있다.

불교에서는 열반과 깨달음을 얻기 위한 방법론으로서(선정과 지혜 획득) 수행을 요구하였는데, 인류가 막바지 종말을 맞이한 지금은 이전의 체제만으로는 존립하기 어려워(세계를 이끌 수 없음) 일대 쇄신책이 필요하다. 어쩔 수 없이 인류는 본질의 고향인 창조 세계로 귀환해야 하는데, 귀환을 성사시키기 위해서는 세상을 구성한 궁극 본체인 세계의 핵심 본질을 찾아내어 그로부터 살아 계신 하나님의 존재 숨결을 확인할 수 있어야 한다.

그러나 동양에서는 수많은 수행 과정과 각성된 인식 체계가 설파되었는데도 정작 하나님을 증험했다는 말은 어디에도 없다. 세계는 온갖 진리가 만개해 완성을 기다리고 있는데도 수행의 방법적인 측면이 컨트롤되지 않아 滅道에 직면하고 말았으니, 이것을 어떻게 할 것인가? 서양도 상황은 마찬가지라, 인간의 심리와 행동을 합리적으로 설명하고 예측하고 통제해서 복지를 증진하고, 궁극적으로는 인간과 사회에서 진리와 善을 달성하고자 한 심리학을 발동시켰지만,[18] 알고 보면 神을 버린 결과로 피폐한 인간성을 뒤치다꺼리하기 바쁜 땜질 학문이 되고 말았다.

예나 지금이나 앞으로도 수행만큼 세계를 깊이 있게 접근하고 하늘과 땅과 인간을 온전하게 연결해서 장악할 진리 추구 방법론은 어디에도 없다. 어떤 종교, 학문, 철학이 고매한 가치성을 제시

---

18) 『심리학이란 무엇인가』, 오세진·최창호 공저, 학지사, 1995, pp.23-24.

하더라도 이상을 달성할 방법론을 구체화하지 못하는 한 그림의 떡에 불과하다. 그렇지만 수행은 저마다의 자유 의지를 인정한 바탕 위에서 주체적인 노력과 선택으로 일체를 성취할 수 있는 가능성의 길을 열어 주는 관문이다. 그렇게 되면 불교가 단연 우세한 위치를 점유하고 말겠지만,[19] 불교가 지침한 해탈과 열반이[20] 개인으로서는 이상적인 목표로서 유효하다 하더라도 온 인류가 실현할 세계적인 이슈가 되기에는 부족한 점이 있다는 점에서, 여기에 대한 보다 총체적인 조명과 분석이 뒤따라야 한다.[21]

그렇다고 새로운 수행론 모색 방향이 특정 종교에 대한 대안이 되어서는 안 된다. 인류가 남긴 정신 유산을 계승하고 극복, 승화하는 쪽으로 맥을 이어야 한다. "21세기는 종교의 다원주의적인 가치관이 통용되는 세기를 지향하는 것인 만큼, 이성과 감성을 균형 있게 계발해서 삶을 복되게 할 수 있는 창의적인 修行法의 모색이 절실하다."[22] 이에 종말과 새로운 문명 시대의 도래를 대비해서 만인을 다 함께 구원할 수 있는[23] 수행의 절대 가치 체계와 추구 방법론을 요청하게 되었다.

수행을 통한 세계 완성과 구원의 요청은 이 시대에 이르러서야 생성하게 된 이상적 가치가 아니라 고래로부터 성현들이 달성하고자 했던 역점 과제이다. 『大學』에서는 수신제가치국평천하 - 修身

---

19) "불교와 다른 종교와의 가장 큰 차이점은 바로 수행론에 있다고 말할 수 있다." - 『육조단경에서의 견성의 의미』, 이월호 저, 백련불교논집, 제9집, p.머리말.

20) "불교의 궁극적 목적은 꿈로부터의 해탈에 있다. 해탈은 깨달음을 통해 가능한데, 그 깨달음은 마음의 문제이자 곧 수행의 문제이다." - 『화엄경과 기신론의 일심 및 수행에 관한 비교 연구』, 김진태 저, 동국대학교대학원 불교학과 석사학위논문, 1991, p.1.

21) 『민족비전 정신수련법』, 권태훈 감수, 정재승 편저, 정신세계사, 1992, p.9.

22) 『불조직지심체요결과 위빠사나 수행법 비교』, 성기서 저, 호서문화 논총, 제14집, 1998, p.144.

23) 『태을주』, 증산도팜플렛, p.5.

齊家治國平天下를 말했다. 인간이 나아가야 할 수행의 유교적인 이상 가치관이다. 『中庸』에서는 하늘이 命한 것을 性, 性을 따르는 것을 道, 道를 닦는 것을 敎라고 했다. 道를 닦아야만 人間世에서는 진리가 생성될 수 있고, 가르칠 수 있는 인식의 근거가 성립된다. 황금 알을 낳는다는 오리 이야기처럼 修(닦음)를 통하면 온갖 진리가 잉태된다. "천자에서 서민에 이르기까지 한결같이 모두 修身을 근본으로 삼는다."[24] "제왕-帝王의 學도 修己보다 먼저 할 것이 없다."[25]라고 하여 修己(수양, 수행)를 만사와 학문됨의 근본으로 삼았다(유교).[26] 平天下가 修身한 결과로서 얻어진다는 사실을 확신하였다. 이 같은 보편성을 지향한 기대치가 있었기 때문에 오늘날에 이르러서는 수행이 정말 만인이 받들어야 하는 인생 목적과 가치가 되었다. 성현들이 바란 기대는 결코 소실되지 않았나니, 종말을 맞이한 지금 더욱 절실하게 요청된다.

참으로 수행을 통하면 이루지 못할 것이 없다. 하나님의 뜻을 지향한 목적 규정은 정신생활과 제도 면에서 정형화된 방향과 가치 양식을 지침할 것이다. 수행은 멸망의 문제를 해결할 수 있는 절대 방법론이다. 인류의 이상은 法 질서나 욕망의 자의적인 컨트롤만으로써는 달성할 수 없다. 칸트는 人間世의 질서는 善의지로부터 출발하는 것이라고 했는데, 아무리 선천적으로 善의지를 지녔더라도 이것을 일관한 제삼의 의지가 생성되지 못하면 소용이 없다.

그래서 이 연구는 인류가 도달할 수 있는 최상의 목적 세계로서 인류가 그렇게도 찾아 헤매었던 궁극 본체를 판단하고 하나님의

---

24) "自天子以至於庶民 壹是皆以修身爲本." -『대학』.

25) "是故帝工之學 莫先於修己." -『율곡전서』, 권 20, 「성학집요 2」, 수기 제2상.

26) 『율곡의 수양론에 관한 연구』, 이영자 저, 논문, p.3.
　　수행은 지상천국 건설의 가장 핵심 주역인 인간을 바로 세움에 목적이 있음.

존재성까지 파악할 수 있는 메커니즘인 수행론을 체계 짓고자 한다. 그것의 세계관적 성격은 참으로 佛陀가 발의한 그대로 敎와 法을 완성하는 형태가 되리라. 진리를 추구한 수행론으로서 세계의 본체성을 관-觀한 대인식론적인 체계로서 모습을 드러낼 공산이 크다. 수행론이 방법적으로 세계의 궁극 본체를 드러냄과 아울러 하나님의 본성을 인식할 수 있는 길까지 튼다면, 그것은 참으로 이 땅에 하나님의 창조 실상을 맞이하는 것과 맞먹는 실적이다.[27] 수행은 살아 계신 하나님과 교감의 길을 틀 수 있는 절대 방법론이다.[28] 수행을 기반으로 한 이론을 완성하는 것은 인류를 차원적인 靈性 세계로 인도하는 진리적 기초이다.

종말을 맞이한 시대에 만생을 구원할 당위 조건으로서 수행론이 요청되었다는 것은, 이날과 이때를 위해 생애를 바친 佛道人들이 원한, 未來世를 구원할 미륵 부처님의 탄강 근거와도 맞먹는다. 석가 부처님이 2,500년 전에 각성해서 法의 세계를 생성시켰다면, 그 다음은 당연히 그렇게 해서 생성한 法의 세계를 통합함으로써(새로운 수행론의 제창) 만 영혼을 구원할 수 있으리라.

3. 수행 자세

본인이 수행론을 집필할 사명감에 휩싸였다는 것은 지난날 生을 통해 일군 길의 추구 자세에 기인한다. 그렇다면 그렇게 기인하게

---

27) 진리 투성이인 하나님의 존재 본체를 직접 맞이함이며. 이것을 이 연구에서는 '지상강림 역사'로써 규정함.

28) 이 연구가 그 원리성을 구체화함.

된 生의 자세는 무엇을 의미하는 것인가? 그것은 그 같은 삶의 형태로서 드러난 모습이기 이전에 행위의 문제이며, 행위는 그 이전의 그 같은 추구 자세를 일관할 수 있게 한 믿음과 정신과 의지의 문제이다. 수행은 자세를 정립하는 것이 중요하고, 사실 수행은 거의 자세를 갖추는 과정이라고도 할 수 있어, 이것을 뒷받침하는 것이 곧 무형의 의지 다짐이다.

모든 길의 궁극적 형체는 유형무형의 인생 자세를 정립하는 데 있다. 자세를 갖추는 것이 길을 닦는 修道이고, 자세를 정립하는 그것이 그대로 수행이다. 길과 道는 그것을 이루고자 하는 자세 위에 있다. 세상을 어떻게 임하는가 하는 정신 자세가 길을 이룬다. 본인이 삶의 길 위에서 정좌함으로 수행을 쌓고자 한 것은 스스로의 정신 의지를 지키기 위함이고, 나아갈 길을 판단하기 위해서이며, 세계에 대한 면밀한 통찰력을 얻기 위해서이다. 사고와 집중, 修道와 정좌, 하나와 절대혼, 인간적인 활동과 길을 완성하기 위하여, 수행은 믿음으로 지향한 바 이상적인 추구 방도이다. 앉거나 서는 등의 몸자세와는 무관하다.[29] 마음과 정열을 무엇을 위해 쏟았는가 하는 것이다. 자세가 안정된 상태에서 정열을 쏟아야 그 위에 본질적인 변화를 기대할 수 있다. 정신세계를 성숙시키고 차원적인 진리를 일구기 위해서는 수행을 위한 추구 자세가 건실해야 한다. 그리해야 허무하지 않은 본질을 이루고 착실한 근본을 쌓을 수 있다.

그렇다면 그 이후는? 쌓은 만큼 정신 능력과 生의 에너지가 확산되고 의식의 고도가 높아져 영원과 구원에 이를 하나님의 뜻과

---

29) "道는 앉거나 서는 등의 몸의 자세와는 무관하다." —『마음닦는 길(수심결 강의)』, 지눌 저, 강건기 강의, 불일출판사, 1991, p.156.

도(성령) 교감할 수 있다. 이 같은 수행 자세가 지난날 본인의 생애를 일관시킨 삶의 에너지이고 대류였다는 것을 알 때, 그렇게 해서 이룬 세계 진입 결과가 이 연구를 수놓게 한 모든 것이다. 어떤 목적을 달성하기 위해서는 그 목적성을 충족시킬 수 있는 추구만이 있는 세계로 진입해야 한다. 조건을 따진다면 조건을 만족시킬 환경이 문제가 되겠지만 수행 자세는 그런 조건들을 무색하게 만든다. 본질상의 변화를 체험하고 신념을 확신한 자에게 있어서 부정적인 장애와 조건은 오히려 획득될 가치 진리를 확고하게 한다.

> "참된 진리를 추구하고 참된 세계를 염원하며 참된 진리로 수행하라. 그리하면 만인은 이 현생의 부여된 삶 가운데서 참된 구원의 세계를 얻으리라."[30]

이것은 길을 추구한 결과 확신하게 된 신념이라, "평생을 수행하는 자세로 삶의 양식 가운데서 의식적으로 깨어 있고자 한 고행을 감수했으며",[31] 그와 같은 정진 자세를 잃지 않으려고 노력했다. 수행을 병행하지 않는다면 진리를 인식하고 영적으로 교감의 길을 틀 수 있는 가능성은 없다. 신령한 지혜와 교감하고 영적인 계시를 받들기 위해서는 영혼의 집중력을 길러야 한다. 뜻은 하늘에서 그냥 주어지는 것이 아니다. 진리는 결코 그냥 얻어지지 않는다. 그릇을 준비해야 물건을 담을 수 있는 것처럼, 뜻을 받들기 위해서는 근본을 세워 두어야 하는 것이 선행된 과제이다. 진리를 일구기 위해서는 진리를 일굴 수 있는 정신 자세가 필수이다. 증과 세계가 아무리 선망되는 것이라도 뜻이 서 있지 않은 자에게 길(수행)을 권유할 수는 없다. 자세가 곧아야만 만난과 고행의 길이 진리를 추

---

30) 『길을 위하여(Ⅲ)』, 졸저, 인쇄본, 1990, p.242.
31) 『세계통합론』, 졸저, 다짐, 1995, p.69.

출하는 모티브로서 작용한다. 허물을 없애고자 하는 노력이 곧지 않으면 그 상태가 즉시 감지된다. 안테나가 꺾여 버리면 수신이 두절되듯, 영혼의 메시지를 수용할 자아혼이 부실하면 모든 쌓음 작용이 단절되어 버린다. 그래서 수행은 항상 마음의 자세를 올곧게 하는 것이 근본이다.

원효는 "엎어진 그릇은 비가 올지라도 아무것도 받을 수 없고, 구멍 뚫린 그릇은 비를 받아도 남지 아니한다."[32]고 했다. 마음을 바르게 갖추지 않으면 모든 것이 헛되다. 마음을 바르게 해서 바르게 쌓아 나가야 수행의 자세가 확립된다.

> 修道者는 마음의 門을 연 사람이요 세계를 깨달으려는 사람이다. 수행은
> 길 가고자 하는 마음의 정립 속에 있다. 세계는 길 가려는 마음속에 있다.
> 세계는 오직 誠心으로 임해야 한다.

修道者는 "세상의 진리적 가능성과 무한한 억측까지도 포용하는 제 현상 세계를 헤아리는 영혼자이다."[33] 하지만 마음을 다해 열고자 해도 쉽게는 열리지 않을 것임에, 수행은 자신을 종합적으로 관리해야 하는 어려움이 있다. 끊을 것을 끊고 맺을 것을 맺기 위해서는 심신을 가다듬어 번뇌를 뿌리칠 修道의 과정을 거쳐야 한다. 몸과 마음을 온전한 상태가 될 수 있게 해 두어야 한다. 마음이 허하여서도 육신이 병들었어도 총체적인 에너지는 집중될 수 없다. 氣와 정서와 체력을 길러야 하며 지혜와 용기와 신념을 가지고 임해야 한다. 사고력을 받드는 존립 자세 하나하나는 氣를 성멸케 하나니, 그렇기 때문에 인생과 정열의 전부를 헌신할 수 있는 위대한

---

32) 『조선철학사 연구』, 편집부 엮음, 광주, 1988, p.25.
33) 위의 책, p.26.

수행자로서의 고행을 끝까지 감내해야 한다. 생각과 일체를 정신의 合一 세계에 둠으로 진정한 생활 속의 修道人이 되어야 한다. 인생 삶과 드러난 자세와의 관계에 있어서 의지의 다짐이 필수이다. 수행의 원리 적용 측면에 있어서도 결국은 수행의 의지적인 완수 결과가 삶의 본질을 차원적으로 변화시킨다. 정신 집중과 의지 수련이 전적으로 수행하는 자세를 갖추게 한다.

그래서 본인은 길의 추구 과정을 수없는 의지 독백의 형태로서 수놓게 되었다.

> 나는 투쟁으로 진리에 대한 참세계를 구현하려고 한다. 修道와 정진은 내 정신의 본향이다. 나는 묵상하며 하나님의 뜻을 살피고, 자신과 외계와의 투쟁을 통해 인욕의 정신을 쌓으리라. 길 하나를 위해 일체의 사념과 욕망을 버리리라. 길 하나를 위해 육신과 영혼을 통제하고 구속하리라. 修道하리라. 기도하리라. 성업을 이룰 공생애로서의 궤도를 이탈하지 않으리라. 평생을 수행하고 정진함으로 진리의 세계를 구축하는 삶의 형태를 벗어나지 않으리라.

생활 속에서 고뇌하는 인간으로서 수행에 대한 기대치를 다 성취하지는 못하더라도 추구의 지향점이 길을 이룰 수 있는 수행의 자세를 견지케 한 것만은 틀림없다.

인간은 세상에 태어났으면 참되게 정진할 것이니, 이것이 우주를 아는 가장 인간적인 가능성의 길이다. 온 인류는 너나 할 것 없이 참됨과 거룩한 것을 위하여 수행하고, 마음과 정신과 영혼을 청정케 하라. 영혼의 모음－母音에 귀 기울이고 사색하며, 모든 방면에서 하나님의 메시지를 인지할 수 있는, 그 영혼이 깨어 있어라. 그리하면 인류는 평생 몸 바쳐야 할 길을 얻고 진리를 얻고 이 시대에 완수해야 할 귀한 수행적 본분을 깨닫게 되리라.

제2장 수행의 필요성

수행의 필요성

1. 수행의 구원적 요청

　부처님이 생존해 계실 때를 正法 시대리 히고 얼빈에 드신 이후
는 像法 시대라고 하는데, 지금은 수행하기도 어렵고 깨닫기도 어
렵다고 예고한 末法 시대이다.[34] 末法은 혼란을 낳고 대혼란은 끝
내 멸망을 야기하고야 말 것인데, 지금은 正法의 끄트머리인 시대
가 아니라 그 선을 넘어서 정말 멸망의 길로 들어선 시대이다. 어
디를 둘러보아도 타락 일변도라, 저지른 죄악이 태산을 이루었다.
그러다 보니까 만물 창생의 근원이 되신 하나님을 나 몰라라 한 태
도는 고사하고, 세계적 본질성을 지탱했던 수행적 의지마저 해이해
져 버려, 최후의 보루라고도 할 존재 유지책인 진리 세계로부터도
멀어졌다. 극히 일부 의롭게 깨어 있는 자들만 힘겹게 세계의 순수
성을 지키고 있을 뿐, 대다수는 동떨어진 삶을 살아가고 있다.

　인류는 지금 전혀 새로운 문제들로 고민하고 있다. 개인적인 여
가와 향락과 경제 활동이 일상생활을 지배하고 있고, 서구 사상이
발전시킨 기계 문명과 과학적 지식들이 영혼의 자리를 독차지해
버려, 과거에 심혈을 기울인 종교 의식과 수행 생활로부터 이탈되
었다. 인간은 원래 사고하는 동물이고 세계를 판단하는 인식자이지
만 욕망을 컨트롤하는 수행 의지를 버린 바에는 생활 관념이 욕망

---

34) 『원각경 역해』, 한정섭 · 송은진 공저, 불교통신대학, 1994, p.157.

쪽으로 향할 것은 당연하다. 모든 것을 풀어헤치게 되면 자유를 만끽할 수 있을지는 몰라도 영속적인 만족을 위해서는 수행으로 자제했어야 했다. 그런데도 세태가 末世에 처하여 있다 보니까 태어나면서부터 온통 감각적인 세계로부터 만족을 구하도록 길들여졌고, 서구의 물질문명은 여기에 발맞추어 갖가지 오락성을 조장해 욕망을 충족시키는 세태 현상을 부추겼다.35)

그래서 특단의 대책이 필요하게 된다. 시대가 종말 상황에 처하였는데도 때를 직시하지 못하고 있는 사태에 대해, 이 같은 상황을 리얼하게 인식시키기 위해서는 수행으로 지혜를 일구어야 한다. 末世일수록 진실한 삶을 살고 一心으로 수행할 수 있어야 하는데, 그 같은 필요성과 구심점마저 잃어버린 상황에서는 우선 먹기가 곶감이 달다. 더더욱 정진해야 할 때인데도36) 너나 할 것 없이 향락 문화에 빠져 헤어날 생각을 하지 못하고 있는 이유는 무엇인가? 그래서 이 같은 세태 현상을 일컬어 末世라고 한다. 대책이 시급한데, 그것이 다름 아닌 인류 심판에 대한 예고와 세계의 종말성에 대한 진단이다. 깊게 빠져 있는 세계의 종말적 상황에서 한시라도 빨리 빠져나와야 하므로, 둘러쓴 죄악과 욕망의 구렁텅이를 박차고 일어설 수 있는 길은 구원의 폿대 조건으로서 비장된 수행이다.

수행은 인류의 대末世的 타락 문명 확대를 근원적으로 차단하고 새로운 진리 문명 체계로 전환시킬 수 있는 원동 메커니즘이다. 인간이 지닌 죄악성과 한계성을 극복하려는 노력에 있어 수행만큼 지고한 공덕과 무궁한 가치성을 가진 행법은 어디에도 없다. 아무리 크게 외쳐도 세태 인심이 절감하지 못하고 있는 상황이 末世를

---

35) 『초월명상 TM 입문』, 피터 러셀 저, 김용철 역, 정신세계사, 1987, p.48.
36) 『수도에서 득도까지』, 배일우 저, 구도의 길, 1994, p.23.

맞이한 정확한 실상이라고 할진대, 그 같은 심각함을 절감하게 하기 위해 이 연구의 제공 관점이 필요하다. 末世를 맞이함으로 수행이 필요하고, 末世를 맞이한 때에 대해 무감각해 새로운 수행론의 정립이 요청된다.

그래서 경향 각처에서 위기의식을 느낀 대영혼들이 이것을 극복하기 위해 새로운 질서를 창출하고 인류의 구원 의지를 응집시키기 위해 의욕을 앞세우고 있지만, 그들이 과연 온 영혼을 일깨울 진리 세계관을 수립할 수 있을 것인지는 의문이다. 대사상가, 이름난 석학, 과학 분야의 천재들이 이 문제를 해결할 수 있을 것인가? 적어도 末世 문명을 헤쳐 나갈 수행론의 정립은 동서의 진리 세계와 세계적 본질을 통괄할 수 있어야 하는데, 누가 이 같은 안목을 갖추었는가? 그런데도 이 연구는 이 같은 요구에 부응할 수 있도록 새 세계관 건설의 프로젝트 과제를 설정할 수 있어야 한다.

그렇다면 末世에 처한 구원적 요청으로서 수행의 원리성과 가치성을 밝힐 수 있어야 하지만, 그것보다 더 시급한 것은 수행의 결론적인 증과, 즉 하나님의 약속을 이끌어 내는 것이다. 가만히 있으면 그대로 멸망이란 결과를 맞게 될 것이므로 구원을 이룰 만한 因을 쌓아야 하는데, 그것이 수행이다. 세계는 아무런 원인 없이 성립되지 않는다. 구원도 마찬가지이다. 구원을 얻기 위해서는 반드시 수행이란 因을 발동시켜야 하며, 그리해야 정당한 果를 얻어야 할 때 얻을 수 있다. 인류의 수행 의지를 총체적으로 규합하는 것이 바로 구원 因으로서의 푯대이다. 인간은 왜 도덕성을 수호하고 수행을 쌓는가? 그 목적이 결국은 구원에 있다. 인욕을 끊고 義를 바쳐야 구원을 요청할 수 있다. 정열과 공덕을 바치는 것은 구원이란 약속을 이끌어 내기 위한 강력한 因이다. 참으로 하나님을 향해서 의지를 일관시키고 정열을 집중하면 구원을 이룰 본질 바탕이 마련된다. 그렇게 되면 누구라도 하나님을 뵐 수 있고 제 이치에 대한 궁구와 요달이란 묘법이 있으리라. 義的 본질은 인류가 심판 시 제일 먼저 챙겨 나가야 할 구원 요목이다. 중국 철학은 기본적으로 수양을 통한 실천으로 氣와의 일체감에 도달할 수 있다고 보았거니와, 末世인 지금은 더더욱 수행을 통해서만 세계에 대한 구원 의지와 일치될 수 있다. 존재된 본질을 매개로 하지 않고서는 구원이 있을 수 없으므로, 하나님과 존재의 본질과 구원과 수행은 불가분한 관계이다.

末世일수록 수행이 절실한 것인데 지성인들이 세계적인 구제 방안을 전혀 엉뚱한 곳에서 찾고 있었다는 것은 안타까운 일이다. 사상과 이념과 제도의 창안만으로 세계를 변화시키려 했고 온갖 대책을 피력했다. 그나마 동양의 선현들이 수행을 통해 세계적 본질을 보존하고자 했던 것은 다행스런 일이다. “사회·사상적 혼란 속에서 백성들을 구원하기 위한 수양론을 밝혔는데”,[37] 지금은 더욱 앞을 다투어 수행론을 논할 수 있어야 한다. 어떻게 하면 멸망을 막을 수 있는지? 구원될 것인지? 천덕—天德에 바탕을 둔 추구론과 하나님께 이를 방법론을 제시해야 한다. 하나님께서 강림을 이루신 것이라면(진리로서) 그 하나님이 원하신 뜻을 알아야 하는 것은 인간의 당연한 의무이고 구원을 위한 필수 요건이다. 하나님은 三世 간을 초월해서 섭리를 주재하고 계시므로 인류 역시 초월된 뜻을 헤아릴 수 있도록 통합적인 본체 진리를 간파할 수 있어야 한다. 그렇게 하기 위해서는 차원적인 세계로 진입할 수 있는 수행이

---

37) “맹자는 사회 혼란의 원인을 인간의 도덕적 결함으로 돌려 개인의 인격 완성을 목적으로 했다.”—『맹자 수양론과 원불교 정신 수양의 비교연구』, 박희종 저, 원광대학교대학원 논문집, 제23집, 1999, p.24.

필수적이다. 심판 시 구원을 얻은 자들은 天民이 될 자격을 부여받으려니와, 그 자격 요건에 수행이 자리 잡고 있다. 天民은 모든 면에 있어서 하나님과 교감하고 함께하며 뜻을 헤아리는 백성이다. 무엇보다도 구원을 위한 푯대 조건으로서 수행이 드높아졌으므로, 지침한 바 수행론을 통하면 하나님을 뵈리라.

> 지눌(보조국사)이 안타까워하길, "이 몸을 금생에 제도하지 못하면 다시 어느 生을 기다려 제도할 것인가? 지금 만약 힘써 닦지 않으면 만겁에 어긋나……. 슬프다! 지금 사람들은 배고프면서도 맛있는 왕의 음식을 보고 먹을 줄을 모르며, 병들어 앓으면서 제일가는 의사를 만나고도 약 먹을 줄을 모른다."[38]

왜 힘써 닦아도 모자란데 만겁에 어긋나 있고, 이 生에서 제도해야 하는데 만생을 거쳐서도 제도할 생각을 안 하는가? 인생 말로와 죽음의 때를 알아도 그렇게 할 것인가? 이 生 이후의 生을 안다면? 모르니까 배가 고픈데도 차려진 음식조차 먹지 않고, 의사가 처방을 했어도 약을 챙겨 먹지 않는다. 그래서 이 연구는 보고도 보지 못하고 듣고도 듣지 못하는 무지를 일깨우기 위해 하나님의 구원 증과를 확실하게 제시하리라. 수행이 곧 滅道 문명 세계를 건질 절대 처방약이 되게 하리라.

---

38) 『마음닦는 길(수심결 강의)』, 지눌 저, 강건기 역, 불일출판사, 1991, p.222.

2. 수행의 진리적 요청

　佛陀는 생로병사로부터 주어지는 인생苦와 욕망으로부터 주어지는 죄악의 문제를 해결하기 위해 出家와 고행을 결행하였다. 깨달음을 얻은 후로는 세상을 주유하면서 제자들을 귀속하였고, 승단을 이끌면서 설법했다. 그러나 지금은 종말을 맞이한 때라 수행을 쌓아야 할 필요성이 긴박하다. 고요히 앉아서 좌선하거나 세상을 돌아다니면서 대중들을 모아 놓고 설법할 겨를이 없다. 佛陀가 애를 썼는데도 오늘과 같은 상황을 맞이한 것이라면 그 원인을 명백하게 분석하고 통찰해서 진리적으로 해결해야 한다. 그래서 짚어 보면 佛陀는 고행 끝에 깨달음을 얻기는 했지만 그 같은 노력들이 어떻게 해서 진리를 터득하게 한 것인지에 대한 작용성을 밝히지 못했다. 수행을 쌓으면 깨달음을 얻으리란 확신을 지침한 것이 고작이었다. 이 같은 미해결 요인이 있어 수행론이 제대로 된 체제를 구축하지 못하고 객관적으로 세계를 주도할 진리력을 발휘하지 못했다.

　하지만 佛陀가 깨달음이란 제삼의 인식 세계를 개창했듯, 오늘날에도 그와 같은 진리 일굼 노력이 요청되고 있다는 사실만큼은 변함이 없다. 인격을 연마하려면 보유한 감관과의 관계에 있어서 진리와의 거리를 메우기 위해 수행을 요청할 수도 있다. 하지만 그것은 수행력을 추진할 주된 목적은 아니다. 성취를 위한 일부 조건에 불과하다. 수행의 원래 추구 목적은 진리이다. 그런데도 "진리를 인식하기 위한 방도인 필요성만 강조하였을 뿐(수행은 인간 삶을 구원하는 참된 구도 행각)"[39], 정말 어떻게 해서 수행이 진리와 연

____

39) 인간이 삶을 이끌어 나가는 다양한 형태 가운데서도 온갖 욕망과 세파에 찌들지 않고 진리를

관된 것인지에 대한 관계 고리는 밝히지 못했다. 하지만 드러난 法의 실상을 보면 인류를 진리의 근원 세계로 인도하려고 한 목적만큼은 분명하다는 것을 알진대, 이 연구도 이것을 거듭 확인하려고 한다. 세상이 수행의 고유한 원리 가치와, 그렇게 해서 체득한 진리 세계가 도대체 무슨 작용을 이루는 것인지를 모른 무지로 인해 멸망을 맞이한 것이라면(약이 있는데도 사용할 줄 모름), 이것은 시급한 해결 과제이다. 서울 구경은 한꺼번에 할 수 없듯, 수행론이 싫어신 十원이란 과제 역시 한꺼번에 꺼낼 수는 없지만, 해결해야 할 문제의식만큼은 가닥이 분명하다.

통상 진리는 참된 이치 내지 도리라고 하는데, 이것이 수행과 무슨 상관이 있느냐? 아무런 관계가 없다고 본다면 그것은 진리에 대한 맥을 잘못 짚고 있다는 근거이다. 과학적인 지식과 실용, 실증성을 기준으로서 삼고 있는 문화권에서는 더욱 그렇다. 이 연구는 서양 학문이 滅道 문명을 조장한 주된 원흉으로 보거니와, 이 같은 인식관을 확인할 수 있기 위해서는 수행으로 초점 잡은 진리의 개념을 확실하게 분간해야 한다.[40) 분명 동양의 문화권이 추구한 진리 세계는 서양이 탐구한 지적 전통과 다르다. 필요성이 있어 추진된 것은 같지만 세계가 종말을 맞이한 상황에서는 세계관의 전도가 불가피하다. 좋은 것을 알기 위해서는 나쁜 것이 무엇인지를 알아야 하듯, 서양이 쌓은 학문의 본질을 대비시켜야 수행을 통한 진리의 본질이 부각된다. 지식만으로써는 도달이 안 되는 인식의 한계성을 알아야 수행으로 진입할 수 있는 세계적 특성을 부각시킬 수 있다. 서양 학문의 모체인 철학이 세계의 분열 현상을 명백히

인식하기 위한 목적에 정열을 불태운다는 것은, 그것 자체가 구원된 삶을 이루는 길이다.
40) 주지주의－主知主義의 종말성과 수행주의의 구원성 부각.

하고자 한 지적 전통을 가졌다면, 동양은 초월 인식을 명백히 하고자 한 전통을 가졌는데, 이것을 선뜻 이해하기 어려운 이유는?

세상을 둘러보면 사물의 제 현상들이 엄밀한 질서로서 한 치의 오차도 없이 운위되고 있다는 것을 알 수 있다. 그 같은 질서가 있어 어김없이 사계가 구분되고 인간은 우주선을 달에 착륙시켰다. 하지만 그 같은 엄밀한 질서 위에서도 머릿속에서는 3을 생각하다가 7을 끄집어내기도 하고 1을 보태기도 한다. 수는 1로부터 무수하게 나열되지만 수 자체는 통체수라, 그렇게 나열된 분열 질서를 초월해 있다. 그리고 그 같은 분열 질서를 초월한 곳이 존재하고 있는 본질이며 의식 세계이다. 그래서 진심인 본질 세계를 형상화하는 것은 분출된 현상 질서를 구조화하는 것과는 다르다. 사물이란 존재와 본질이란 존재는 각자가 지닌 성격이 다르기 때문에 서양은 이성을 통해서 세계를 면밀하게 분석하고 비판해서 통찰하려한 반면에, 동양은 한결같이 수행을 통한 의식으로 대우주와 교감을 이루려고 하였다. 분열 질서는 면밀하게 파고든 이성으로 가늠할 수 있지만 본질은 형상이 없는 것이라, 의식을 직접 우주 가운데 침투시켜야 한다. 방법 면에서 이성은 질서성을 감지하기 위해 논리적이고 합리적인 근거들을 산출하였지만, 수행은 직관적인 통찰을 통해 무형의 형이상학적인 본질을 묻어내는 방식을 채택했다. 이에 분열로서 산출된 지식은 체계가 정연해서 무엇이든 진보하는 것처럼 보이는데, 직관적인 통찰들의 소산이라고도 할 覺을 통한 진리 인출은 두서가 없다. 서양인들이 파악한 관점 기준에서 보면 마치 인디언들의 대화처럼 논리가 없다.

하지만 정말 무엇이 세계의 존재 구조를 근접해서 그려 낸 것인가 하는 것은 오늘날에 이르러 이 수행론의 정립 여부로 판가름 날 것이다. 분열 질서에 대한 인식과 직관은 세계의 본질을 형상화하고 궁극적인 실체성에 접근하고자 한 면에서는 대차가 없다. 그런데도 色(사물)과 空(본질)의 특색을 밝히려 한 목적 면에서는 차이가 있다. 우주를 다 파헤쳐 놓아도 분열하는 현상만으로써는 근본을 알 수 없다. 얼굴만 보고 어떻게 그 사람의 본심을 알 수 있겠는가? 여태껏 근본인 창조성을 간파하지 못해 진리적으로 한계성에 직면하였던 것인 만큼 이제는 정말 그 본질을 파헤쳐야 할 때가 되었고, 진심 세계로 접근할 수 있는 길을 터야 한다. 이 같은 요청 때문에 문명 세계에서 그 역할을 충실하게 하고자 했던 것이 종교 진리이다.

종교 진리는 어떻게 하여 생성된 것인가? 宗은 마루·으뜸·근본이란 뜻이 있듯, 종교는 가지가 아니라 근본인 본질을 파헤친 진리의 가르침으로서, 수행으로 이룬 우주에 대한 통찰을 진리로서 체계화시킨 것이다. "이성이 세계에 대해 아무리 명철한 판단력을 지녔더라도 근원된 본질 세계와 교감하기 위해서는 다시 인식의 고도를 높여야 한다."41) 본질에 근거한 氣의 合一을 구해야 한다. 엄연한 특성이 있으므로 노력이 있어야 하는 것인데도, 사물의 분열성 탐구에 치중했던 서양은 사고력을 통한 인식 외에는 크게 불편함을 느끼지 않아 진심 본질을 파고드는 루트가 퇴화해 버렸다. 급기야는 정신 능력까지 사물이 지닌 특성에 빗대어서 정신이란 뇌의 기능에 지나지 않고, 인지 현상은 신경 작용과 같다는 관점까지 대두시켰다.42) "사고는 뇌 속에서 일어나는 전기적인 사건이다(유물론자)."43)라고 보는 등, 사물의 분열 특성에 근거한 지식 문명

---

41) 『세계본질론』, 졸저, 청학사, 1997, p.42.
42) 『과학과 불교의 실재 인식』, 앨런 월리스 저, 홍동선 역, 범양사출판부, 1991, p.135.

을 극대화시켰다. 이 같은 분위기 속에서는 더 이상 차원성 있는 세계에로의 진입이 어렵다. 오감과 이성을 전면에 내세우게 되어 사고의 이면에서 운위되고 있는 통합 의식 작용을 부각시킬 방도가 어디에도 없다. 인식은 일종의 정신 작용에 불과한 수단인데 인식 자체가 주체가 되어 버렸다.[44]

파악해 보면 인식만큼 철저하게 사물의 분열 질서를 따라 엄밀성을 드러내는 사고 작용도 없다. 그런데도 그것은 분열하는 질서 안에서만일 뿐이고, 벗어나면 무기력한 상황에 당면하고 만다. 통합적으로 운위되고 있는 의식에 비해 얼마나 제한적인가 하는 것은 칸트가 규정한 "인간의 인식 능력은 현상계에서만 가능하고 物自體는 인식할 수 없다."[45]라고 말한 데서도 적나라하다. 그렇다면 칸트가 구분한 物自體의 세계는? 인식할 수 없는 것이라면 物自體는 정말 세상 어디에도 없는 것인가? 그런데 아이러니컬하게도 서양은 칸트 이후 정말 物自體의 세계에 대한 탐구 노력을 접어 버리고 말아 균형 잃은 滅道 사태를 자초하고 말았다. 唯物論, 進化論, 機械論, 과학, 無神論 등등. 이성과 사고만으로 형이상학적인 문제를 다루게 되어 존재의 본질성에 대한 접근 노력을 아예 포기해 버렸다. 그 결과 일체 형이상학적인 논의들이라는 것이 참다운 실체 근거를 제시하지 못한 觀念論이 되어 버렸다. 서양 철학이 觀念論의 교주인 플라톤의 각주에 불과하였다는 비판은 사유만을 통해 세계를 탐구한 결과이다. 분열하는 질서 세계에서는 하나 없는 둘은 있을 수 없다. 하나를 확인할 수 있어야 둘과 셋을 판단할 수

---

43) 『물질과 의식(현대심리철학입문)』, P. M. 처치랜드 저, 석봉래 역, 서광사, 1992, p.41.
44) 『세계통합론』, 졸저, 다짐, 1995, p.34.
45) 『세계철학대사전』, 박영근 발행인, 고려출판사, 1992, p.430.

있다. 사물에 대한 인식 경로라는 것이 지극히 평면적이다. 그러나 道는 그렇지 않다. 하나와 그 이상의 무한수를 동시에 내포한다. 차원적, 입체적이다. 이 같은 존재 전적이 있는데도 서양은 자체의 분열적인 인식만을 기준으로 해서 통합적으로 생성한 道를 추상적인 관념성으로 치부한 우를 범하였다.

서양 認識論의 대가인 칸트는 당대의 학문적인 성과에 근거해서 순수 이성이 사물과 현상에 대해 가지는 선험적 원리론과 방법론을 다루었다. 하지만 동원된 예라는 것이 기껏 수학의 기하학이라든지 삼각형을 개념적, 철학적으로 인용한 정도이다.[46] 서양 철학이 뒷받침한 학문과 지식 체계는 결코 능사가 아니다. 그들이 구축한 이론으로써는 접근할 수 없는 분야가 너무나 많다. 그래서 이것을 비판해서 개선하려고 한 노력이 더 큰 중증 요인을 드러내어 버린 唯物論的 인식론이다.

아무리 많은 지식을 섭렵했더라도 그 같은 성과들이 참된 실재를 규명해 주는 것은 아니다. 실체는 직접 지각되어야 한다. 존재는 겉테두리만으로 구성되어 있지 않다. 존재가 있는 한에서는 본질도 함께하고 있다. 본질은 내재된 형태로서 존재하고 있는 실체이다. 그런데도 오감을 통해서는 파악이 안 된다는 것이 문제이다. 物自體도 사실은 세계 가운데 내재하고 있는 본질을 일컬음이다. 하지만 칸트가 인식이 불가능하다고 한 것은 바로 그렇게 내재된 실체성을 파악할 수 있는 인식 메커니즘을 장착하지 못해서이지 物自體가 실재하지 않은 것은 아니다. 그래서 이 같은 실체성을 추적하기 위한 인식 메커니즘으로서 구축하게 된 것이 곧 수행이란 추구 방법론이다.

---

46) 『순수이성비판』, 칸트 저, 최재희 역, 박영사, 1985, p.509.

왜 우리가 수행을 하면 무궁한 본질성과 전 우주에 걸친 진리 세계를 통괄할 수 있는가? 그것은 파악하고자 하는 인식 대상이 통체성을 띤 존재 내 본질이기 때문이다. 현상 위에서는 모든 것을 구분해서 판별하지만 내재된 본질은 이미 모든 것이 구유되어 있는 통체적인 존재 상태이다(이미 창조됨). 그래서 체계 짓고 논하고 종합해야 하는 지식과 달리 꿰뚫어야만 참실상을 볼 수 있다. 사고력으로 분별하는 현상은 드러나 있고 결과로서 나타난 것은 가능하지만 경험하지 못하고 근거가 없는 것은 인식할 수 없는데, 본질은 분열하지 않은 상태에서도 존재하고 있고, 볼 수는 없더라도 실재하고 있다. 바로 이 같은 특성을 가진 본질이란 실체를 제대로 파악하기 위해서 인식할 루트를 개척한 것이 역대 수행이란 추구 방법론이었고, 그 같은 목적을 원리로써 뒷받침하고자 하는 것이 이 연구이다.47)

우리가 사물을 보는 것은 볼 수 있는 눈이 있기 때문이고 소리를 듣는 것은 들을 수 있는 귀가 있기 때문인데, 내재하는 본질은 오감만으로써는 파악할 수 없는 특성이 있다는 점에서 여기에 걸맞은 방법을 동원할 수 있어야 하며, 탐구 방향도 외부가 아닌 내부 작용 측면으로 관심을 곤추세워야 한다. 마음의 작용을 누가 알 것인가? 그것은 마음과 함께하고 있는 의식만 알 수 있다. 존재와 함께하고 있는 의식은 존재 내 모든 변화 상태를 적나라하게 감지한다. 따라서 함께한 그 의식을 세분화하면 작용하는 본질의 근원 구조를 파악할 수 있다. 이 같은 내부 본질성을 감지하기 위한 수단으로서 개척된 것이 수행이다.

의식은 이성적인 인식 작용과 달리 우주의 생명 있는 존재성과

---

47) 수행은 지성사에서 본체적인 진리의 길을 연 산실임.

함께하는 본질체이다. 자체인 존재와 동일한 활동을 하고 있다. 이성을 통해 판별할 수 있는 논리성과 지식은 본질과는 거리감이 있는 하나의 사실이고 이치이며 사고적 규칙일 뿐이다. 이에 비해 의식은 직접 생성하는 존재 공간 속에 진입할 수 있고, 살아 숨 쉬는 본질과도 함께한다. 생동하고 있는 존재 실체를 직접 체득해서 세계의 실상과 알파 구조를 판별한다.

그러나 실체성에 대한 체득과 통찰은 의도했다고 해서 즉시 이룰 수 있는 것이 아니다. 의식은 단박에 생각 하나만으로 작용을 일으키는 인식 눈이 아니다. 내재하고 있는 본질을 통찰하는 안목은 의식 자체의 세계적 분화 과정을 거쳐야 하는 것이 필수 절차이다. 함축하고 있는 의식을 분열시킬 수 있어야 인식된 진리로서 표면화된다. 정신을 집중시켜야 하고 강력하게 몰입해야만 의식을 분화시킨 정신 공간을 마련할 수 있다. 점지된 의식으로 존재의 門을 열어라. 참으로 파악할 수 있는 영원한 실체는 순간의 뒤에 있다. 진리는 명실 공히 커다란 정신력 속에 있다. 의식의 고도를 높여야 진리 세계에 진입할 수 있고, 세계성과 공명한 일체 의식 상태에 도달한다. 세계의 살아 있는 존재성은 시공간 위에서 입체성으로 운위되고 있어, 의식으로 직관되고 본질로서 통찰된다. 物自體는 온 마음, 온 정신, 온 의식으로 교감할 수 있는 내적 실체이다. 통합적으로 생성하고 있는 존재 실체이다. 응념과 믿음이 있는 곳에 진리에 대한 자각이 있으며, 수행이 바로 이 같은 의식을 온몸과 온 行으로 떠받든다.

『법구경』에서는 "지혜 없는 자에게 선정이 없고 선정 없는 자에게 지혜가 없다."[48]고 했다. 선정과 지혜와 진리, 나아가서 하나님

---

48) 『법구경』, 제372게.

과의 관계는? 선정은 수행이라 고요한 명상과 집중으로 우주의식을 감찰하고, 내면의 존재 의식을 세계의식으로 분화시킨다. 그렇게 되면 본질의 생성 상황을 감지하는 단계로까지 진입하게 되어 과정이 완수된 일정 시점에서 본질 존재의 전모 구조를 파악한 깨달음을 얻는다. 존재 본질 혹은 道의 상태에 접하고 있는 것은 의식이라, 이 의식이 전체적인 본질 상태를 직관하고 통찰한다. 이때 만인이 귀히 받들고 있는 지혜가 인출된다. 진리, 지혜는 온갖 이치로써 응축되어 있을 뿐 아니라, 시공을 초월한 혜안까지 제공한다. 그래서 진리를 인식할 수 있기 위해서는 의식의 세계 분화가 필수적이다.[49] 선정으로 지혜를 얻고 지혜를 통해서 온갖 장애를 넘어 세계적 진상을 실감할 수 있을 때, 이것을 인식으로 의미화한 것이 진리이다. 진리는 통체성으로 존재하는 천지 창조의 근원이고, 창조를 있게 한 하나님의 본체 본질이다. 그 본체 본질이 인간으로서 파악할 수 있는 인식 범위 내에서 구조적으로 실감하게 된 것이 진리이다. 진리는 창조성 투성이라, 하나님이란 존재성을 드러낸 제일의 요소이다.

진리는 실감된 본체성의 부분적인 인식화인데도 불구하고 하나인 본체 이미지를 동시에 지닌다. 일부이면서 전체와 통하고, 하나이면서 전체 정보를 함유한다. 그래서 진리를 추구하고 받든다는 것은 살아 계신 하나님의 존재 숨결과 함께한다는 것과도 같다. 道, 본질, 지혜는 시공간에서 생성한 뜻의 응집체이다. 이 뜻을 요해하기 위해 바로 선정이 필요하다. "氣는 생명인 동시에 道이고 지혜이다."[50] 개념적으로 접근하면 무슨 말인지 이해가 어렵지만,

―――――――――――――――

49) 차원적인 세계 진입을 성사시킬 의식적 준비가 필요함.
50) 『비전 정통달마선법』, 강운 저, 태일출판사, 1997, p.30.

존재란 테두리를 지닌 세계 내에서의 생명력 있는 본질체로서 보면 무형의 氣로서 분명한 작용 근거를 지닌 그 무엇이라는 것을 알 수 있다. 하나님이 뭇 신앙인과 覺者들에 의해 바로 이 같은 무형의 진리 인식 대상으로서 파악된 무수한 과정을 거쳤다는 것을 안다면, 종교 진리의 생성이 주술→주문→교리화의[51] 절차를 밟았다는 것은 당연한 수순이다. 道는 시공간을 점유한 본체성이라, 비록 초월적이고 차원적인 작용성을 지녔다 하더라도 결국은 세계가 분열을 완료해야 하나인 본체 존재자로서 부각되리라(하나님).

어떻게 해서 수행이 하나님과 연관되는가? 진리와 道와 뭇 지혜성과 직결되는가? 그 이유를 알면 인류는 근원에 대해 무지했기 때문에 맞이할 수밖에 없었던 滅道 문명의 도래 원인을 파악할 수 있다. 이 시대에 필요한 수행론의 강력한 진리적 요청이 이곳에 있다. 하나님이 先天 하늘에 계실 때는 세상 진리가 관념화로 치달았는데, 이제는 하나님의 실체성에 대한 접근 메커니즘 체제로 전환된다. 개념화된 진리 상태를 벗어나 진리 자체로서 존재성을 파악한다. 불교에서 말한 法界나 空도 실상은 존재 본질의 작용성에 대한 진리적 표현이다. 그래서 살아서 존재하는 본체성을 실감하기 위해서 수행을 해야 했고, 수행해야만 생성하는 대우주의 空的 본질을 진리로서 지각할 수 있었다. 직접 실행해서 온몸으로 체득해야 했다. 부단한 의지 수행이 있은 후라야 우주의 본체 실상을 목도할 수 있었다. 수행은 옛날부터 세계의 본체성을 인식하기 위한 진리 추구 방법론으로서 정형화되었는데, 이것을 이제부터는 본질, 본체, 道, 法, 空, 太極, 理氣란 개념 등을 통해서 종합하므로, 하나님의 존재 실체를 파악하는 방법론으로서 거듭날 것이다.

---

51) 『7만년 하늘민족의 역사』, 유왕기 저, 세일사, 1989, p.214.

3. 수행의 본질 인식적 요청

우리가 주어진 존재를 바탕으로 해서 세계를 형상화시키려면 어떤 방법을 모색하고 수단을 동원해야 할 것인가? 오감을 개발함으로? 인식의 능력을 신장시켜서? 사고를 명료화함으로? 인도의 요기인 마하리쉬는 "모든 생각, 그리고 그 생각의 모든 수준(가장 깊은 곳에서 표면까지)에는 창조성과 지성이 있다."[52]라고 하였다. 우리가 순수하게 생각하는 것을 통해 얻을 수 있는 것은? 생각은 어떤 변화나 대상을 분별하는 헤아림이라, 생각만으로 어떤 실체성까지 근거 지을 수는 없다. 생각은 인식할 수 있는 대상이 주어졌을 때 기능을 발휘한다. 부각된 실체는 그에 대한 정보 구조가 일단 개념화의 과정을 거쳐야 하므로 사고력으로써 가늠할 수 있지만, 본질은 형상이 없고 내면화되어 있어 접근 방법과 인식 루트가 용이하지 않다. 진리는 이와 같은 세계 구조로서 형상화되어 있다. 그 질서와 구조는 엄정한 것이라, 서양은 학문이란 테두리 안에서 이것을 체계 짓고 규합할 수 있었다. 그리고 동양은 이것을(내재된 본질성) 道의 형태로서 가늠했지만, 작용된 원리성을 확고하게 하지 못해 인류가 보편적으로 넘나들 수 있는 세계에로의 진입 루트를 확정 짓지는 못했다.

그래서 이 연구는 만유 근원의 실체성인 세계 내적인 존재 본질을 부각시키기 위해 수행을 메커니즘화(수행의 본질 인식적 요청)하고자 한다. 道가 바닥난(滅道) 상황이라, 수행이 본질의 회복은 물론이고 욕망을 제어하고 인격을 도야하는 역할도 병행해야 하겠

---

52) 『초월명상 TM 입문』, 앞의 책, p.43.

지만, 작용성까지 부각시켜야 한다는 것은 지성사에 있어서 다소 생소한 요청이다. 수행이 진리를 일구는 것을 목적으로 하였다면, 그렇게 해서 갹출된 진리 가운데는 근원 뿌리에 해당하는 본질이란 실체가 도사리고 있어, 결국은 우주의 무궁 본질을 체득하는 방향으로 나가야 한다. 진리→본질, 그 다음은? 현재는 본질까지 도달해 있는 상태인데 이후로는 창조를 매개로 해서 神에게로까지 나아가게 해서 전체 루트를 완성해야 한다. 명실상부하게 하나님과 삼라만상 우주를 하나 되게 할 진리 인식 방법론으로서 거듭나야 한다. 진리를 인식하는 것은 바로 세계의 본질을 인식하는 것이므로, 그것이 종국에는 하나님과 함께하는 길이라는 것을 알게 되리라(진리 = 세계 = 하나님).[53]

"禪의 깨달음을 위해서는 수행이 필수적이다."[54] 그런데도 문제는 왜 필요한 것인지 원리성을 설명하지 못해 지성사에 어필되지 못했다. 하지만 이 연구는 禪的 깨달음은 본질이란 존재성을 자각한 것이고, 수행은 내재된 본질을 드러내는 인식 수단이라는 것을 확정 지으리라. 서양은 神을 목적론적으로 존재론적으로 혹은 우주론적으로 증거하려 했지만 관념화에 그친 것과 대비해, 살아 있는 본체성을 직접 체인하고자 했던 수행(본질 인식 방법)은 하나님의 존재를 파악할 수 있는 직통 루트이다. 그래서 본질은 진리에 이어 神이란 존재를 인식할 수 있는 전초 단계라고 했다. 본질은 만물을 이룬 근원 바탕이라 그 뒤에는 곧바로 창조주 하나님이 안좌해 계신다. 수행이 본질이란 존재성을 인식할 루트로서 준비된 것인 만큼, 이 같은 길을 하나님께로 직결시키는 것은 시간문제이다. 인식

---

53) 제 진리를 인식하는 길에 하나님을 인식하는 길이 가로놓여 있음.
54) 『선과 현대철학』, 아베 마사오·히사마쯔 신이찌 저, 변선환 엮음, 대원정사, 1996, p.26.

은 분열된 근거를 필요로 하므로 시공간상의 제약이 있지만, 직관은 직시되는 것이라 일단 통할 수만 있다면 아무런 장애가 없다. 우주의 본체를 인식하는 것은 수행자가 우주 내에 우주와 함께한 의식을 침투시키는 것이다. 개체인 본질은 세계의 본질과 함께해야 세계를 인식할 수 있다. 본질을 묻어낼 수 있는 의식의 고도화가 바로 수행을 통해 이루어진다.[55]

따라서 칸트가 物自體를 인식할 수 없다고 한 판단은 神으로 나아가는 길을 포기한 고백인 것인데도, 서구의 지성계는 도리어 이를 환영했다. 하지만 동양의 한 知人은 "불교 認識論의 구경 목적은 본체계 – 本體界에 있는 것이다."[56]라고 지적했는데, 이것은 불교학 개론의 한 문장 속에 파묻혀 있는 문장이다. 서양 문명이 넘어서지 못한 物自體와 비교한 엄청난 통찰인데도 판단 가치를 뒷받침할 수 있는 수행론의 구축은 미비했다. 우리가 어떤 방법을 택하면 거기에 따라 도달할 목표 세계도 확연해진다. 서양이 지혜를 동원해서 모색한 것은 현상계에 대한 파악이라 오성과 사고력을 주 수단으로 삼았다. 이에 대해 동양은 본체계를 인식하기 위해 수행을 주된 수단으로 삼았다. 수행은 본체계를 인식하기에 적합한 의지 수련 체계이다. 認識論, 眞理論, 智慧論도 중요하지만 이것을 종합해서 최종적으로 완성할 것은 수행론이다.

수행이 내재된 본질을 인식하는 방법론으로서 확정적인 것일진대, 그렇다면 도대체 어떻게 하여 볼 수도 없고 만질 수도 없는 무형의 작용 본체를 인식할 수 있단 말인가? 그것은 존재의 본질과 접하고 있는 의식을 의지적인 수련 과정을 통하여 본질화함을 통

---

55) 『세계통합론』, 앞의 책, p.357.
56) 『불교학 개론』, 김동화 저, 보연각, 1984, p.443.

해서이다. 쉼 없는 정진으로 생명 에너지를 축적하고 수신, 수행, 수련을 통하여 존재하는 의지를 의식화하면 우주 본질과 교감할 수 있는 동질, 동화 작용이 일어난다. 세계와 한 몸을 이룬다고 할까? 함께하는 것, 즉 天人合一이란 차원 세계를 획득한다.

"보살이 法身, 즉 진리의 세계에 悟入한다는"[57] 것은 法身 자체가 된다는 뜻이다. 佛陀와 보살이 설법한 팔만 사천 법문은 그 같은 차원 경지로써 파악한 본체적 실상이다. 본체계는 생성함으로 만상의 이치를 태동시키는데, 그중에서도 의지적 수행은 존재 의식을 고도화해 생성하는 통합 본체를 세분화한다. 그렇게 되면 도무지 접근이 불가능할 것 같았던 物自體(본체계)조차 분화되기 시작하여 인식할 수 있는 길이 트인다.[58] 생성은 일체 사물을 인식하는 근거이고 존재를 지속시키는 기반이듯, 존재를 관장하고 있는 의식은 세계의 본질을 분화시켜서 본체 내 실상을 낱낱이 감찰한다. 道는 천지간에 쌓은 수행으로 우주의 근원적인 본체 바탕을 인식한 진리이다.

판별이 불가능한 본체계가 수행이 이룬 의식의 분화 작용으로 분별이 가능하게 되는 것일진대, 여기서 인류는 비로소 自性을 통해 하나님과 함께할 수 있는 초월 본체 세계를 접할 수 있게 된다. 이 같은 지입 상황은[59] 반드시 본질 세계를 보고 직접 함께해야 가능하다. 루트를 정확하게 따라잡아야 본질을 통해 神의 초월 권능을 감지할 수 있다. 수행은 초월적인 실체를 인식할 수 있는 정신 능력을 배양하는 것이다. 하나님은 초월적으로 존재하는 분이시

---

57) 『선종사상사』, 김동화 저, 보연각, 1985, p.60.
58) 『세계통합론』, 앞의 책, p.63.
59) 선정 삼매와 깨달음으로 펼쳐진 法의 세계.

라, 끝내 인류는 수행이 개척한 三世 통합이란 초월 본질적인 인식 요청을 받아들여야 한다. 받아들일 양이면 불교가 개척해 놓은 전통적인 수행 문화를 수용해야 하는 것 역시 불가피한 일이다.

4. 수행의 의지 수련적 요청

수행은 인간의 행위와 행적을 갈고 닦는 것이다. 그리고 마음, 정신, 인격, 道 등, 갈고 닦는 대상의 특성에 따라 다양한 본질의 형태가 드러난다고 했는데, 그것이 무엇이든 갈고 닦는 행위와 행적을 컨트롤하고 규제하는 것은 역시 의지이다. 의지는 행위, 행적의 근기라고나 할까? 근력은(근육이 수축할 때 생기는 힘) 측정할 수 있듯, 의지는 내적인 정신력이 지닌 일종의 力, 즉 에너지이다. 의지는 무형의 본질력이지만 수련하면 분열하고 통합되는 근거를 남긴다. 물론 신념화된 모습을 통해서 드러나는 것이지만, 존재의 변화를 주도하는 것은 역시 의지라는 실체 작용이다. 수행의 행적 이면에는 항상 의지 작용이 뒷받침되어 있다.[60] 그래서 수행은 존재하는 의지를 수련하는 것이 주된 역할이다.

인욕을 끊고 수행을 쌓는 것은 義를 지키기 위한 것인데, 그 義는 앎만으로 이루어지지 않는다. 義는 知的인 앎과는 맥락이 다르다. 義는 인간이 간직한 순수한 존재 본질이라, 그것을 지키기 위해서는 의지 수행이 긴요하다. 의지를 수련한 증과로서 얻게 되는 것이 본질적인 義이다. 의지를 수련하면 義가 생기고, 義를 지키면

---

60) 수행은 항상 의지로써 추구하는 것임.

의지가 수련된다. 선현들은 知行合一을 인격의 완성 목표로 여겼는데, 그렇게 수행하면 누구라도 성인이 될 수 있다. 앎을 위한 노력은 중요한 것인데, 그 앎이 정작 뭇 욕망 앞에서 무기력하다면 어떻게 되는가? 아는 것만으로써는 도무지 인간 행위를 장악할 수 없다. 지력으로써는 삶의 완성을 기대할 수 없다. 그렇다면? 항상 義氣를 굳게 세워야 하는 수행이 필요하다. 그런데 그 작용의 중심에 있는 의지 수련 원리를 간과하고 말아서야! 知와 行 사이에 의지란 수련 작용을 매개해야 명실상부한 知行合一이 기대된다(증과). 그리해야 知行을 일치시킨 상태에서의 갖가지 본질적 변화를 기대할 수 있다. 구체적인 행위와 경과를 필요로 하는데, 義로써 의지를 수련하는 것만큼 본질을 확실하게 승화시키는 방법도 없다.

윤리, 도덕에 대한 가치 인식 작용도 知와 行 간의 관계에 있어서처럼 의지적인 수련이 뒷받침되어야 하는 것은 마찬가지이다. 인간에게 있어서 도덕성은 어떻게 수용되고 덕목화되고 신념화되는가? 가치를 인식하는 것은 지식을 받아들이는 작용과는 메커니즘 방식이 다르다. 가치는 관념으로써는 아무리 헤아려도 내면화되지 않는다. 반드시 제 가치를 수용한 일련의 의지 수련 과정을 거쳐야 소생된 의기를 통하여 덕목으로 인식하고 세계성으로까지 확대, 본질화된다. 의지를 수반해야 참된 義를 확립하며, 본질을 변화시켜 신념으로 가슴 깊숙이 영글게 한다.

지식이 만연된 세태일수록 도덕성 회복 원리는 수행론적인 방법에 의해 제시되어야 한다. 참됨과 은혜를 알기 위해 노력하고, 옳음과 용기를 얻기 위해 행동하며, 헌신하고 봉사할 수 있어야 義가 형성되는 것이고, 義가 생성하면 가치를 인식할 수 있는 근거가 마련된다.61)

그러므로 의지를 수련한다는 것은 인간이 행동하는 바 다양한 가치 일굼을 위한 노력을 포함해서 정신력을 고양하고, 의식을 깨어 있게 하며, 기력을 보양, 축적한다. 그런데도 의지를 수련한다는 것은 표면화된 목적일 뿐이며, 종국에는 본질의 차원적인 변화 내지 승화를 기도한다. 의지의 수련 형태는 제 본질적인 성향 요인을 갈고 닦아 익히는 것이지만, 그 같은 행위가 결국은 기력을 축적시키고 의기를 충천하게 해서 제삼의 초월 인식 능력인 의식으로 제 현상의 본질을 꿰뚫을 수 있게 한다. 인간은 갈고 닦지 않으면 본연의 모습을 보기 어렵다. "금은 광석과 섞여 있을 때는 거칠지만 제련을 하면 귀하게 되듯, 佛性 역시 번뇌 가운데 있다가 戒·定·慧로 단련하여 眞性을 드러내면 法界에서 최상으로 견줄 것이 없다."62)

『中庸』에서는 道를 닦는 구체적인 행위를 敎라고 했다.63)

> "성인의 道는 마음보다 더 지극한 것이 없고, 성인의 가르침은 닦는 것보다 더 지극한 것이 없다."64)

수행의 작용은 닦는 것이 주요 기능이다. 孔子는 인간은 늘 깎고 갈고 조이고 문질러 윤을 내어(절차탁마 – 切磋琢磨) 각성해야 보다 완성된, 주위의 사람들과 어울리고 예식을 멋들어지게 올리며 참된 구성원으로서 자신을 형성해 나갈 수 있다고 했다.65) 자신을

---

61) 가치는 수행으로 획득한 증과로서 본질의 변화를 자인하는 순간, 깨달음의 형태로서 주어짐.
62) 『정심계관법 역주』, 도선율사 저, 도원지운 역, 토방, 1997, p.176.
63) 『대학·중용 강설』, 이기동 저, 성균관대학교출판부, 1991, p.91.
64) 『역주 육조법보단경』, 심재열 역주, 불국선원, 1986, p.378.
65) 『공자의 철학』, H. 핑가레트 저, 송영배 역, 서광사, 1993, p.6.

연마해서 닦으면 어떻게 되는가? 무엇을 얻는가? 그 작용성의 밑바탕에 바로 본질의 변화란 것이 있다. 닦으면 무엇이 되는가? 기대할 수 있는 것이 본질의 순수성이다. 수련의 일차 목적은 존재 바탕의 순수성을 확보하는 데 있어 순수한 상태가 되어야 義가 기력의 형태로서 축적된다.[66] 의기가 쌓이면 차원적인 본질 진입 門(경지 세계)에 이른다.

맹자는 몸을 이루고 있는 氣를 순화하고 굳세게 해야 호연지기 –浩然之氣를 기를 수 있다고 하였다. 浩然之氣는 지극히 크고 지극히 굳세어서 마음의 대공성 발휘를 방해하지 않는다.[67] 의기는 수련으로 길러지고, 길러지면 이전에 지닌 존재와는 차원이 다른 대공성 발휘를 마음껏 할 수 있을 만큼 지극히 크고 굳세어진다. 孔子의 "四十而 不惑"처럼 맹자는 "내 나이 사십이 넘었으니 동요되지 않는다(不動心)."[68]라고 했다. 인격의 이상적인 기상은 浩然之氣를 기른 기력의 바탕 위에서 세워질 수 있는 본질의 차원 상태이다.[69] 기력의 양성이 不動心이란 가시적인 본질 경지를 달성하게 한다.

의지 수련은 보이지 않는 기력을 축적시켜서 존재를 변화시키는 것은 물론이고, 의식을 깨어 있게 하고 기력을 고도화해 사고력을 충천시킨다. 진리를 추구하고 수행을 쌓는 것은 보다 고차원적인

---

66) 본질의 순수성을 확보하기 위해서는 이것을 인출하고자 하는 수단인 의식이 깨끗해야 한다. 온갖 더러움을 씻어 낼 수 있는 노력의 과정으로서 의지의 수련 과정이 반드시 요구됨. –『세계본질론』, 앞의 책, p.96.

67) 『21세기와 동양의 수양론』, 김진근 저, 대한철학회 논문집, 철학연구, 제83집, 2002, p.131.

68) "孟子曰, 否 我四十不動心." –『맹자』, 호연장 1.
     不動心은 대수행력을 쌓은 결과임.

69) 『맹자의 호연지기에 관한 연구』, 노일준 저, 광주개방대학 논문집, 제3집, 1986, p.24–2.

우주의식과 교감하기 위해서인데, 이 같은 목표가 수행인이 쌓는 의지적인 기력의 충천으로 달성된다. 생명의 발산 기력을 사고력에 집중시키면 교감하고자 한 의지력이 대우주를 향해 뻗친다. 수행으로 충천된 기력은 대우주와 교감할 수 있는 제삼의 초월 인식 능력이다. 인식력은 분석하고 이해하는 통찰만으로써는 되지 않는다. 기력이란 느낌으로 직접 판단하는 것인 만큼, 의식 가운데는 숨겨진 제삼의 통찰 눈이 있다. 파노라마 영상처럼 기력의 변화 상태를 눈을 감고서도 간파할 수 있다.[70] 형세를 기력을 통해 포착한다.[71] 즉 세계를 영원한 영감으로 충동시키면 의식이 대우주의 모음 – 母音과 함께하게 되어 생동하는 잠재 본질을 기력으로 느껴서 메시지로 전달받는다.[72]

하지만 기력으로 세계의 본질을 형상화시킬 수 있으려면 우리가 어느 정도 수련을 쌓아야 하는가? 지극함을 다해 生의 의지를 온전하게 분열시켜야 한다. 수련 의지를 완수해야 본래 면목인 존재의 본질을 규명한다. 극을 다하면 전혀 새로운 차원 세계로 진입할 수 있게 되거니와, 이때 제삼의 실재 의지를 수용하고 영원과 구원에 이르는 길을 얻는다. 부활은 主 예수가 바친 희생 의지가 완전하게 분열하게 됨으로써 이룬 승화 결과이며, 재림의 역사는 인류가 믿음을 끝까지 지켜야만 도래할 섭리적 증과이다. 다하지 않으면 이해할 길이 없고 맞이할 기회를 얻지 못하는 것이 의지의 승화 상태이다. 존재는 그 존재를 자각하는 자의 각성과 더불어 의지를 완수해야 본질을 드러낼 수 있다. 증험 상태를 확인한다. 의지는 내재

---

70) 우주의 본질 작용을 의식으로 감지하고 교감함.
71) 기력은 고도한 정신 능력이라, 본질 세계를 넘나드는 제삼의 인식력임.
72) 『세계본질론』, 앞의 책, pp.144 – 145.

된 의식과 존재와 세계의 본질 작용과 직결되어 있다. 따라서 의지 수련의 행적과 행위를 일관하면 세계 가운데 팽배된 영원성을 접한다. 본체는 통체성인데, 이것을 갈고 닦고자 한 生의 의지가 일관될 수 없으면 무엇을 제대로 판단할 수 있겠는가? 생성이 영원한 것만큼 지속적으로 판단할 수 있는 수행 의지가 뒷받침되어야 한다. 끝을 보아야 완전한 분열을 기도할 수 있고, 극의 전환 시점에서 영원성과 함께하는 차원 세계를 얻는다.

의지는 자체만으로써는 지속될 수 없다. 존재의 형태는 그 의지의 표명이다. 인간이 존재한다는 것은 정신과 함께하는 것인데, 정신력을 존속하게 하는 것은 의지이다. 그래서 의지의 수련은 존재를 지속시켰을 때 세계성을 획득할 수 있다. 세계성은 의지를 완전하게 분열시켜야 주어질 수 있는 영원성을 보유한 경지이다. 수행을 하더라도 세계성을 얻지 못하면 존재 의지는 영속될 수 없다. 세계가 뒷받침되지 않고서는 무엇도 이해할 수 없으므로, 세계성을 간직하는 것은 천상천하 제일의 절대성이다. 佛陀도 추구한 구도 의지를 다 소진시켰을 때 우주의 실상을 일견했던 것이며, 진리가 세계성으로서 운위되고 있는 선정과 삼매 경지에서 일생 동안 法을 교설 – 敎說했다.

본인도 길을 통하여 수련을 生의 목표로 삼았던 것은 인생길에서의 추구 의지가 영원할 수 있는 의지를 수련하기 위해서였다. 영원해야 세계의 극적 변화 상태인 심판과 구원이란 차원 세계 진입 상황을 지켜볼 수 있다. 온 생애를 기도하는 자세로 一如 의식을 견지해야 진리와 세계의 궁극성이 억겁에 걸쳐 존재한 본래 면목을 볼 수 있다.[73] 세계는 단절되어 있더라도 인간만큼은 저마다의

---

73) 『세계통합론』, 앞의 책, p.23.

수행으로 혹은 사유를 통한 직관으로 중후한 세계성을 간직하기 위해 매진해야 하며, 그렇게 해야 滅道 문명을 막을 진리를 일구고 구원을 위한 의지력을 형성한다. 구원에 있어 의지적인 수련이 필연적으로 요청된다는 사실을 알고 구원의 하늘이 열릴 그날까지, 세계의 영원성을 획득할 그날까지, 인류의 바침과 수행 의지가 중단되지 않아야 한다.

▨ 5. 수행의 깨달음적 요청

수행은 본래 깨달음을 얻기 위한 실천 방도로서 요청된 것이다. 불교에서 "선정 - 禪定을 실수실행 - 實修實行하는 궁극의 목적은 정각 - 正覺을 성취하는 데 있다."[74] "불교는 깨달음을 지향한 개오 - 開悟 종교로서, 깨달음을 위한 필요조건으로서의 수행과 충분조건으로서의 완전한 깨침에서 불교의 본질과 지향점을 발견할 수 있다."[75]

깨달음과 수행이 무슨 연관이 있는가 하는 근거에 대해서는 이미 언급하였다. 정진과 수행이 없으면 진리가 영혼 속에 머물 수 없다. 깨달음을 얻기 위해서는 氣(본질)의 合一을 구해야 한다.[76] "인간 본성과 천지의 본성인 道를 통하게 하려면 이들 사이에 가로놓인 장애 요인을 제거해야 하며, 차원적인 시공간 갭을 극복해

---

74) 『선종사상사』, 앞의 책, p.35.

75) 『원시불교 수행의 이론적 체계』, 이흥만 저, 유학연구, 제3집, 1995, p.48.

76) 覺은 氣가 合一한 순간에 주어짐.

야 한다.”77) “일체 중생이 본유불성 - 本有佛性이나, 중생들이 직접 현실 속에서 객진번뇌 - 客塵煩惱를 제거할 修道의 실천적 가행정진 - 加行精進이 없다면 佛性을 보지 못하고 無上正覺을 이룰 수 없다.”78) 각성이 없으면 어리석은 무지가 끝없이 반복된다. 어리석음은 죄를 저지르게 하는 원인이다. 지금 저지른 잘못에 대해 아무런 개진이 없다면 무수한 내일을 맞이한다 해도 똑같은 잘못이 반복된다. 그래서 진리에 대한 인식은 깨달음으로부터 비롯된다. 깨달음은 無明 세계를 타파하는 것이 주된 목적이다. 佛陀는 無明이 모든 괴로움의(苦) 원인이라고 했다.79) 멸망이 도래했는데도 요인만을 더욱 가중시키고 있는 그것이 인류가 지닌 어리석음이다. 종말이 목전에 다다랐는데도 그 같은 상황에 대해 무지한 그것이 일깨워져야 할 깨달음적 요청이다. 佛陀는 깨달은 자로서 “세상의 모든 것은 예외 없이 어떤 원인과 조건에 의해 이루어진다는 절대 연기 법칙을 모르는 것이”80) 無明이라고 했다. 그리고 이제는 원인의 최근원 자리에 계신 하나님을 깨닫는 것이 無明의 극복 목표이다.

인간의 生死 괴로움은 佛陀가 제시한 진리에 대한 無知, 즉 無明에서 발생한 것이라, 無知를 타파하고자 한 캐치프레이즈는 합리적인 원인 규명으로 극할 수 있는 방안의 제시이다. 하지만 이제는 그렇게 해서 인생과 세계의 본연을 일굴 만큼 일구었다. 그런데도 인류가 아직도 본연, 본체에 해당하는 하나님의 뜻에 대해 無知하다면 어떻게 되는가? 더군다나 세계의 극점 구조가 달라진 상황

---

77) 『세계창조론 서설』, 졸저, 인쇄본, 1998, p.128.

78) 『심구조상에서 본 불성』, 심성연구반 저, 원불교학 연구, 논문, p.18.

79) 욕망을 근절시킬 줄 모르는 어리석음의 반복.

80) 『고등학교 종교(불교) 상』, 불교교육연합회 편찬, 대원정사, 1993, p.35.

에서는(지상강림) 만사에 걸친 질서의 초점도 달라져 깨어 있는 자라도 일탈되어 버릴 위기에 처하였다.[81]

그렇다면 우리는 정말 무슨 뜻을 깨달아야 滅道 문명을 극복할 수 있는가? 그것은 하나님이 창조 이래 왜, 무엇을 위해 수행을 통해 끊임없이 진리를 일구게 하셨는가 하는 뜻을 아는 것으로부터이다. 불교는 2,500년 동안 수행의 역사를 이어 왔는데, 그렇게 세월을 바쳐 얻고자 했던 것은 도대체 무엇인가? 『반야심경』에서는 "관재재보살이 깊은 반야바라밀다를 행함으로써 제 실상이 모두 空한 것을 볼 수 있고, 의지함으로써 완전한 열반에 들며, 과거 현재 미래의 모든 부처님들도 이 반야바라밀다를 의지함으로써 무상정등정각 – 無上正等正覺을 얻었다."[82]라고 밝혔다. 그렇다면 반야바라밀다와 覺과의 연관성은? 하나님이 인류 역사를 섭리하신 측면에서 보면 놀랍게도 불교가 구한 무상정등정각이 사실은 창조의 대본체 진리를 일군 것이라는 것을 알 수 있다.

그렇기 때문에 깨달음이 불교인들의 추구 전통에 있어서 이상적인 성취 목적으로서 점유되었을 뿐 아니라, 최상의 절대 진리 자체인 하나님의 본체성을 각인하기 위한 깨달음적 요청이 지속적으로 확산되었다. 이렇게 해서 쌓은 그동안의 성과가 지대하기 때문에, 이제 인류가 정말 방향만 전환시키면 하나님의 섭리 의지를 깨달을 수 있다. 뜻을 모른 無明 상태로부터 헤어날 수 있다. 왜 조사들이 애써 自性을 깨닫고자 했던가? 自性은 무엇인가? 自性은 인

---

81) 인도 불교가 중국에 전파되는 과정에서 보인 선불교의 성립이 좋은 예이다. 즉 "혜능은 모든 사람들에게는 佛性이 있는데, 佛性은 곧 사람의 自性이고 自性은 곧 佛로서 본래는 淸淨한 것이라 하였다." – 『깨달음(悟)과 닦음(修)에 관하여 – 혜능과 지눌의 입장을 중심으로』, 오병무 저, 논문, p.68.
82) 『한글로 된 반야심경』, 2003, p.인터넷자료.

간이 본유한 창조 바탕이다. 자신이 지닌 바탕조차 보지 못한다면 세계 위에 가로놓인 무엇을 더 확실하게 볼 수 있겠는가? 自性 위에 세계에 대한 本來面目이 있고 초월적 본체와도 함께한 길이 있다.

유교는 "궁리의 수양 공부가 궁극에 이르면 활연관통 – 豁然貫通하게 된다."[83]고 했는데, 이것은 다름 아닌 존재 본체의 통체성을 깨닫는다는 말과 같다. 유교는 수양으로 본질의 관통성을, 불교는 수행으로 존재 본체의 전체성을 요달하는 것으로 일치성을 드러내었다. 깨달음의 목적이 결국 神의 본체성 상태를 추적하는 방향으로 치달았다고나 할까? 일체 중생이 본유불성 – 本有佛性이라고 한 것은 하나님의 창조 뜻이 어디에도 편만해 있다는 말과 같다. 어디에도 神性이 깃들어 있어 禪, 생각, 명상, 수도, 기도, 염원, 수행으로 하나님의 창조성(진리, 뜻, 존재 본체, 섭리)을 헤아릴 수 있는 길과 맞닿아 있다는 뜻이다.

뜻이 편만해 있어 명상과 사려로 어디서건 창조 세계와 접할 수 있다. 그중에서도 깨달음은 세계의 본체적 실상을 확실하게 엿볼 수 있는 직통로이다. 다만 神의 계시 통로가 개연화되어 있지 못한 불교 문화권에서는 그 대안책으로서 각성적 노력이 요구된 것이었다고나 할까? 하지만 하나님이 진리를 본체로 해서 강림을 이루신 지금은 "내 靈을 만민에게 부어 주리라"[84]라고 약속되었듯, 깨달음을 통해 성령을 자각하는 것이 하나님에게 이르는 루트로서 활성화된다. 깨닫는다는 것은 진리의 구조와 의식의 구조가 일치된 상태를 말하며, 그로부터 수행자는 생성된 의지력을 수용하게 되어

---

83) 『진덕수 심경의 수양론적 분석과 동유의 심경 이해』, 박지현 저, 한국정신문화연구원 한국학대학원 종교전문석사학위논문(철학), 1993, p.52.
84) 요엘, 2장 28절.

세계성과 合一할 수 있는 본질을 형성한다. 진리 이면에 하나님의 본체성이 도사리고 있다고 할진대, 깨달으면 끝내 하나님을 뵐 것은 당연한 수순이다. 수행으로 얻은 覺과 覺을 통해 얻은 法은 모두 하나님의 창조성으로 직결된다. 法과 覺과 수행은 분리될 수 없는 작용이라, 法을 얻기 위해서는 覺해야 하고 覺하기 위해서는 수행을 쌓아야 한다. 覺과 法의 공통분모 역할을 하는 것이 수행이다.

6. 수행의 인욕 극복적 요청

"불교에 있어서 최고의 가치 실현은 이고득락 – 離苦得樂, 즉 현실의 고통으로부터 벗어나 해탈과 열반에 도달하는 데 있다."[85] 고통과 죽음의 문제를 극복하고자 한 위대한 길이다. 열반과 해탈이 어떤 경이로운 경지인가 하는 것은 인간이 지닌 끝없는 업장과 고통과 탐욕의 본질을 되짚어 보면 알 수 있다. 차마 끊을 수 없는 것을 끊어 대자유를 얻고자 한 것이었기에 중생들이 앞을 다투어 귀의하고자 할 것은 당연하다. 그렇게 해서 제시할 수 있게 된 것이 곧 사성제와 팔정도로 대표되는 해탈의 길이다.[86] 그리고 보면 해탈과 열반은 존재자로서 도달함이 가능한 차원 경지라고 할 수 있지만 단지 수행을 통한 깨달음이 조건 지어져 있어, 이치를 요달

---

85) 『원시불교 수행의 이론적 체계』, 앞의 논문, p.55.
　　불교를 낳은 인도 철학의 최대 관심사는 무엇보다도 해탈의 추구에 있다. "어떻게 하면 인간이 고통스럽고 유한하고 속박된 삶을 초월하여 영원한 자유를 얻을 수 있는가?"–『인도철학』, 김동암 편저, 대승불교전문강원, 1989, p.26.
86) 『불교학 개론 강의실 2(교리편)』, 장휘옥 강의, 장승, 1996, p.220.
　　사성제와 팔정도는 불교 수행의 기본임.

한 진리에 대한 인식이 없고서는 획득하기 어려운 경지 세계가 되었다. 佛陀가 제시한 인욕 극복 요청도 그 배경에는 합리적인 원인 추적이란 진리 인식 조건이 깔려 있다. 이 같은 이치 요달을 통해서 주어진 결과가 곧 해탈이고 열반이다.

인간 삶에는 생로병사와 정신적 번뇌와 같은 숙업과 고통이 만연해 있는데, 그렇게 된 원인은 인간이 버리지 못하고 있는 욕망과 탐욕과 갈애-渴愛 때문이다. 佛陀는 이 같은 본질성을 꿰뚫어 합리적인 인욕의 제거 방법을 제시함으로써 증득될 결과 세계를 因果論으로써 확정지었다. 즉 업과 죄를 더 이상 짓지 않으면 고통을 안긴 핵심 원인이 소멸해 목적성의 충일과 가치관의 완숙으로 평안과 열락을 얻는다(열반). 인욕으로 파생된 속박 고리로부터 벗어나 해방과 대자유를 만끽한다(해탈). 끊임없는 윤회란 고리마저 단호하게 끊어 버린 존재 상태의 영원한 극락성을(고통이 없음) 차원적인 세계로서 보장하려고 했다.

하지만 生死를 넘나드는 경지는 인욕의 제거 상태만으로 주어질 수 없다. 수행은 일단 깨달음이 목적이고 존재의 변화 상태를 자각하는 것이다. 해탈, 열반은 수행을 쌓으면 당연하게 주어지는 보상이 아니다. 반드시 존재의 차원 진입 상태를 확인해야 하는 각인 절차가 필요하다. 하나님으로부터 구원을 얻는 것도 마찬가지이다. 믿음으로 구원을 얻었다면 그렇게 해서 돌입하게 된 본질의 상태를 자각해야 한다. 인류가 구원되었다면 반드시 은혜로운 지상천국 세계가 세워져야 한다. 그 같은 세계 진입 상태를 인식하는 절차, 그것이 깨달음이다.

그래서 佛陀가 인욕을 극복하고 인생 가치를 실현할 수 있는 길을 제시한 이래, 오늘날의 인류는 다시 한번 인간 욕망의 한계성을 재점검해서 문명적으로 요청되는 수행의 인욕 극복적 과제를 제시할 수 있어야 한다. 핵심은 꿰뚫었더라도 고삐가 늦추어지면 인간 본성에 내재하고 있는 탐심이 고개를 치켜들어 언제라도 존재와 세계를 파멸시킬 수 있다. 그런데도 지금은 지켜야 할 수행의 요청 의지를 집단적으로 망각한 죄과가 커 정말 파멸에 직면했다. 인류 전체의 문명 시스템이 탐심을 부추기는 방향으로 작동하고 있으므로, 이 같은 시스템 상황에서는 멸망을 막을 길이 없다.

수행을 등한시한 문명 체제에서는 온갖 탐심이 죄악의 동아리를 틀 것이 기정사실이다. 거의 무방비 상태에서 영육이 우려되는 바 안일, 나태, 쾌락주의에 의해 혹사당하고 있다. 본성 안에 깊숙이 자리 잡고 있는 탐욕은 한시라도 방심할 수 없는 인류의 영원한 컨트롤 과제이다. 욕망은 끝이 없고 탐심은 경계가 없다. 권력의 집중으로 횡행했던 역대 제왕들의 과오를 보라. 인류의 종말 역시 그 같은 욕망 제어 시스템이 부실해서 초래된 결과인 것인 만큼, 인류는 지금 왜 인욕의 고리를 끊을 수행이 필요한 것인지를 시급하게 깨달아야 한다.

하나님이 심판을 단행하고자 하신 것도 결국은 인류가 탐심을 끊지 못한 惡과 죄 때문이다. 그리고 그것을 조장한 요인이 욕망인데, 욕망은 인간이 삶을 영위하는 한 늘 함께하고 있다. 조금만 방심해도 탐욕과 정욕이 스며들므로, 원하는 바 청정 본성을 유지하

---

87) 『법구경』, 김달진 역해, 현암사, 1973, p.28.

기 위해서는 한시라도 끊임없는 수행이 필요하다. 수행은 끝없는 욕망을 극복하기 위해 반드시 추구되어야 한다. 그런데도 본성을 유지하는 것은 언제나 욕망의 이끌림 성향에 뒤지게 되어 있어, 청정 본성을 유지하는 것과 욕망 충족 중 택일하라고 한다면 대다수는 후자를 택하리라.

따라서 욕망으로 만연해 있는 세태 속에서 제대로 된 판단을 하지 못하고 있는 인류에게는 방편적일지라도 혹할 수 있는 조건적 가치를 제시해야 한다. 그것이 다름 아닌 멸망에 처한 인류를 구원할 인욕 극복적 조건 요청이다. 대문명적 병폐 요인인 욕망을 극복할 수행의 원리성을 받아들인다면 인류는 구원될 수 있다. 그 외에 더 이상 혹한 조건이 있겠는가? 실질적으로도 수행은 인간 죄악을 씻어 낼 수 있는 정화 기능을 갖추고 있다. 탁류를 맑게 하듯 인욕 극복은 하나님이 조건 지으신 욕망을 정화할 확실한 시스템이다. 돌이킬 수 없는 죄악과 업장도 수행을 통하면 일단 욕망의 인풋 작용만큼은 막을 수 있어, 죄악에 찌든 본성을 청정 본성으로 전환시키는 계기를 이룬다. 그리고 그렇게 해서 소생하게 된 義의 씨앗은 하나님으로부터 죄악을 용서받을 수 있는 근거가 되리라.

노자는 道에 들어가는 방법으로서 無知·無慾·無私·無爲를 강조했는데,[88] 그중에서도 無慾, 즉 인욕의 극복 상황은 인류가 구원받을 수 있는 절대 조건이다. 죄악을 사함 받는 조건이 바로 인욕을 극복하는 행업 절차인 수행이다. 믿음으로 수행하지 않는 자에게 있어서 구원이란 증과는 기대할 수 없다. 영원성을 보장받는 구원은 가불이 되지 않는다. 수행을 쌓지 않는 자에게 있어서 높은 구원의 가치 증과는 기대할 수 없다. 구원은 반드시 그만한 세계가

---

88) 『21세기 문명 동양정신이 만든다』, 오국주 저, 살맛난사람들, 1994, p.181.

뒷받침된다. 진리를 접한 세계가 제공되고 영원성을 유지할 항구 본질이 부여된다. 영원성을 얻기 위해서는 삶의 가치를 선택하고 절제해야 한다. 순수 진리는 이를 깨닫고자 하는 자의 순수 의식 상태를 요구한다. 확실히 세상 욕망에 더럽혀진 몸으로서는 고도한 진리 세계를 접할 수 없다. 심신이 온전해야 영원한 세계에 안주할 수 있다.

유교에서는 "수양의 목적이 오로지 인욕을 남김없이 바꾸어서 天理로 되돌리는 것"[89]이라고 했다. 금욕주의가 주된 목표인 것은 아니라 할지라도, 인욕을 막아 天理를 보존하고 되돌린다는 것은[90] 유교나 불교나 이 연구도 함께 강조하고 있는 수행의 이상적인 지향 목표이다. 인욕을 제거하고 극복하는 것은 구원을 얻고 새로운 이상 세계로 나아갈 수 있는 관건이다. 멸망이 목전에 다다랐는데 아직도 욕망의 수렁을 헤어나지 못하고 있다면 어떻게 되겠는가? 아무리 하나님의 영광을 맞이하고 싶어도 육신이 욕망으로 뒤덮여 있고 영혼이 죄악 가운데 있다면 지성으로 나아갈 수 없고 하나님 을 뵐 수 없다. 한시라도 빨리 인욕을 극복할 수 있는 대수행적 가치를 수용해서 하나님의 구원 세계를 받아들일 영적 체제를 갖추어야 한다.

---

89) 『한국철학사상사』, 주홍성·이흥순·주칠성 저, 김문용·이홍용 역, 예문서원, 1993, p.248.
90) 『율곡의 수양론에 관한 연구』, 이영자 저, 논문, p.5.

7. 수행의 신 인식적 요청

하나님의 본체가 강림하신 것이라면 인류가 본격적으로 준비해야 할 것은 다름 아닌 성령의 시대 개막이다. 본체 강림 이전인 先天에서는 하나님에 의해 일 방향으로 뜻이 계시된 것이라 인간이 자력으로 하나님과 교감의 기회를 가지고 본체를 인식한다는 것은 불가능한 일이었다.[91] 하나님이 분열 시공을 초월한 존재자로 계시고, 창조 섭리마저 미완수된 상태에서는 우주 자체가 하나님을 인식할 수 있는 가능성을 남길 수 없었다. 그러니까 만상의 궁극 근원을 찾아 나섰던 수많은 수행자들이 하나님을 뵙지 못한 것은 세상 가운데서는 연결된 직통로가 없어서였다. 하나님은 三世 간을 초월해 운위하고 계시는데 인간은 논리, 분석, 연역, 귀납과 같은 분열적인 인식 방법으로 길을 찾으려 하니까, 마치 입체 영화를 맨눈으로 보는 것과 같다. 하나님께로 접근할 수 있는 여건 자체가 세계적으로 순숙되지 못했다. 기독교는 지존하신 하나님을 모셨지만 그 존전에 이를 수 있는 기도의 응답해 주심과 믿음의 원리와 인간과의 원초적인 교감 관계를 원리적으로 밝히지 못해 격세지감을 끝내 좁히지 못했다.

그러나 이제 하나님이 강림을 이루셨다는 사실은 모든 면에서 하나님의 존재를 인식할 길이 현실적으로 열렸다는 것이라, 이것을 이 연구가 진리적으로 뒷받침하고자 한다. 인간이 태어났으면 언젠가는 하나님을 알아야 하는 것이 인생의 근본이다. 이전에는 하나

---

91) 성령의 시대 개막은 인류가 자력과 주체로서 하나님의 뜻을 구하고 직접 교감할 기회를 가지는 것이다.

님이 서구 문명권 안에서만 소통되셨으므로 그들이 神을 버렸다고
했건 進化論이 파장을 일으켰건 동양은 이것을 몰라도 되었다. 그
러나 지금은 하나님이 전체 인류의 하늘 아래서 강림을 이루신 상
황이라, 누구도 하나님을 알아야 할 의무감에서 벗어날 수 없다.

인간은 본래 창조된 존재라, 하나님과 통할 수 있는 본질성을 부
여받았다.92) "에크하르트는 인간의 지성을 영혼의 핵심으로 보아
지성은 하나님을 알고 인지하는 영혼의 수단으로서, 유한한 것에서
순수하게 제거시켜 영혼 속에 탄생하시는 하나님의 아들을 보게
한다."93)라고 했다. 초점은 다르지만 인도에서는 "인간은 인간 이
상의 神을 볼 수 있고, 자신이 神과 다름이 없다는 것을 아는 방법
이 명상"94)이라고 했다. 이것은 틀린 말이 아니다. 인간은 생명 주
신 神과 일체 될 수 있고 일체 즉시 神과 다름이 없게 된다. 그래
서 神과 관련한 진리를 터득하는 것이 인생의 최고 목표인 깨달음
이다. 창조 사실에 대한 이치적 확인이다. 깨달음은 하나님의 거룩
한 모상을 바로 자신이 지녔다는 사실에 대한 자각이다.

그런데도 인류는 무슨 이유로 하나님과 관련된 길을 끝내 트지
못했던가? 하나님이 본체로서 강림하셨고 하나님과 연결될 수 있는
모상을 보유하고 있는데도 하나님을 볼 수 없다면, 그것은 우리 스
스로가 하나님을 볼 수 없는 장애가 있어서이다. 세계의 유신적 상
황이 증거되었는데도 불구하고95) 이것을 확인할 수 없는 것이라면,
그것은 인간이 지닌 눈이 문제이다. 그래서 제 방면에 걸쳐 본체

---

92) 인간은 하나님의 존재를 인식할 수 있는 길을 부여받았으니, 그것은 곧 인지함이라. 인간은
   분명 하나님의 존재를 인지할 수 있는 능력을 사고력을 통하여 부여받았다.

93) 『중세기독교 신비신학사상 연구』, 노종해 저, 나단, 1991, p.114.

94) 『명상의 세계』, 정태혁 저, 정신세계사, 1994, p.225.

95) 졸저인 『세계유신론』의 저술 성과를 일컫는 것임.

강림 사실을 확인하고 간파하기 위해서는 수행이 불가피하다. 이 같은 생각을 대표해서 본 절은 '神 인식적 요청'과 연관해 수행의 필요성을 부각시키고자 한다. 강림하신 하나님을 알기 위해서는 직관력을 양성할 본성의 준비와 더불어 본체를 진리적으로 이해할 수 있는 초월 메커니즘에 대한 세계관의 구축이 긴요하다. 성령(하나님)과 교감하기 위해서는 靈性을 터득할 수 있어야 하는데, 靈性은 수행을 통해 기력을 충천시켜야 길러진다. 修는 人이 天에 이를 수 있는 가능한 현실 방안이다. 인간은 하나님에게 이를 수 있는 청정 본성을 갖추고 있고 인식의 능력을 도야해서 진리를 일군다. 알고 보면 佛陀가 깨달음의 세계를 개척한 것은 창조주의 본체 강림 시대를 맞이하기 위한 예비 사역이었던 것으로 판단된다. 佛陀는 수행이란 본질 축적 메커니즘의 작용으로 몸 된 의식을 직관화하였으며, 각성된 지혜를 통해 생성하는 시공간을 통찰하였고, 그 가운데서 본질체로서 운위되시는 하나님을 인식할 수 있는 방법적인 길을 텄다.

이 같은 섭리 뜻을 오늘도 쉼 없이 수행에 몰두하고 있는 覺者들은 알고 있는가? 평생을 바쳐 진리를 얻고자 한 生의 헌신 목적은 숭고한 것이지만, 이제부터는 그 목적을 하나님의 존체를 인식하는 방향으로 전환시켜야 한다. 그리해야 현 사신—死神 문명 체제를 극복하고 강림하신 하나님을 맞이할 수 있다. 우리는 현 滅道 문명을 극복하고 인류를 이상 세계로 인도할 성인의 도래를 바라고 있지만, 성인이 도래하더라도 인류 자체가 성인과 소통할 수 없다면 그 역사는 실패하고 만다(主 예수의 십자가 희생). 道와 통해야 道를 알고, 성인과 통해야 성인을 알며, 神과 통해야 神을 안다. 통하지 못한다면 누구도 맞이할 수 없다. 성인은 道를 깨쳐 인류를 보다 높은 진리 세계로 인도할 사명자라, 道와 성인과 진리와 神은 두루 통해야 한다. 道와 통하듯 인류는 실질적으로 하나님과도 통할 수 있는 길을 얻어야 하며, 확인할 수 있는 인식 체제를 영적 능력을 바탕으로 해서 마련해야 한다.

하나님을 맞이하고 교감하기 위해서는 어떻게 해서 수행이 필요하다는 것인가? 이전에는 세계적인 여건이 미비해 기도와 믿음이 강조되었지만, 이제는 강림의 역사적 조건이 완비된 상태라 무엇보다도 수행을 통한 의식적 준비가 필요하다. 하나님은 성령의 역사로서 세상 가운데서 임재된 뜻을 드러내시는데, 이 같은 뜻은 시공의 운행 질서를 주재하심으로써 구체화된다. 그래서 이 같은 시공의 운행 질서를 감지하기 위해서는 고도한 靈力이 필요하다. 영성 작용의 진리 인식적 개진이 긴요하다. 세계 내에 가로놓인 이법적 베일을 벗기기 위해서는 주도면밀한 이성의 감찰이 필요하듯, 성령으로 역사된 하나님의 뜻을 통찰하기 위해서는 靈性이 길러져야 한다. 하나님은 三世가 통합된 초월 시공간을 주재하고 계시므로, 이것을 깨닫고자 하는 인류의 영혼들도 결국은 초월 본체에로의 진입을 시도할 수 있어야 한다.

佛陀가 수행을 통하여 구하고자 했던 반야란 지혜는 무엇인가? 道란 본질 작용은? 그것은 동양인들이 접근을 시도했던 초월 세계에로의 진입 노력 일환이다. 초월된 본체 세계로 진입할 길을 수행으로 개척했다. 神을 관념적으로 접근했던 서양은 神을 실체성화하고 싶었지만 개념화에 그친 데 비해, 수행으로 道를 체득하고자 한 동양의 노력은 오늘날 강림하신 하나님을 파악하는 데 있어서 주효한 방법론이다. 하나님을 실체로서 접근할 수 있는 認識論의 개안이다. 관념과 사고가 실재적이지 못한 상황에서는 수행을 통해 배양되는 직관력이 하나님의 존체를 인식하는 수단으로서 주효하다. "일체 제법의 차별상은 無明에 물든 분별지－分別知의 소산인 반면"96) 직관은 분별 이전의 통합지－統合知, 즉 三世 간을 초월해서 임재된 하나님의 역사 의지를 직통으로 간파할 수 있는 인식 체제이다. 온갖 관념성을 벗어나 실지로 진여－眞如 실상과 하나 되고 존재적으로 일치할 수 있다. 그래서 이 연구는 이 같은 특성을 지닌 하나님을 인식할 수 있는 길과 세계를 제시함으로써 靈性 차원 세계를 활짝 열어젖히리라. 본체 강림 시대를 기반 지으리라.

---

96) 『일심과 실존(원효와 야스퍼스의 철학적 대화)』, 신옥희 저, 이화여자대학교출판부, 2000, p.37.

제3장 수행의 목적 가치

수행의 목적 가치

1. 수행의 보편적 추구 가치

인간의 삶에는 다양한 추구 목적이 있다. 그중에서도 수행을 삶의 목적으로 삼는 데 있어서는 여러 가지 이유와 동기가 있겠지만 수행 자체가 지닌 가치가 있기 때문이기도 하다. 인간은 왜 수행을 하고자 하는가? 왜 수행을 해야 하는가? 수행은 일부 원하는 자들에 의해서만 선택되는 목적 가치인가? 이 연구에서는 그 가치가 결코 택일되어서는 안 될 필연 원리를 밝히고자 한다. 수행은 멸망을 목전에 둔 인류가 한 사람도 빠짐없이 인생에서 우선적으로 받아들여야 하는 절대 가치이다. 수행이 구원을 보장한다는 점에서 그 가치는 지고한 것인데, 문제는 그것을 정말 어떻게 믿을 수 있는가 하는 것이다. 그래서 이 연구는 지금까지 추구한 수행의 제 가치를 개괄하고, 인류가 이룰 정신문명의 토대를 수행을 통한 가치의 지대함을 통하여 구축하고자 한다. 그동안 제시된 가치는 지고함을 드러내지 못해 보편적으로 지향할 성취 목표가 되지 못했다. 무엇이든지 목적으로서 선택은 할 수 있지만 결국 가치성의 여부로써 가늠된다.

"인도인들은 매우 내세 지향적이고 은둔적인 기질을 가지고 있어 그 같은 종교적 성향에 걸맞게 出家를 생활의 이상으로 삼고 해탈을 인생의 목적으로 삼았다."[97] 불교는 인도 민족의 뿌리 깊은

知的 문화를 결집해서 창도된 것인 만큼, 구경열반도[98] 사실은 그와 같은 성향을 가진 자들에 의해 취사선택된 것이다. 인간은 다양한 가치를 추구하는 성향을 지니기 때문에 모든 사람들이 한결같이 열반을 얻는 것을 목적으로 삼을 수는 없다. 누구라도 통과해야 하는 生死 가운데 가로놓인 門이라면 모를까, 선택해서 추구한 결과로서 주어지는 것이 열반이라면 그것은 누구에게나 절실한 것은 아니리라.

불교는 열반의 경지를 탐·진·치의 번뇌와 無知가 사라져 生死의 괴로움을 넘어선 이상 세계로서 설명하고 있다. 부파 불교는 세속을 벗어나 열반을 이룩한 아라한 – 阿羅漢을 이상적인 인간상으로 삼았다.[99] 그러나 아무리 절대 경지와 이상적인 목표가 제시되어 있더라도 그것이 인류가 공동으로 추구해야 할 목적 가치인가를 묻는다면 선뜻 대답하기 어렵다. 본인은 인생의 본질이 해탈인가 구원인가를 자문한 적이 있거니와, 다른 종교에서도 열반에 맞먹는 성취 목표를 내세우고 있다. 아무리 목적이 가치가 있더라도 그것이 취향에 의한 것이라면 인류를 하나인 체제 안에서 규합할 수 있는 구경 가치는 아니다. 그래서 불교도 나중에는 해탈의 목적(깨달음)을 중생에게로 회향하는 방향으로 나아갔다(상구보리 하화중생).[100] 목적을 아라한처럼 열반에 둔 것이 아니라 깨달음을 얻어 만 사람을 구제할 수 있는 成佛에 두었다. 이렇듯 확대된 목적 가치를 일컬어 보살 – 菩薩 정신이라고 하거니와, 보살은 대승 불

---

97) 『반야심경의 세계』, 정병조 역, 한국불교연구원, 1999, p.178.

98) 『아함경 연구』, 이숙 저, 철학·종교전공석사학위논문, 한국정신문화연구원, p.59.

99) 『고등학교 종교(불교)』, 불교교육연합회 편찬, 대원정사, 1993, p.78.

100) 上求菩提 下化衆生 : 위로는 깨달음을 구하고 아래로는 중생을 제도(교화)한다는 보살의 두 가지 소임.

교가 지향한 이상적인 인간상이다.[101]

정형화된 목적 가치 이면에는 그 같은 가치를 제시했던 주창자의 인격적인 권위가 깔려 있다. 佛陀가 그러했듯 출가·재가를 막론하고 깨달음을 얻을 수 있다는 확신은 수행 체계를 공고히 하였고, 육바라밀을 실천한 자리·이타의 완성자(부처)가 되는 길을 택하게 했다(成佛).[102] 成佛은 적어도 불교 문화권에서는 누구라도 원할 수 있는 제한 없는 보편적인 수행의 목적으로서 정착되었다. 달마 대사는 見性하는 法을 세운 목적으로서 "사람들이 스스로 성품을 보지 못하기 때문에 진리를 깨닫고 성품을 보게 하기 위해서"[103]라고 하였는데, 이것은 수행의 기능을 중국적인 문화 여건에 맞도록 개편한 것이다. 마찬가지로 기도나 구원의 목적이라는 것도 알고 보면 기독교 문화권에서 선도한 수행의 특성화된 가치의 한 부류일 수 있다. 열반이나 구원은 수행으로 획득할 수 있는 가치 영역으로서 각각의 문화적인 여건에 따라 특성화되기는 했지만, 특성화된 것인 만큼 인류 전체가 받아들일 수 있는 보편적인 가치로서는 부족한 점이 있다. 오늘날처럼 가치관이 상충된 상황에서는 더더욱 열반과 구원을 얻는 것만을 수행의 목적으로 내세울 수 없다.

오직 인류를 심판하고 구원하기 위해 강림하신 하나님을 중심으로 해서만 규합될 수 있는 목적이고, 마지막 구원 에너지를 발동하기 위해 비장된 가치이다. 이전에는 인류를 구원할 절박한 상황을 맞닥뜨리지 못해 관념적인 지향 형태를 띠었지만, 이제는 종말을 맞이한 상황이라 선택의 여지가 없을뿐더러, 필연적인 조건으로서

---

101) 위의 책, p.79.

102) 『대승기신론에 나타난 수행론 연구』, 이준호 저, 고려대학교교육대학원 철학교육 석사학위 논문, 2000, p.24.

103) 『금강경대강좌』, 이청담 저, 보성문화사, 1993, p.767.

구체적이고 현실적인 목적을 가져야 한다. 구경열반과 成佛은 인류의 추구 가치로서 나무랄 데가 없는데도 보편화되지 못한 것은, 만인이 당위적으로 수용할 만큼 목적이 개연화되지 못해서이다. 그래서 이 연구는 그 부족분을 메우기 위해 그렇게 추구했을 때의 가치가 얼마나 확실한 것이고 영원성이 보장되는 실질적인 것인가 하는 것을 확인시키려 한다.[104)

佛陀는 수행을 바친 결과로서 어떤 증과 가치를 획득했던가? 佛陀의 만년을 기록하고 있는 파알리文(마하파리닛바나經)에 의하면, 佛陀는 사라목 사이에 몸을 눕히고 행한 최후의 설법에서 자신의 생애를 술회하길, '善의 탐구자'라고 했다. 佛陀는 다만 영원한 진리의 탐구자요 구도자일 따름이다.[105) 석가모니는 평생 석가모니로서 석가모니일 뿐이다. 여래나 세존이나 부처는 깨달은 이에 대한 존경에서 붙여진 호칭이다. 佛陀는 왕세자로서 모든 것을 버리고 出家를 단행한 분이며, 그렇게 해서 구하고자 한 가치는 정신적 고뇌를 해결하고자 한 진리(깨달음)였다. 돈이나 명예나 권력을 손에 쥐고 세상을 뒤흔들려 한 것이 아니다(무형의 정신 가치를 얻기 위해서임). 生死 간에 걸친 고통의 문제를 해결한 연기의 법칙이었다. 인생은 고통을 본질로 하는데 고통은 삶을 영위하고 있는 생애 안에서만 주어지는 것이 아니다. 수행과 깨달음으로 고통의 원인이 되는 욕망을 소진시키지 않는다면 그 고통은 끊임없이 윤회로서 지속된다고 한 두려운 교설이다. 중생들이 수행을 인생의 목적으로 설정하지 않을 수 없는 당위성의 정초이다. 그 교설은 장대한 것이라 正心을 꿰뚫었으므로 존귀한 가치로서 인정되었다.

---

104) 『세계창조론』, 제2편 창조성론, 졸저, 완본, 1998, p.46.
105) 『인도사상의 역사』, 高崎直道 외 저, 정호영 역, 민족사, 1988, p.48.

하지만 그 가치라는 것이 누구라도 객관적으로 증험할 수 있는 원리성까지 포함하고 있는 것은 아니었다. 혹독한 과정행과 조건이 요구되었고, 제시된 증험 세계도 이치적으로 설명하기 어려운 무형의 가치였다. 윤회는 어떻게 증험함이 가능한가? "육신이 없어진 사후라야 진정한 열반을 얻는다?"106) 사후 세계가 있다는 주장도 믿기 어려운데 죽어서 얻을 열반을 위해서 삶의 모든 것을 바쳐야 하다니! 그러니까 믿음이 없는 자는 추종하기가 어려웠고, 일부 열정을 가진 자들에 의해서만 실행된 좁은 門이다. 참으로 인류가 막다른 상황을 맞이한 오늘날 한 사람도 빠짐없이 받들 수 있기 위해서는 일체 행업이 三世 간에 걸쳐서 보장되는 가치의 영원성을 확인할 수 있어야 한다. 더군다나 지금은 물질적인 가치가 만연하고 있는 상태라 돈으로 가치가 책정되는 末世에 처하였다. 그래서 수행은 물질만능에 우선한 정신가치의 고결함을 일깨움으로써, 물질적 가치를 중요시해 초래하게 된 滅道 문명을 전도시킬 위대한 마음의 왕국, 정신의 세계, 영혼의 천국을 건설해야 한다. 그리고 그것은 정신의 가치성을 원리화하고 진리화해야 하는 정신문명의 도래 조건이기도 하다.

> "백 년 동안 모은 재산은 하루아침의 티끌이요, 삼 일 동안 쌓은 수행은 천 년이 지나도 보배가 된다."

어떻게 해서 그렇게 될 수 있는가? 겨우 삼 일 동안 쌓은 수행을 평생 동안 모은 재산과 비교하려 들다니! 대개는 재산을 쌓는 데 치중한다. 왜 그런가? 재산은 현실적인 가치이고 유용한 목표물인

---

106) 『대승기신론에 나타난 수행론 연구』, 앞의 논문, p.24.

데, 수행은 아무리 귀하더라도 직접 실감할 수 없는 무형적 가치이다. 백 년의 삶에 대해서도 무지한 것이 인생 삶인데 천 년이란 세월을 위한다는 것은 허황한 가치 매김이다. 자식이 일류 대학에 합격한다든지 지병이 낳으리란 보장을 한다면 모를까, 현실에서 이득이 있는 가치에 혹하여 수행적 가치에 눈 돌리기는 어렵다. 그래서 현 滅道 문명 체제는 멸망이 불가피하다. 이것을 막기 위해 이 연구는 수행이 쌓은 공덕 가치가 고스란히 보장될 혜안을 밝힐 수 있어야 한다.

열반은 육신이 없어진 사후에나 얻을 수 있는 확인할 수 없는 증과가 아니다. 모호한 것은 오히려 삶일 뿐 죽음은 아무도 피할 수 없는 확실한 인생 역정이다. 그렇다면 열반은? 生이 다한 이후에 맞이하게 되는, 生을 바친 결과 현상이다. 육신은 없어져도 인생이 삶의 의지를 분열시킨 발자취는 반드시 있다. 그래서 열반은 종말적인 삶이 분열을 다해 마침표를 찍었을 때 얻게 될 증과이다. 삶의 의지가 분열을 완료하면 죽음이 도래하게 되고, 그 여부에 따라 완전한 열반을 얻는다. 죽음 이후의 삶의 형태가 어떻게 전개될 것인지는 알 수 없다 하더라도, 사후 세계가 언젠가는 귀환해야 할 본향이라는 것만큼은 확실하다. 죽음은 있는 것이므로 죽음을 앞에 둔 인간이 죽음을 위해서 삶을 바치는 것은 헛된 일이 아니다. 죽음을 실감하는 자에게 있어서는 삶을 위해 삶을 바치는 모든 것이 오히려 헛되게 여겨진다. 삶을 삶으로서만 선을 긋고 있는 자들이 어리석지 않는가? 볼 수 없는 상황에서도 존재하는 것들이 부지기수인데, 보이는 것만을 보고 판단하는 것은 어리석다.

갈애했던 젊음과 청춘과 인생의 나날들은 덧없이 가버리고……. 한평생 재산을 모으는 데 열중하는 것은 삶을 위해서이지 죽음을 위해서가 아니다. 정말 죽음을 생각한다면 얼마나 어리석고 헛된 가치인가? 그래서 삼 일 동안 쌓은 수행이 현실 삶을 위해서는 무익할지 몰라도 죽음을 위해서는 참으로 재보를 더할 가치이다. 왜, 무엇 때문에? 수행은 末世에 하나님이 보장하겠다고 약속하신 본질적 가치이기 때문이다. 수행은 인간 삶이 三世 간에 걸쳐 연결되어 있고 영원하다는 것을 볼 수 있게 하는 지혜를 제공한다. 수행으로 개안된 영안은 세계의 영구성에 대한 정보를 끊임없이 제공한다.107) 三世 간이 통합된 본질 면모가 제공됨으로 수행의 공덕 가치가 만인에 의해 실인 가능한 지혜로서 확인되리라.

욕망에 찌든 눈으로 보면 당장 육신을 만족시킬 수 있는 현실 이득에만 관심이 있게 되는데,108) 어떻게 죽음 이후의 삶을 보고 세계의 영원성을 인지할 지혜를 얻을 수 있겠는가? 깨닫고 알아야 천 년을 살 자로서의 인생 행보가 시작된다. 어차피 맞이하고야 말 인생의 종막이지만, 한번을 쌓아도 영원히 소실되지 않을 공덕을 쌓는 자는 그 가치와 함께 영원하리라. 가리어진 것을 통달할 수 있고 세계의 영원성을 볼 수 있는 지혜가 生을 바친 수행으로 주어진다는 사실을 알 때, 이 얻음은 지상의 어떤 가치와도 비견할 수 없다.

佛陀는 깨달음으로 죽음 이후의 세계를 알았고(열반), 온갖 분별의 경계를 넘어선 반야란 지혜를 일구었으며, 無明을 벗어나지 못하면 짊어지게 될 끝없는 윤회 업장을 직시했다. 이 같은 정보를 어떻게 해서 얻은 것인가? 확인할 수 있었던가? 그 진리가 소재한 위치는? 다름 아닌 自性을 면밀하게 들여다봄으로써였다. 거울이

---

107) 세계의 영구성을 볼 수 있게 함.
108) 가려진 것을 보지 못하는 無明 속에 갇힘.

깨끗해야 사물도 깨끗하게 비치듯, 최치원은 "오묘한 이치는 마음을 닦으면 이룰 수 있다."[109]고 했다. 어떻게 마음을 닦는 데서 이치가 나오는가? 대창조성을 自性 안에 간직하고 있기 때문이다. 일구어 내지 못해서일 뿐, 인간은 그야말로 창조된 비밀 투성이다. 손톱, 발톱, 머리카락 한 올도 그냥 붙어 있지 않다. 원리로써 구축된 진리체이고 뜻의 결정체이다. 이것을 우리는 수행으로 들여다볼 수 있고 인지할 수 있다. 수행은 내면의 존재 상황을 직시할 수 있게 하고 쌓은 공덕을 원하는 방향으로 컨트롤하여 존재 구조와 원리성을 세세하게 드러낸다. 수행은 어떻게 존재의 본질을 변화시켜서 차원적인 세계로 진입하게 하는 것인지에 대한 원리를 추출한다.

만약 정신 가치를 이치적으로 확고하게 원리화할 수 있다면 예상컨대 물질 원리의 개연성이 과학문명을 주도한 것 이상으로, 앞으로는 수행의 원리가 정신문명을 주도할 태세를 갖추리라. 수행은 막다른 인생의 종막 길에서 허무할 수밖에 없는 중생들에게 영원성을 보장할 수 있는 방도를 제시하고(무형의 정신적 가치), 뭇 영혼을 구제할 가치성을 함유하였다. 이전에는 길이 트여 있었는데도 너무 험난하고 비좁아 원리화하지 못한 난제가 있었지만, 이제는 만인이 걸을 수 있는 구원의 푯대 받침대로서 자리매김할 수 있다. 길은 가치를 추구하는 것이고 수행은 무형의 재보를 더함이다. 수행의 가치가 제대로 인식된다면 인류의 자아는 보다 능동적으로, 근본적으로 개척될 수 있다. 고귀한 가치를 품은 존재자로서 승화되리라. 참으로 수행은 인간 욕망을 종합적으로 컨트롤할 수 있는 체제를 갖추었다. 밑도 끝도 없는 존재를 숭고한 이상체로 승화시킬 수 있는 묘약이다. 무한한 자아를 인식하고 비약을 이루며 선행

---

109) 『조선철학사 연구』, 편집부 엮음, 광주, 1988, p.32.

된 본질을 개선해서 무궁한 희망의 샘을 파게 한다.

땅을 일구면 곡식이 나오듯 영혼을 일구면 숭고한 정신이 있다. 보이지 않는 것까지를 가늠할 수 있게 하므로 수행은 당면한 현실을 가장 현명하게 판단하게 한다. 수행과 정진은 한계에 처한 존재가 궁극에 도달할 수 있게 하는 가장 실질적인 길이다. 보이지 않는 본질 속에 하늘로 통하는 길이 있다. 사고는 실재함의 근거라, 수행이 그 사고를 면밀하게 컨트롤함으로써 무형의 정신 가치를 잉태시킨다. 빛이 미치지 못하는 곳에는 어둠이 있듯 수행의 의식이 미치지 못하는 곳에는 無知가 있다. 길을 위하여, 빛을 얻기 위하여, 지혜를 구하기 위하여, 인간 삶은 진리를 얻기 위한 투쟁의 현장이 되어야 하나니. 온갖 장애를 거두고 무한 우주 속으로 의식을 확대시키기 위해 우리는 추구의 자유함을 획득해야 한다.

삶에 찌든 제약 가운데서도 쉽기야 하겠는가만 고귀한 것이 수행 가치라, 아무런 바침도 없이 구가될 것은 어떤 것도 없다. 그래서 수행을 위한 삶의 자세는 진리만을 위한 방향으로 집중해서 영원한 정열을 불태워야 한다. 출세를 위해서는 현실 위에서 온갖 노력과 공을 들여야 하듯, 인류는 어떤 상황 어떤 처지에서도 진리를 일구고 진리를 위해 헌신하는 삶의 목적을 견지해야 한다. 그것이 滅道 문명을 헤어나 영원성을 보장받는 길이다. 진리가 만 영혼을 자유롭게 하고 구원을 이룰 것이나, 결국은 수행을 통해 세계를 알고 나를 알고 하나님까지 알게 되리라.

그런데도 우리는 지금 무엇을 알고 있는가? 어떤 가치를 가지고 있고 어떤 경지 세계를 획득하였는가? 없다면 수행하라. 한없이 무지한 것이 인간인데 어찌 나와 세계에 대해 의문이 없을 수 없겠는가? 진리는 자아로부터 도출되는 것이나니, 무엇이라도 발견하고 일구는 추구자가 되라. 존재하는 우선 의지는 존재를 생각하려는

데 있다. 생각을 넓힐 수 있다는 것, 한 세계를 생각할 수 있는 여유를 가진다는 것은 소중하다. 영혼 깊숙한 곳에 들어박힌 의문과 회의는 끊임없이 사색해야 하는 生의 고귀한 목적이다.[110]

그 순간에 의문을 발견하지 못하면 역사는 이루어지지 않는다. 존재가 정지한다. 의문은 진리를 추구할 수 있게 하는 추진 원동력이다. 사색은 일절의 욕망이 근절된 세계의식이며 통합된 정신의 유일 공간이다. 一如 의식이 수행을 통해 보장된다. 수행은 세계의 영원성을 사고하는 빛깔로서 묻어낸다. 사물을 관찰하고 주어진 인식을 놓치지 않는 것은 진리를 얻으려는 자의 기본자세이다. 제 현상을 확실하게 인식하고 규정지어라. 존재함으로써 부인될 수 없는 관점에 의해 사물과 현상은 판명된다. 쌓아 올린 경지가 어떻게 진리 판단에 영향을 미치지 않겠는가? 일구어진 진리는 고스란히 인류를 하나 되게 할 원동력이다.

이전에도 그러하였거니와 이후로도 근본을 지키기 위해 수행하고 진리를 얻기 위해 수행하며 하나님의 뜻을 구하기 위해 수행하라. 그리하면 인류의 義는 다시 소생되고, 滅道 문명이 구원되며, 약속된 천국 경계를 넘나들 수 있게 되리라.

▌2. 수행의 세계 이해적 가치

세계를 이해하고자 할 때는 일반적으로 어떤 목표를 가지고 공

---

110) "진리에의 길은 의문점을 찾아 의문된 점을 끝없이 의문하는 과정이다." -『길을 위하여 (Ⅰ)』, 졸저, 아가페, 1985, p.13.

부를 하거나 강의를 듣거나 관찰하고 실험하는 방법 등을 동원한다. 이렇게 하여 일단 포착하게 된 것은 물리적인 것이든 심리적인 것이든지를 막론하고 사고로써 세계를 조망하는 형태를 취한다. 이것이 쌓이고 전승되어 문명의 형태를 이루었다. 그런데 이 연구에서는 이와 같은 방법들이 주어진 세계의 본래 형상을 잘못 판단하게 하여 인류를 진심 본질과 동떨어지게 했다는 사실을 지적함으로써 수행을 통해 이룰 수 있는 원칙적인 세계 이해적 가치를 부각시키고자 한다.

본인은 자아가 성숙하고 세계에 대해서 의문을 가지게 되었을 때 눈앞에 펼쳐진 무량한 자연의 섭리를 꼭 한번 표출해 보고 싶은 신념을 토로한 적이 있거니와, 이와 같은 심취 성향을 충족시키기 위해서 철학과 종교 분야에 관심을 가졌었다(독서→대학 시절). 그 결과 철인들이 판단한 형이상학적인 세계가 다름 아닌 인간이 세계를 바라본 끊임없는 해석적 관점이었다는 사실을 발견했다. 진리와 세계에 대해 사려한 생각들이 철학을 낳았다. 철학은 철학자들이 세계를 판단한 진리에 대한 성과이며 이해된 결론이다. 동일한 대상에 대해서도 화가들의 표현이 다르듯, 철학에서도 각자의 자유 해석이 있은 것이다. 대상을 조망하다 보니까 동일한 대상에 대해서도 판단이 각양각색이다. 그 결과 세계를 이해한 관점을 확대시킨 성과는 인정하지만, 궁극적인 본체는 그렇게 관점을 확대하는 것만으로써는 드러나지 않는다. 어느 정도 결론은 도출할 수 있을지 몰라도 사유를 모토로 한 것인 한, 物自體(본질)와의 괴리를 극복할 방도가 철학 가운데서는 없다. 사고력이건 정신력이건 그것을 수단으로 삼아 가지고서는 세계를 이해하는 데 한계가 있다.

사고를 주축으로 한 서양 철학은 진심 세계를 파행으로 몰고 간

흔적이 뚜렷하다. 唯物論者였던 엥겔스는 『자연변증법 – 自然辨證法』에서, "우리들은 언젠가는 생리학의 발달에 의하여 사유를 두뇌의 활동으로 환원시킬 수 있을 것이다."[111]라고 전망했다. 수긍하는 입장에서 본다면 틀린 말은 아니다. 이전에는 전혀 그와 같은 생각이 없었다는 점에서는 새로운 측면도 있다. 그러나 사유가 두뇌의 생리적인 활동으로 인한 소산이란 착안 외에 더 이상 진척된 관점은 없다. 단언된 방식으로써는 사고의 본질을 밝혀낼 수 없다. 무엇보다도 사고 자체가 세계 이해를 위한 주 대상인데, 대상이 피상화되어서는 차원적인 접근 가능성이 어렵다.[112]

미국의 실용주의를 대표한 제임스(1842~1910)는 "의식은 지각으로부터 생겨나고, 지각은 신경의 자극에서 생겨나며, 신경은 무수한 자극을 뇌로 보내고 그 결과 의식의 흐름이 발생한다(마치 의식을 투시경으로 들여다보고 있는 것처럼 말함)."[113] 의식되는 지각을 자극과 신경이란 생리적인 지식을 동원하여 뇌와 연결시켜 사고가 발생한 근원처를 추적했다. 하지만 의식이란 작용 실체가 무엇인지에 대한 해답을 찾았는가? 형이상학적인 추구로 순수하게 지펴졌던 세계 이해에 대한 불씨가 오히려 사고를 유물적, 생리적인 소산으로 여긴 관점의 확산 때문에 꺼져 버린 것은 아닌가?

이 불씨를 살리려면 인류는 세계 이해를 위한 접근법을 다시 모색해야 할 뿐 아니라, 그렇게 해서 추출한 근거를 기반으로 세계를 새롭게 구축해야 한다. 커다란 오해와 오류를 범하고서도 각자 판단한 진리와 세계관이 온전하다고 생각하는 지성인들의 잘못을 낱

---

111) 『불교·기독교·공산주의』, 정태혁 저, 동국대학교 불전간행위원회, 1985, p.168.
112) 사고만으로써는 아무리 궁구해도 세계를 이해할 수 없음.
113) 『현대철학의 이해』, 강대석 저, 한길사, 1991, p.318.

낱이 지적해야 한다. 그렇게 생각하고 보면 또 그렇게도 보인다. 그러나 문제는 그 같은 방법에 한계가 있은 것인데도 그것을 전부라고 판단하는 것이다.

분열하는 개체로서는 전체인 본체성을 통감할 수 없다. 覺者가 만유 法身의 세계를 애타게 호소해도 중생들은 자신이 이해하는 방식으로 받아들일 뿐이다. 전체와의 관계성을 판단할 수 있는 기준이 개연화되어 있지 못하다. 그런데도 최대한 세계의 실상에 가깝게 접근할 수 있는 방법은 모색하지 않고 애초부터 한계성을 지닌 부분성만을 가지고 전체성을 이해하려 한 결과, 모순을 세계 추진의 원동력으로 본 적반하장격이 唯物論者들에 의해 연출되었다. 생각은 자유이나 가려 있는 진심을 곡해한 폐해는 헤아릴 길 없다. 인류는 똑바로 고개를 들어 이 거대한 세계적 오류를 바로잡아야 한다. 그렇지 못하다면? 근본을 이탈해 있는 인류가 도달할 결말은 명확하다. 왜, 무엇이 잘못되었는가? 이것을 추적할 수 있어야 수행의 세계 이해적 가치가 부각된다. 과연 수행은 세계의 핵심 본질을 부각시키는 데 있어 어떤 최적 역할을 담당할 것인가? 수행은 진리 추구와 연관되는데, 진리에 있어서 사고와의 관계는? 수행은 사고의 기능화를 저지하고 사고 자체를 기력화, 의식화해서 세계 이해를 위한 발판으로 삼으리라.

수행은 사고 작용 자체를 감찰하는 의식의 눈을 뜨게 하는 데 핵심 역할이 있다. 물론 사고의 바탕은 존재에 있다고 하나 사고를 이루게 한 뿌리는 의식이다. 수행은 직접 실천하는 것을 원동력으로 삼으며, 행동은 의식을 통해 사고와 직결되어 있다. 사고 작용을 면밀하게 감찰해 내는 것은 의식을 통해서라, 분열 질서를 따를 때는 철저하게 논리적이지만 직관력은 이와 달리 의식을 함축한 상태에서 발휘한다. 그래서 사고력은 외부적으로는 세계적 현상을 조망하고, 내부적으로는 의식과 연계하여 진아－眞我를 인식하는 역할을 한다. 수행으로 眞我를 구축하면 존재가 도달한 차원적 경지를 인지할 수 있게 되어, 외부를 향하든 내면을 향하든 항상 첨단에 서서 대상의 변화 상황을 인지하는 능력을 발휘한다. 수행이 의식을 통하여 이 같은 사고 작용과 연결되어 있는 만큼, 어떡하든 사고력을 확충해서 세계 파악의 능력을 증대시켜야 한다.

서양에서는 지능은 개인차를 인정하면서도 인식은 차이를 두지 않아 인식보다는 사물의 대상을 어떻게 인식하는가에 대한 루트, 절차 등을 공식화하는 데 관심을 쏟았다. 그러나 "대창조성의 비밀은 사고되는 바 의식 자체에 함재되어 있다."114) 사고가 지닌 비밀은 고스란히 창조가 지닌 비밀이라, 창조의 비밀은 바로 사고의 비밀을 파헤쳐야 밝혀진다. 사고는 창조로써 창출된 경이적인 작용력이거니와, 이 같은 가치를 밝히는 데 수행이 자기 몫을 다해야 한다. 존재 의식이 분화되는 과정에서 사고가 기력화되고 의식화되어 고도의 인식력을 발휘할 수 있게 된다. 수행은 환화－幻化115)를 벗어나게 함으로써 본성을 항상 진리 속에 머물게 하며, 그렇게 해야 깨달음을 향한 인식력이 증대된다.

적어도 수행을 통해 기력을 쌓는 것은 영혼을 보려는 마음의 필수 조건이다. 그렇다면 과연 어떤 조건을 충족시켜야 영혼이 유리될 것인가? 영혼이든 의식이든 첨단에는 사고력이 일체의 변화 상황을 감지한다. 수행은 온전히 정신을 정제하고 집중시켜서 최상의

---

114) 『세계통합론』, 졸저, 다짐, 1995, p.30.
115) 『원각경 역해』, 한정섭 · 송은진 공저, 불교통신대학, 1994, p.53.
  幻化 : 우주 만물이 환상과 같이 변화하는 일.

진리를 자득하게 하며 세계의 참의를 깨우치게 하는 길이라, 세계적 분열 공간과 함께하고 의식적으로 참여할 수 있게 하는 것은 사고를 기력화시켰을 때이다. 그리하면 세계적 공간이 의식 속에 머문다. 사고 작용을 의식과 존재 본질과 함께하도록 밀착시켜서 사고와 존재를 일치시킨다. 그래서 수행을 통한 행동 하나하나의 분화 절차가 곧바로 사고 의식을 분화시키는 결과를 낳는다. 사고의 분화력이 인식력을 차원을 향해 수직으로 상승하게 하는(수평적인 지식을 확대하는 것이 아님) 효력을 낸다. 사고도 일종의 행위 절차 과정이라고 할진대, 하나의 창조적 활동은 하나의 창조적 정신 분화를 가져오고, 하나의 창조적 정신 분화는 하나의 창조적인 진리를 인출한다. 세계의식이 분화하면 세계를 인식할 길이 열린다. 무형의 잠재 본질을 드러낼 수 있는 의식 공간과 접한다. 의식→사고→진리→본질을 거쳐서 神의 본체 세계로 이르는 과정이 일목요연하다. 가능한 한 세계 본질의 인식은 가능한 한 세계의식의 분화로부터, 그리고 세계의식의 분화는 수행을 통해 사고를 유리(세분화)함으로써 이루어진다.

즉 수행이 일련의 수련 절차를 거쳐 의식을 분화시키면 이와 접하고 있는 사고가 분화되며,[116] 사고의 분화는 결국 사고와 연결되어 있는 창조의 본질을 드러내어 세계 이해를 위한 창조의 비밀을 풀어헤칠 여건을 만든다. 수행은 어떻게 하여 사고 영역과 세계적 공간을 확충해서 순수 본질에 도달할 수 있는 능력을 증대시키는가? 진리를 인식하기 위해 쌓은 존재 의식과 목적 의지와 사고 본질이 일치된 메커니즘으로 인해서이다. 사고가 어떻게 시공간과 교감하고 무궁한 우주 공간을 채워서 운행 질서를 낱낱이 감득하게

---

116) 행동의 분화 절차는 곧 사고의 분화 절차이고, 행동을 분화시킨 절차 결과가 사고를 분화시킴.

하는가 하는 것은 새로운 과제인데, 생각을 사고적 기능으로 여기는 관념적 접근으로써는 해명이 어렵다. 사고(생각, 사려, 사색, 명상 등등)는 불가사의한 창조가 낳은 특성화 기능이며,[117] 만유에 걸쳐 무한한 시공간까지 충만시킬 수 있는 근원요소이다.

그래서 사고가 수행을 통해서 의식화되면 대상을 인식하는 기능적인 측면을 넘어서 사고 자체가 본질화되고 에너지화(기력화)된다. 자아와 의지력을 집중시켜서 대우주 공간 속에 간절한 염원을 충천시키며 義로써 충만된다.[118] 우주 본질과 함께함으로 眞我와 궁극적인 실재와의 만남(궁극적인 실재를 진리로서 체득)까지 가능하다.[119] 찾고 찾아서 찾아낸 인식의 궁극점에서 광대무변한 無의 세계를 접한다. 인식의 끝에서 도달된 無인데 누가 아무것도 없는 無로서 단정할 것인가? 이르자마자 천지 만물을 낳은 태고로부터의 장엄한 기운을 똑똑하게 볼 것이다. 인식을 다한 궁극점에서 만난 無를 통해서 세계의 실상을 實認하게 될 것이니, 無는 존재의 의지를 다하면 도달하게 되는 본향으로서의 귀착 지점이다. 인식은 용이하지 않다 하더라도 無는 하나 되고 일체인 궁극 본체이다. 인식할 수 없어 無라고 하지만 존재하고 있다는 것을 궁극 본체는 시사한다. 실재하지 않는 상태로서도 존재하는 것이 가능하고, 도래하지 않은 상태에서도 先在하고 있는 대창조의 차원적인 비밀이 (시공을 초월한 인식 비밀) 밝혀진다. 왜 그런가? 그 이유는 실재함

---

117) 하나님이 뜻으로 천지를 창조하셨기에 뜻으로 지음 받은 인간은 하나님의 뜻과 함께할 수 있도록 하나님의 존재 특성을 부여받은 창조적 능력의 일환인 것이 사고이며, 그 같은 창조된 뜻의 현실화가 뇌라는 생물적 기관이다. 그래서 인간은 원초적으로 하나님과 모든 면에서 合一될 가능성을 가진다. 기능성과 구조와 성향을 보유하고 교감과 수신을 가능하게 함.

118) 義는 순수 본질로서 존재 의식을 충만시킨 상태이다. 그래서 義(氣力)로써 우주 공간을 충만시키면 이보다 더 확고한 존재 기반은 없다. 義는 희생과 헌신을 통한 바침이 순수 본질과 동화되어 승화된 상태임.

119) 『불교철학』, 칼루파하나 저, 최유진 역, 천지, 1992, p.185.

과 달리 우리는 인식이 분열하는 시공간이 제공하는 한계성 내에서 일체의 판단을 이루기 때문이다. 그 같은 한계 특성이 오히려 세계의 궁극적인 실상들을 확연하게 부각시킨다.

경험주의를 대표한 영국의 철학자 존 로크(John Locke)는 백지 이론(tabula rasa)을 주장했다(17세기).[120] 인간이 태어날 때는 백지와도 같은 상태(無)에서 경험이 앎에 대한 모든 인식의 근거를 마련한다는 설이다. 경험(행동)이 인지함의 근거이고[121] 그렇게 해서 인식이 성립한다는 것인데, 이 같은 이론들이 인식론에 영향을 끼쳐 사물의 세계를 통찰할 길을 열었다. 하지만 로크는 존재 의식이 분열하지 않은 초기화 상태를 백지로서 판단한 것일 뿐,[122] 비록 근거는 생성하지 않았더라도 의식이 존재하고 있지 않는 것은 아니다. 분열하지 않은 상태로서도 의식은 존재하고 있는데, 단지 통합적인 의식이 경험을 매개로 해서 분화(분열)할 절차를 기다리고 있는 상태이다. 그런데도 의식을 백지와 같은 상태로서 본 것은 정당한가? 왜 無한 상태로 있는 통합적인 존재 본질을 가늠할 눈(지혜)을 가지지 못했는가? 그 이유는 명백하다. "파악된 모든 것이 곧 존재의 모든 것이라고 생각하는 것은 잘못이며, 파악한 것은 파악할 수 있는 모든 것으로서의 인식의 상태이다."[123] 가려진 진심 본체와 인식과의 관계에 있어 인식 차에 대한 이유를 깨닫는 것이 코페르니쿠스적인 대전회이다.

---

120) "백지 이론에서 인간의 마음이란 원래 아무것도 쓰여 있지 않은 백지와 같으며, 여기에 무엇인가가 그려질 때 앎이 생긴다. 그래서 백지에 무엇인가가 그려지는 과정이 곧 경험이다." – 철학의 발견, EBS 교육방송 기획·제작·방송, 삼화출판사, 1993, p.58.

121) 경험함으로써 인식할 수 있는 근거가 분열되고, 분열함으로써 인식할 근거가 마련됨.

122) 아직 인식할 근거가 분열되지 않아 無로 판단.

123) 『세계본질론』, 졸저, 청학사, 1997, p.74.

無는 인식할 수 없다고 해서 존재하지 않는 것이 아니다. 진리는 이해할 수 없다고 해서 모순된 것이 아니다. 세계는 파악할 수 없다고 해서 신비로서 치부될 수 없다. 창조는 증거할 수 없다고 해서 실현되지 않은 것이 아니다. 하나님은 볼 수 없다고 해서 존재하지 않는 것이 아니다. 그런데도 문제는 수행이 없으면 정말 이 모든 사실을 그렇게 판단하고 만다는 데 있다. 수행이 세계를 이해하고 인식하며 궁극성을 판단하는 데 있어서 가지는 역할은 거의 절대적이다. 그래서 존재와 의식과 사고력을 본질화해야 궁극 본체와의 차이가 일소된다. 合一된다. 인식 자체의 기능적인 분열성 한계를 넘어선다. 초월 의식화된다고나 할까? 일체가 됨으로써 비로소 세계를 완전하게 이해할 수 있다.

3. 수행의 직관력 획득 가치

논설, 논문 같은 것은 주제를 정하고 자료를 준비하면 논리적으로 의도한 생각을 서술할 수 있다. 『土地』란 문학 작품은 여성 소설가 박경리－朴景利가 1969년에 집필을 시작하여 1994년까지 5부작 총 16권으로 마감한 장편 대하소설이다. 이 엄청난 분량의 저술을 어떻게 한 인간이 머릿속에서 구상하여 작품화할 수 있었는가? 서양의 사상가들은 대개 '론'을 통해서 주장을 펼쳤는데, 읽는데만도 시간을 요하는 대작들이 많다. 하지만 대표적인 고전들 가운데는 짤막짤막한 단장들도 있다. 유교의 『논어』나 파스칼의 『팡세』가 그러한데, 노자의 『도덕경』은 흔히 '오천언'이란 말이 덧붙는다. 이것은 진리 세계를 표현하는 데 있어서 엿볼 수 있는 인간 사유에 대한 중대한 차이점이다. 논자는 의도에 따라 풍부한 상상력과 경험을 글의 세계로 끌어들인다. 하지만 아무런 준비도 없는 상태에서 생각을 떠올리려고 한다면? 애써 생각을 일군다는 것은 쉬운 일이 아니다.

우리는 대개 준비된 생각과 자료를 가지고 글을 쓴다. 그것이 사상적인 것이든, 학문적인 견해를 밝힌 것이든, 사랑을 고백하는 것이든, 염두에 둔 생각을 표현한다. 이에 비해 아무런 의도, 즉 의지 개입이 없는 상태인데도 어떤 생각들이 포착되는 것이라면 그것은 또 다른 의미에서 자체의 존재 상태를 나타내는 중대한 인출 정보가 될 수 있다. 직관－直觀은 본다는 뜻이고, 본다는 것은 판단·추리와 같은 사유 작용을 가하지 않고 대상을 직접 파악한다는 것이다(직관적). 베르그송은 진리·실재는 사고에 의하지 않고 知的 직관에 의해서만 파악할 수 있다는 주장을 폈다.[124] 그러나 의도한 생각은 대개 의도한 형태로 체계 지을 수 있지만, 그렇지 않은 상태에서 떠오른 생각들은(직관) 놓쳐 버리거나 소홀하게 대하는 경우가 많다. 언제 주어질지 모르는데 늘 주시하고 있기는 쉽지 않다.

따라서 직관을 통해서 진리를 일구기 위해서는 삶을 수행적으로 이끌어 나가지 않을 수 없다. 직관도 정신력의 한 영역이기는 하지만 이성과 달리 정신력을 집중해서 투여해야 하는 측면이 있다. 인식은 오감으로 외부 정보를 수용하는 것인데 직관은 시공간적으로 접한 존재적 상황을 인식하는 측면이다. 직관력은 누구나 보유하고 있는 능력인데도 불구하고 손쉽게 발휘가 안 되는 것은, 수행이란 도야 조건이 갖추어져야 하기 때문이다. 지금까지 엮인 인류 문명

---

124) 『새우리말 큰사전』, 신기철·신용철 편저자, 삼성출판사, 1985, p.직관, 직관적, 직관주의.

이 대개 직관에 의해 추진된 것인데도 현대사를 주도하고 있는 서양 학문은 이것을 다시 이성과 논리로 재편성해 버려 직관이 세계의 본질 면모를 드러내는 방법론으로서 무색해져 버렸다.

동양 역시 수행으로 진리를 인출하고자 한 자체의 목적 달성에만 매달려 직관을 이론적으로 원리화하거나 체계 지으려 한 노력이 없었다. 그 결과 피상적인 지식만 만연하게 되어 직관으로 도출된 본연의 세계가(道) 사장될 위기에 처하였다. 이에 이 연구는 직관적인 진리 인식 메커니즘과 '수행의 직관 획득 가치'를 부각시켜서 장차 건설할 정신문명의 전초 기반으로 삼고자 한다. 滅道 문명 체제를 전도시키고 분열 문명을 극복할 원동력이 직관의 가치성 부각과 목적화, 진리 인식화, 세계화, 원리화에 있다는 사실을 알진대,[125] 인류를 새로운 진리 체제로 인도할 중추 역할을 수행이 담당하리라.

직관은 주로 수행을 통해서 기를 수 있는 인식의 능력이다. 직관 역시 존재를 인식하는 능력인데 직관이 어떻게 수행과 연관되는가? 물론 직관은 잠재된 정신력이라 굳이 수행과 연관 짓지 않더라도 일상생활 가운데서 다양하게 발현되는 인식 형태이다. 예술적 영감이라든지 에피소드와 함께 회자된 다양한 발명 동기 등, 이들은 대개 무언중에 잠재하고 있는 순수 정신력을 직관적으로 활성화시킨 측면이 강한데, 이 연구는 세계 가운데서 운위되고 있는 道的 본질을 형상화시키기 위해서 요청되고 있는 인생 자세와 관련해서 말하고자 한다. 어떻게 해서 수행을 통해 직관력이 길러지는가? 그렇게 해서 인출된 道의 세계란? 직관은 지식이나 사물의 현상을 이해

---

125) 직관이 세계 원리성화되어야 그를 통해 개척한 道의 문명 체제를 전면 이해할 수 있고, 새로운 가치 체제로서 진리적 에너지를 발휘해(부활) 滅道 문명을 극복할 것임.

하는 능력이 아니다. 그 초점은 지극히 본질적인 것이고(무형) 잠재하고 있는 것이다. 직관은 박학다식하다고 해서 주어지지 않으며, 진리를 일구고자 한 수행자의 평생을 통한 고뇌와 고투를 통해서 주어질 뿐이다(고뇌를 잠재시킴). 인식하고자 하는 대상은 내재적, 존재적이라 분열성으로써 파악되지 않는다. 존재함 자체가 통체적이다. 대상이 지닌 특성이 이러할진대, 그 특성을 따르기 위해서는 반드시 직관할 수 있는 수행이 필요하다. 세계를 통찰하기 위해서는 고도화된 의식을 동원해야 하는 만큼, 고투의 과정을 거치지 않으면 길러지지 않는 것이 직관이다.

그런데 서양이 개념화한 직관은 이 연구가 수행과 연관해서 드러내고자 하는 것과는 자못 차이가 있다. 서양 철학이 논리학을 발달시켰다는 것은 진리 탐구에 있어서 정신의 사고적 기능에 중점을 두었다는 뜻이다. 사유 방향이 철저하게 사물의 본질을 파헤치는 쪽으로 치우쳤다. 직관에 논리가 있다니? 본질을 파악하는 데 있어 논리적인 작업이 수반되어야 하다니![126] 그러나 그것은 직관 이후의 인식 정보를 체계 짓기 위한 이차적인 정신 작업일 뿐이다.

알고 보면 서양의 인식 이론은 수행을 통한 직관 메커니즘을 잘못 파악하고 있다고 해도 과언이 아니다. 직관은 논리 없는 논리로서 세계의 질서를 드러내며, 말없는 말로서 세계의 본질성을 규정한다. 어떻게 수행을 통한 직관력이 세계를 규명하고 형상화하는 것인지는 그 메커니즘을 살펴보면 확연하다. 동양이 개척한 깨달음 작용은 대개 직관적인 인식 체제를 수용한 것이라, 여기에 대한 본질을 밝힐 수 있다면 거대한 진리 에너지가 한꺼번에 쏟아지리라.

---

126) 『역사이해에 관한 기론적 고찰』, 김도종 저, 원광대학교대학원 불교학과 철학박사학위논문, 1987, p.67.

이해할 수 없었던 본연의 세계가 판단할 수 있는 진리의 영역으로서 지성계에 어필된다. 이 얼마나 세계를 변혁시킬 엄청난 정신적 역량인지……

인류는 왜 직관의 원리성을 이해하고 능력을 도야해서 때와 장소를 가리지 않고 도출할 수 있어야 하는가? 창조주 하나님이 바로 道와 같은 방식으로 편만해 계시기 때문이다(무소부재). 직관력은 곧바로 하나님을 인식할 수 있는 정신 능력이다. 하나님은 시공을 초월해서 만물을 관장하시고 三世 간을 초월해서 등단하시는 분이시다. 분열 질서를 초월할 수 있는 루트는 직관뿐이다. 그래서 이전까지는 부여된 인식 능력을 최대한 활용하는 측면에서 문명 세계가 추진되었다면, 이제는 직관력을 도야하는 데 교육과 제도와 인류의 정열이 집중되어야 한다. 구태의연한 知的 탐구 체제를 전환해야 한다. 어떻게? 그 구체적인 행동 방향은? 수행을 문명을 이끄는 주된 원동력으로 삼음으로써이다. 그렇다고 전통적인 추구 체제를 전면 폐기한다는 것은 아니다. 세계는 조화와 균형을 이루어야 하는데 현 세태는 너무 知的 문화에 편중되어 있어[127] 그 주된 핵을 환원시키는 것이다. 知的 문명 체제가 만연되어 있는 상태인데도 그것만이 세계를 형상화시킬 유일한 길이라고 보는 것이 문제인데, 이 같은 환상을 깨트리기 위해서는 혼란과 애통이 예상된다.

그리하여 수행으로 도야한 직관력이 세계 가운데 내재하고 있는 근원된 본질성을 형상화하고 규명해 내는 종합적인 인식 메커니즘이라는 것은 일단 정리되었다. 그런데도 도무지 道나 본질이 무엇인지에 대한 개념이 모호한 상태라, 수행과 직관과의 관계에 있어서 진리 인식 메커니즘이 미처 구체화되지 못했다. 향후 깨달음과

___

127) 본질 세계가 사장될 위기에 처함.

갹출된 道와 法을 통해 해명할 것이지만 지금은 수행의 가치문제를 다루는 중이므로 직관력의 신장이 세계 형성에 어떤 영향을 끼치는지에 대해서만 언급하고자 한다. 알맹이가 직관적인 본질과 연관되어 있으므로 그것을 하나씩 가닥을 풀어나가리라. 본인도 길을 추구하는 데 있어 역점을 둔 것은 세계를 판단하는 능력을 기르는 것이었으며, 그것의 대개가 곧 직관력이다. 그러나 기른다고 해서 특별한 양성법이 있는 것은 아니다. 깨어서 추구하는 자세로 가치 체제를 일단은 수용하고자 한 마음 자세를 견지한 것이며, 주어진 바를 놓치지 않으려 한 태도가 제 사물 현상을 예사롭지 않게 대하게 하였는데, 이것이 세계성을 함축한 직관력을 얻게 했다. 그러니까 자아의 내부에서 일어나는 끊임없는 인스피레이션이 있게 되어, 이것을 표출하고 보니 무형인 본질 존재가 어떤 작용 특성과 구조를 지닌 것인가 하는 것을 파악할 수 있게 되었다.[128]

불교에서는 돈오돈수란 깨침 원리와 관련해서 분분한 견해가 있는데, 단박에 깨친다는 것은 세계의 우주관적 원리성을 시사한다. 즉 세계 위에 가로놓인 구조성 문제와 연관된다. 방법과 진리는 동떨어져 있지 않다. 직관으로 인출한 진리는 자체로서 세계성에 대한 정보를 제공한다. 覺者는 참으로 본 것을 보았기 때문에 교설한 法에는 진실이 있다. 하지만 범인은 수행을 쌓지 않아 본질 세계를 꿰뚫지 못하는 한계가 있으므로, 이 연구는 수행하고 정진하는 삶이 곧 우주의 본질을 인식할 수 있는 능력(직관력)을 기르는 길이라는 것을 힘써 주장하리라. 인식의 능력뿐만이겠는가? "의식을 대우주의 본체성과 일치시켜 무형인 본질 세계를 드러낼 가능성까지 가진다."[129]

---

128) 진리의 실상 윤곽이 선명해짐.

직관은 우주의 통체 본질을 파악하는 주효한 방법이라,[130] 고도화한 의식으로 차원적인 세계성을 직관적으로 형상화한다. 연단 없고 수련 없는 정진은 있을 수 없듯, 사물이든 본질이든 어떤 대상도 직관적인 능력의 배양 없이 제 이치성에 통달할 수는 없다. 왜 직관이 세계의 본질을 형상화시키는가? 왜 고도화한 의식이 높은 차원 본질을 감응해 내는가? 그 이유를 안다면 우리는 왜 하나님을 보지 못하는지에 대해 물을 수 없다. 하나님을 볼 수 있는 눈을 가지지 못했기 때문이라는 것은 당연한 결론! 준비 없이 영안 없이 초월적으로 존재하고 계신 하나님을 뵙고자 했다니! 하나님을 영접할 수 있는 준비를 갖추기 위해서[131] 인류는 수많은 고투와 투쟁어린 세월을 감내하면서 지금에 이르렀다.

4. 수행의 인격 수양적 가치

동양에서 추구한 수행의 목적 형태는 특정한 진리 일굼과 계율을 통해서 행동에 제재를 가한 수행과, 교양 함양과 더불어 정신 수련을 목적으로 한 수양이 있다. 수양은 수행만큼 진리 추구 메커니즘을 원리화하기 어려운 측면이 있어 수행이 수양의 인간성 함양 가치마저 포함해서 세계를 완성하는 데 있어 불가결한 가치 요

---

129) 『세계본질론』, 앞의 책, p.21.
130) 『세계섭리론』, 졸저, 인쇄본, 2004, p.734.
　　세상 진리의 근본은 창조성에 입각한 통합성에 있으므로, 이것을 인식하기 위해서는 수행으로 양성한 직관력을 요구함.
131) 직관을 통한 수행론의 정립.

소로서 자리매김해야 한다. 수양도 나름대로는 가치를 일구는 작용이 있으므로 인간성에 근거해서 가치를 세계적으로 실현하려는 데 참여해야 한다. 온갖 욕망을 벗어나 고귀한 삶의 목적을 실현하기 위해서는 무엇보다도 인간적인 근본이 바로 서야 하는 것이 긴요하다. 의식적인 저버림이 가져다준 그로 인한 모든 것은 시들어 버리고 말 것이니, 자아를 정립하는 것은 그래서 중요하다. 자아가 흔들려서는 아무것도 쌓을 수 없다. 진리를 추구하는 것은 결국 자아를 정립하는 것으로부터이며, 진리를 완성할 수 있다면 그것 역시 자아를 정립한 바탕 위에서이다. 자아를 정립하려는 노력과 바꿀 만한 고귀한 인생 가치는 없다.

당연히 수행은 수양을 통해서 함양한 정신 가치도 포함해야 한다. 수행은 진리를 일구기 위해 추구하는 의식적인 메커니즘 체제인데, 수양은 수행의 이 같은 고유 목적을 달성할 수 있도록 인간적인 바탕을 보좌한다. 즉 인간으로서 지닌 희로애락에 대한 감정을 정화하고 마음의 상태를 컨트롤해서 심신을 안정시키고 의지를 굳게 한다. 그래서 수양은 인격 도야가 중요한 추구 이슈였다.

修身과 수행은 본성을 통제하는 과정이다. 삶에서는 한시라도 떠나지 않는 감정의 변화가 있다. 목석이 아닌 다음에야 정도에 따른 감정의 표현이 있는데, 그 수위를 어떻게 조절할 것인가? 분노를 폭발시키는 자를 수행자라고 할 수는 없으리라. 하고 싶은 말과 감정을 다 쏟아 버리면 다음에 남는 것은? 오래 참는 자와 무후한 덕성을 갖춘 자를 존경해야 한다. 진리도 결국은 인간을 인간성화해야 가치 있는 것이지, 엄격한 계율로 목석화해 버린다면 무슨 의미가 있겠는가? 온전한 정신 상태와 기력의 충일로써 인간 된 면모를 일관해야 덕성과 가치가 함양된다. 정서를 함양하고 평안을 유지하며 교양을 쌓는 행위가 그대로 지극한 道에 이르게 한다. 道에 이르면 인간으로서 천지 질서에 거스름이 없는 禮에 통달하리라. 유교의 수양 공부는 이와 같은 맥락에서 추구된 행위 양식이다.

> 천성은 하늘로부터 주어질 수도 있지만 인품은 오로지 수양에 의해서만 도야될 수 있다. 수행을 쌓지 않는 자에게 있어서 인격의 변모는 기대할 수 없다.

아무리 위대한 사상가라도 사상, 진리, 행적만을 보고 사람됨을 평가하지는 않는다. 사상적으로는 大成했어도 인격적으로 실패한 경우는 있지만 인간성의 완성을 지침하지 못한 수행론의 완성은 있을 수 없다. 수행과 정진은 부여된 인간성을 완성하는 것이 일차 목적이고, 그 다음에 경과를 두고서 제 가치를 획득하기 위한 추구 세계로 나아간다. 그러나 목적을 오로지 자기완성에만 둔 것은(해탈)[132] 완성되어도 완성일 수 없는 가치이다. 인격, 인간성의 수련은 보다 가치 있는 세계로 나아가기 위한 전초 기반이다.

그래서 수양을 주된 추진 모토로 삼은 유교는 이와 같은 측면에서 인류가 지향해야 할 보다 포괄적인 목적 세계를 지침한 것이었다. 孔子는 修己, 成己 혹은 위기지학 - 爲己之學으로 도덕적인 인격 완성을 수양의 목표로서 내세웠으며, 이것을 발전시킨 맹자는 인간이 선성 - 善性을 깨닫고 회복하려 한 일련의 행위로서 人倫을 밝히는 것을 목표로 삼았다.[133] 인륜이 무엇인가 하는 것은 세계의 근본 바탕을 확립하였을 때 거론할 수 있는 문제지만, 일단 유교는

---

132) 『覺의 계제 - 階梯에 관한 비교론고(1) - 인도 대승보살도를 중심으로』, 오성환 저, 논문, p.399.

133) 『공맹의 수양론에 관한 연구』, 유길섭 저, 순천대학교교육대학원 철학교육전공 교육학석사 학위논문, 2002, pp.65 - 66.

인륜과 함께 修身, 修己, 수양으로부터 치인-治人에 이르는 지향 가치를 제시했다.

孔子는 어느 날 君子의 임무를 물은 자로에 대해서 답하길, "제 몸을 닦아야 사람을 공경하는 마음으로 대할 수 있고 나아가서는 백성을 편안하게 할 수 있다."[134]라고 했다. 제 몸 하나만 닦아서 보양할 것이면 썩어 없어질 육신으로부터 무슨 가치를 보전할 수 있을 것인가? 그래서 맹자는 "기본적으로 仁·義·禮·智를 쌓아서 개인적인 수양을 완수하고, 나아가서는 행복한 인간 사회를 만들려는 데 있다(대장부의 포부)."[135]고 보아, 내향적으로 일군 가치를 외향적으로 전도시키고자 했다(治國平天下). 하지만 수행이 이상적인 목적을 달성하는 데 있어서 요소화되고, 일군 가치가 정치적인 이데올로기로서 제공되어 버린 데는 문제가 있었다. 수양의 바른 진로는 인격의 함양으로 진리를 완성하고 궁극적으로는 세계적인 목적과 일치하는 방향으로 나아가야 한다. 일치된 목적이란? 수행으로 바친 헌신이 자신을 구원하고 구원을 이룸과 동시에 세계적인 구원에도 기여하는 것이다. 이 같은 목적이 없다면 쌓은 수양이라도 자기만족과 평가에 그칠 공산이 크다.

따라서 수행자는 성취해야 할 가치 목적을 추적함과 더불어, 어떻게 수행을 가치 있게 완성할 수 있을 것인지에 대한 방도까지 자각해야 한다. 인격의 완성은 수행을 통해서 얻을 수 있는 깨달음이 없고서는 달성할 수 없다. 깨달아야 인격성이 향진되고, 어떻게 완

---

134) "子路問君子. 子曰 修己而敬. 曰 如斯而己乎? 曰 修己以安人. 曰 如斯而己乎? 曰 修己而安百姓 堯舜以其有病諸." -『논어』, 「헌문」 45.
　　"『논어』에 나타난 君子相은 조화로운 인격의 소유자인데, 君子는 무엇보다도 제 몸을 닦은 후에 남을 다스리려 한 겸손한 사람이다." -『공맹의 수양론에 관한 연구』, 앞의 논문, p.63.
135) 위의 논문, p.63.

성할 수 있을 것인가에 대한 기준이 잡힌다. 깨달음은 인격을 완성할 선행 조건이다. 그렇다면 무엇을 깨달아야 인격을 완성할 수 있는가? 인간에게 주어진 本來面目에 계합 – 契合하는 것이다.136) 本來面目과 어긋나 있는 것을 깨달음을 통해 합치시키면 수행을 통해 이루고자 한 가치 목적이 달성된다. 本來面目은 완성을 이루게 하는 확고한 기준치인 동시에 충족 조건이다. 마음의 본체를 깨닫는 것,137) "심중의 질서를 발견하는 것……."138) 그래서 맹자는 "本心을 항상 살피고 보존한 뒤에 온 힘을 기울여 德性을 닦아 나갈 것을 강조하였다."139) 그리하면 제 수행 행위가 깨달음으로 인해 보위될 수 있다. 그 목적이 기질에 있든, 심성에 있든,140) 그 차이는 크게 영향을 미치지 못한다. 다 깨달음에 부합하는 목적 가치이다.

우리는 정정 – 定靜의 체득, 즉 진리를 온몸으로 깨달아 흔들림 없이 고요한 상태를 유지하기 위해 수행을 한다.141) 정정과 평안은 수행으로 도달한 지극한 존재 상태이다. 그 안에 진리가 거한다. 정정 상태를 보존하여 기준에 합당한 수위 조절을 이루어야 희로애락과 욕망을 컨트롤할 수 있는 본성 기준이 선다(존재 상태). 一心의 양성, 수행의 효과, 수양이 완성을 향해서 본질을 변모시키는 단계로 접어든다. 인격 완성을 위한 메커니즘이 가동되어 本來面目으로서 근본이 확립되는 절차에 들어선다.

---

136) 『비전 정통달마선법』, 강운 저, 태일출판사, 1997, p.19.

137) 『단전호흡』, 선도단학심신수련원, 팜플렛, p.선도단학의 목적 편.

138) 『조선철학사 연구』, 앞의 책, p.69.

139) 『맹자의 인격 수양관』, 라만기 저, 논문, pp.15 – 31.

140) 『현대한국종교의 영성수련에 대한 고찰』, 박일영 저, 한국종교교육학회 종교교육학연구, 권 14, 2002, p.7.

141) 위의 논문, p.6.

맹자는 "사람마다 善한 본성을 키워 나가면 인격을 완성한 聖人, 大人이 될 수 있다."142)고 했다. 맹자가 바라본 本來面目이 '善한 본성'에 있을진대, 善한 본성은 인격 완성의 절대 기준치이며 성인을 탄생시킬 절대 메커니즘이다. 이 절차를 망각하면 小人으로 전락한다. 맹자가 생각한 인격 수양의 목적은 도덕적으로 주체인, 각자의 내부에 본래부터 갖추어져 있는 사단-四端(仁·義·禮·智)을 인간이 항상 자각하고 끊임없이 확충해야 한다는 것이다. 어떤 대상을 인식하는 것은 인식하더라도, 중요한 것은 내재하고 있는 본성을 어떻게 갹출할 것인가 혹은 어떻게 변모시킬 것인가 하는 것이 수행의 추진 역할이다. 참 나를 완성하고 지키고자 하는 데 있어143) 어려움은 있지만, 가능한 당위 원리도 있다. 그것을 자각하고 쫓아가는 과정에서 본질을 가다듬어 변모하게 하는 수행의 주된 메커니즘이 작용한다. 참 나를 지키고 완성하고자 하는 것은 진리의 완성된 道를 보기 위해서이다. 도덕규범의 실현 문제도 그것은 인격의 수양 여부에 달린 것이며, 마음이 보유한 당위 원리성에 입각한다.144)

> "君子는 인간이 본래 지닌 당위 원리로서의 가치성을 자각하여 일치시킨 仁義의 구현자일 따름이다."145)

근본을 보고 원리를 보아야 지향한 인간성을 완성한다. 완성된

---

142) 『맹자의 인격 수양관』, 앞의 논문, p.12.

143) 『금강경대강좌』, 이청담 저, 보성문화사, 1993, p.214.

144) 『진덕수 심경의 수양론적 분석과 동유의 심경 이해』, 박지현 저, 한국정신문화연구원한국학대학원 철학·종교전문석사학위논문, 1993, p.69.

145) 孔子는 "君子가 仁을 버리면 어찌 君子라는 이름을 이루겠는가."라고 하였고, "君子는 義로서 바탕을 삼고 禮로서 行한다(『공맹의 수양론에 관한 연구』, 앞의 논문, p.7)."고 말했다.

세계는 결국 하늘의 뜻을 깨달아야 이룰 수 있다. 知天命해야 세계적 목적을 완수한다. 뜻을 모르면 인간의 행위 목적이 부유하게 된다. 하나님의 뜻은 근본인 동시에 절대적인 바탕이다. 그런 만큼 天命을 아는 것은 수양의 궁극 목적이고, 그 뜻을 깨닫는 것 역시 수양의 궁극 가치이다. 인간은 하나님의 뜻 위에 있어야 존재된 본성 가치가 지극하다. 본성은 天理가 각 개체에 대해 이양된 것이다. 그래서 본성에 따라 살아가는 원리가 곧 道가 되는 것이며, 수양은 이것을 보존해서 함양, 완성시키는 수단이다.146) 人이 하늘의 뜻과 일치하는 순간, 가없는 수행의 목적은 완수된다.

"사람이 하늘로부터 氣를 받아 태어났으니, 하늘에 통하는 것이야말로 所生의 本"147)을 완성하는 길이다.

仁義와 道와 天命의 뜻을 구현한 자를 성인이라고 하였듯, 동양 사회가 성인을 세계의 완성자로서 흠모했던 까닭은 미래의 인류가 언젠가는 그와 같은 성인을 맞이할 것이고 그 경계 너머에 계신 하나님과 통하기 위해서였다. 만 생명체가 거룩한 하나님을 맞이하기 위해서는 함께 완전하고 함께 거룩해야 한다.

▌5. 수행의 본질 회복적 가치

수행은 인류 종말에 대한 대안적 조처라 구원을 위한 선행 조건

---

146) 위의 논문, p.1.
147) 『내경』, 소문 생기통천론 편, 제3 -『역사이해에 관한 기론적 고찰』, 앞의 논문, p.38.

으로서 요청된 것이다. 그렇다면 인류가 종말을 맞게 된 주된 원인은 무엇인가? 그칠 줄 모르는 욕망으로 죄악을 쌓아 자체로서는 회복이 안 되는 한계를 낳은 것이다. 그런데도 인류는 사태의 심각성을 모르고 맹목적인 진보에만 매달렸다. 그래서 하나님이 처방책으로서 마련하신 것이 수행을 통한 구원의 푯대 세움 역사이다. 창조를 실현한 하나님인 만큼, 비록 인류가 잘못을 저질렀을지라도 자식 같은 인류를 끝내 버리지는 않으시리라. 심판의 그날은 예고되었더라도 만생을 구원할 진리적 방도만큼은 사전에 예비하셨다. 아무리 대환란이 오더라도 온 인류가 종자 하나 없이 사멸해 버릴 것이라면 하나님이 여태껏 만생을 주관해 오신 목적 의미는 없어진다. 심판은 필연적이지만 심판을 예정한 것은 파멸이 아니라 만생을 구원하기 위해서이다. 용서받을 수 없는 죄악이 있더라도 수행으로 나아오는 자를 외면하지는 않으시리라.

그러나 하나님이 용서하시더라도 문제는 인류가 구원된 세계를 함께 선물로서 받는 것이 아니라는 데 있다. 의사가 치료를 했더라도 환자는 환자대로 건강을 회복하기 위해 노력해야 한다. 용서하시더라도 영원성을 굳히기 위해서는 반드시 범인류적으로 본성을 회복해야 한다. 세상은 너무 퇴락되었다. 오직 하나님의 오래 참으심 하나로 지탱되고 있는 만큼, 용서받는 즉시 수행 체제로 전환해야 한다. 용서받더라도 현 상태로서는 아무도 영광을 맞이할 자격이 없으므로 본성과 義를 회복하기 위해 본격적으로 매진해야 한다. 진통이야 있겠지만 그 같은 과정조차 겪지 않는다면 만연해 있는 죄악을 어떻게 씻을 수 있겠는가? 버리고 바쳐서 본성을 의롭게 해야 시온의 영광을 맞이할 수 있다.

막무가내식으로 약속이 이루어지길 바라고 영광을 기다려서는 안 된다. 시온의 영광은 혼자 義를 지키면 맞이할 수 있는 열락의 세계가 아니다. 온 인류가 세계적 본성과 도덕성, 창조성을 회복해야 하는 대문명적 영광이다. 이전에는 진리와 믿음과 순전을 지키므로 의롭다 함을 입었는데, 이제는 그 조건이 더 구체적이다. 반드시 피폐한 본성을 회복해야 하는 노력이 있어야 하고, 그로부터 義가 생성되어야 거룩한 창조 품 안에 귀의된다. 본성을 갖추어야 하나님을 뵐 수 있는 자격이 구비된다. 이것이 오늘날에 있어 요구되는 수행의 목적이다. 인류의 행로 위에서 꼭 실천되어야 하는 구원 절차이다. 그리해야 善惡 간에 영원한 생명력을 부여받을 수 있는 에덴동산으로 복귀하리라.

수행은 중병에 걸려 회복이 어려운 滅道 영혼들을 위해 하나님이 특별하게 지혜를 모아 내놓으신 특별 처방약이다. 당연히 그 속에는 망가질 대로 망가진 인류의 본성과 본질을 회복할 진리 시스템이(약효) 내포되어 있다. 그것이 의지 수련 자세라든지 진리 인식 메커니즘이라든지 인욕을 근원적으로 차단할 정화 시스템을 통해서 추진된다. 일단 더 이상 죄악을 저지르지 않는 것만으로써도 본질을 회복하는 효과는 크다. 세상에서 허무하지 않을 수 있는 우선적인 길은 수행을 통해 본성을 지키는 것이다.

보다 세월을 요하는 본질 정화 과정을 설정해야 하는데, 그중에서 우선된 것이 죄악의 원인을 근원적으로 차단할 순수 본질의 수호 행위이다. 왜 인류는 세계적 본질을 지키기 위해 노력해야 하는가? 순수 본질의 보전 가치는 그 가치성은 자각하는 즉시 평생을 바쳐도 다함이 없을 무궁함을 얻는다. 본성을 회복할 에너지가 보유되어 있다. 본성은 온갖 진리성을 함유한 원천이고 창조성을 지닌 고향이다. 진리의 寶庫이다. 그런 만큼 본질을 수호하고 간직하면 세계의 운행 질서가 자기 자리를 찾게 되어 서서히 본래성을 회복할 기미를 보이리라.148) 이로부터 수행은 진리를 일구는 중추 기능과 함께 인류를 구원할 본질 회복 시스템을 본격적으로 가동시키게 된다. 이것을 이 연구가 제반 원리성으로 제시하고자 하거니와, 진리를 통한 본질의 형성 작용과 의지 수련을 동반한 본질의 양성, 보양 작용이 그것이다. 수행으로 진리를 인식하면 그렇게 인식한 진리로 인해 본질이 형성된다. 더러운 물을 깨끗한 물과 섞으면 일정 수준에서 물이 정화되듯, 죄악만을 받아들이던 본성이 진리를 수용하게 되면 일정한 시간의 경과 뒤에는 진리 편에 동화될 것이 기정사실이다. 진리와 본성은 별개가 아니며 원래 일체였다.149) 진리로서 만물이 창조되었고 진리로서 삼라만상이 존재하고 있는데, 안타깝게도 인류는 그 근원된 진리로부터 동떨어져 있다.

진리는 만유를 창조의 근원체로 인도하고 통하게 하는 길이다. 통하면 즉시 창조의 본체가 수용되기 때문에 진리를 인식하면 진리와 일체가 된다. 진리는 순수 본체의 인식화이지만, 일구고 자각하면 수용되는 관계로 진리는 관념으로 머물 수 없는 대창조의 본질체이다. 다만 진리는 창조의 一太極性인 상태라, 전모를 파악하기 위해서는 생성 세계를 대관한 수행의 목적과 사명의 투여가 필

---

148) 『진덕수 심경의 수양론적 분석과 동유의 심경 이해』, 앞의 논문, p.43.
149) 진리로써 본성이 창조됨.

요하다. 본질은 만유를 형성한 근원 바탕으로서 불변한 실체이다 (무형). 무형인 본질이 오히려 삼라만상을 존재하게 한 바탕 실체라, 진리를 인식함으로써 본질을 형성한다는 것은 전무한 그 무엇이 형성된다는 말이 아니다. 죄악으로 파괴된 본질이 다시 회생될 수 있다는 의미이다. 예로부터 선현들은 진리를 깨닫고 진리대로 살면 본성이 창대하리라 했다. 홍익인간 – 弘益人間은 인간의 존재 가치와 실상을 터득한 현묘한 이치가 세계에 널리 알려짐으로써 영원한 평화와 광명 세계가 건설될 것을 천명한 영세의 계시이다.[150]

본질의 형성 작용은 인류가 수행을 이상적인 행위 가치로서 실천하면 밝혀질 후차적인 문제라, 인류는 실행 여부에 있어서 믿고 따를 수 있는 단안이 필요하다. 결과를 안다면 누구라도 행하겠지만 안타깝게도 먼저 행해야만 주어지는 것이 결과라, 이 연구는 수행이 본질을 양성하고 보양하여 만상에 걸쳐 본성을 회복한 증과를 확인시키고자 한다. 건강하기 위해서는 적절하게 운동을 해야 하듯, 제 본질적인 요소인 정신·의식·의지·의기·마음을 보양하기 위해서는 수행이 필수이다. 본질은 진리로서 양성된다.[151] 진리를 인식하는 것이 곧 본질을 양성하는 첫걸음이기는 하지만, 본격적이기 위해서는 그것을 주된 목적으로 한 의지 수련 체제를 갖추어야 한다.

道家에서는 氣를 양성하고 보존하기 위해 육체적 수련법을 강구하였고(호흡법), 儒家에서는 敬·誠과 같은 정신적인 수련법을 제시하였는데,[152] 본질 회복을 우선적으로 달성해야 하는 현 상황에

---

150) 『단학 그 이론과 수련법』, 이승헌 저, 한문화, 1994, p.37.

151) 『세계통합론』, 앞의 책, p.387.

152) 『역사이해에 관한 기론적 고찰』, 앞의 논문, p.38.

서는 인류 전체가 의기를 보양해야 한다. 호흡법은 호흡법이려니와 敬·誠도 본질을 양성하는 요소이지만 그것만으로 하나님과 통할 수는 없다. 인류를 심판하는 것은 하나님이시라, 敬·誠은 인류를 심판할 주체성이 없다. 그런데도 그 같은 실천 방법으로 본질을 보존, 형성, 양성, 회복하려고 했던 것은, 그와 같은 노력으로 죄사함을 얻기 위한 변화를 이끌어 내기 위해서였다.

그러고 보면 수행을 통해 天과 통하는 것과 神의 뜻을 깨달아 구원을 얻고자 했던 것은 공통점이 있다. 그렇게 하는 것이 본질을 회복하고 만물의 주재자인 하나님으로부터 구원을 보증받는 첩경이기 때문이다. 맹자는 인간의 道가 天의 道와 합치되는 것을 일컬어(구원됨) "그 마음을 다하는 자는 그 性을 알 수 있으며, 그 性을 알면 天을 안다."[153]라고 했다. 마음을 다하기 위해서는 주어진 의기를 분열시켜야 하고, 분열이 다하면 본질이 확연하게 드러나며, 확연하게 드러나면 즉 誠을 알면, 창조로 말미암아 연관된 하나님을 알게 된다. 마음을 다하면(분열이 완료되면) 하나님의 창조 뜻을 안다. 마음을 다하고 의지를 다하고 정성을 다하면 인류의 본성 본질이 보존, 형성, 양성, 수호, 회복되어 하나님과 일체 된 天人合一의 경지에 도달한다.

소태산(원불교의 창시자)은 "마음을 깨닫는 것이 참성품을 보는 것이고, 이는 궁극인 일원상－一圓相의 진리를 깨닫는 것이다."[154]라고 했다. 성현들은 마음과 성품과 진리가 한 성품이고 한 본체로서 일체가 되어 있다는 것을 엿보았다. 一圓相은 다름 아닌 창조주

---

153) 『맹자 수양론과 원불교 정신수양의 비교 연구』, 박희종 저, 원광대학교대학원 논문집, 제23집, 1999, p.17.
154) 위의 논문, p.17.

하나님이 운위하시는 본체 작용 형태를 형상화(상징)한 것이다. 이 같은 본체 작용의 한 중심 자리에 수행이 있다는 사실을 알진대, 수행은 인류의 죄악을 정화할 총체적인 진리 작용 시스템을 구축하고 있는 것과 진배없다. 부단한 진리 일굼으로 만생의 본질을 형성하고 양성하여 하나님이 정한 수준으로까지 회복하면, 하나님은 너와 나의 손을 붙드시사 한 사람도 빠짐없이 지상천국 세계로 인도하시리로다.

▐ 6. 수행의 세계 일치적 가치

서양의 사유 시스템 가운데서는 세계와 일치하고자 한 사상이 빈약한데, 동양은 전통적으로 天人合一, 萬物一體, 진리와 하나 되고자 한 사상이 중핵을 이루었다.[155] 동양이 유독 세계와의 일치 문제를 학문과 수양 공부의 목표로 삼은 것은, 그것을 가능하게 한 방법론을 수행으로 개척해 놓았기 때문이다. 서양은 사고를 통해서 제 현상 세계를 이해하려는 쪽으로 관심을 가졌지만 동양은 자아, 의지, 본질성까지 투신시켜서 절대 인격자인 神의 구원에 버금갈 경지를 물아일체 - 物我一體를 통해 얻고자 했다.[156] 서양은 진리를 객관적인 순수체로 보아 원리, 법칙, 이치적인 관점에서 접근하였지만, 동양은 존재 자연의 진리를 體認하고 그것을 실현하기 위

---

155) 강림하신 하나님과 함께하고 이를 이루기 위한 예비 섭리 단계임.

156) 퇴계 이황은 인간 수양의 궁극적 지향점은 物我一體를 체인하고 나아가 존재 자연의 진리를 사회적으로 실현하는 것이라고 함. -『진덕수 심경의 수양론적 분석과 동유의 심경 이해』, 앞의 논문, p.46.

한 방도로서 마음을 우주의 한가운데 위치시켜, 마음이 제 진리 세계를 주재함으로써 天理의 실현이 가능하다(盡性)[157]고 보았다. 하지만 서양은 르네상스 이후 하나님의 절대 神權 질서를 벗어남으로써 세계관에 있어서 참 나의 진지－眞智를 볼 수 있는 길이 원천 차단되었다. 그 결과 세계가 온통 유물 사상으로 일색이 되었다.[158]

진리는 나라는 존재와는 아무 상관없는 객관적인 이법인 것 같지만 그와 같은 인식 작용의 한가운데는 항상 인간 된 자아가 도사리고 있다. 자아는 인간으로 하여금 우주로 나가게 하고 교감하게 하며 진리가 진리인 것을 알게 하는 유일한 주체 인자이다. 인간이 없어도 진리는 존재하지만 인간이 진리를 알지 못하면 진리는 아무 의미가 없다. 진리는 우주의 중심인 자아와 일체가 되어야 진리인 가치가 실현된다. 자아는 진리와 통하므로 진리와 통하면 정말 만물과 일체가 될 수 있는 길이 열린다.

왕양명은 萬物一體를 실현하기 위한 방도로서 치양지－致良知를 통해서 사욕을 제거하는 실천 공부를 요했다. 치양지는 본성을 자각한다는 뜻으로서 마음속에 존재하는 선천적인 天理로서의 양지를 주체적으로 확충하고 실현하는 것이다.[159] 天理를 보존해서 본래의 양지를 회복하고 확충하는 수양 공부를 계속하면 천지 만물과 일체가 되는 경지에 이른다.[160] 무엇이 일체가 된다는 것인가? 天理와 감응한 자아가 진리를 통해 양성한 양지, 그 양지가 모

---

157) 위의 논문, p.46.
　　　동양이 진리를 대하는 측면에서 더 유신론적임.
158) 『금강경 대강좌』, 앞의 책, pp.195－196.
159) 『세계철학대사전』, 박영근 발행인, 고려출판사, 1992, p.720, 840.
160) 『왕양명의 만물 일체에 관한 연구』, 권상우 저, 계명대학교대학원 동양철학전공 석사학위논문, 1994, p.74.

든 존재의 가능한 근거들을 확충하고 활성화해서 우주적 본체와
하나가 된다는 뜻이다. 손가락이 뜻대로 움직이는 것은 신경과 의
지가 전달되는 몸 안이기 때문이듯, 대우주의 본체성과 자아가 통
할 수 있다면 그것은 만상이 일체인 존재 세계 안이기 때문이다.
동양인들이 수행으로 萬物一體를 달성하고자 했던 것은 결코 허황
한 추구 목표가 아니다.161) 이것이 오늘날은 滅道 인류를 구원할
진리 체제로 수용되어 창조주 하나님과 일체가 될 수 있는 가능성
의 길로서 재정립되어야 한다. 서양은 그 루트를 찾지 못해(하나님
을 실체로서 접안할 방도) 믿음을 통할 수밖에 없었지만, 이제는
하나님을 현안 존재로서 맞이하고 함께해서 일체가 될 수 있는 추
구 루트를 마련해야 한다. 그래서 萬物一體, 天人合一의 경지 루
트가 세계적 요구에 부응해서 지혜적으로 예비되었다. 이 중차대한
가치, 섭리적인 의미를 인류는 아는가? 빠짐없이 알아야 하고 반드
시 알아야 하는 것이 하나님이 세우신 수행의 세계 일치적 가치이다.

　동양은 수행을 통하여 하나님에게 이르는 길을 이미 예비하였다.
수행→진리체득→세계 본질과의 合一 기반 위에서 이제 하나님과
통하기만 하면 형통할 길이 완성된다. 길 가는 자의 수행으로 세계
의 본질을 인식할 수 있으며, 세계 의지와의 투합으로 영원한 세계
의 속성을 부여받으리라. 만인은 그렇게 해서 도달한 길 위에서 획
득한 영속성이 곧바로 천지 만물을 창조한 하나님의 존재 속성과
연관된다는 사실을 알아야 하며, 이 사실을 깨달을 때 만 영혼은
앞을 다투어 하나님께 의뢰할 것이다. 고난어린 수행을 마다하지
않으리라. 그래서 인류는 수행으로써 만물과 일체 되는 루트를 보
다 확실하게 인지할 필요가 있다.

---

161) 우주가 본래 한 본체이기 때문에 가능한 것임.

우리가 파악하는 진리가 관념적이라고 해서 존재 세계와 동떨어져 있는 것은 아니다. 떨어져 있다고 생각한 것은 서양이 사실적인 지식을 진리로서 개념화하고 구조화한 영향 때문일 뿐, 동양은 그렇지 않다. 세계를 직접 획득하고자 했다. 사실을 앎이 아니라 직접적인 투합을 목적으로 했다. 알게 모르게 안주할 정신의 고향, 곧 하나님의 창조 본체가 존재한 때문이다. 하나님의 섭리가 구체적이지 못한 동양 문화권에서는 하나님께 안주할 길이 수행을 통한 세계 의지와의 투합 방식으로 표현되었다.

수행으로 선정에 들면 우리는 정말 삼라만상의 본체성에 참여하는 몸이 된다. 세계적 본질을 수련하면 세계는 그 구조를 드러내고, 파고든 의식이 본질 자체와 일치된다. 사고가 의식을 통해서 우주의 본질 구조와 일치되는 순간 존재의 모든 것, 즉 뜻·의지·생각·염원·기도가 시공과 일체 되어 무궁한 영적 에너지를 발산한다. 생각과 행위 하나하나가 스스럼이 없어지고 우주 질서와 동조되어 진언─眞言를 하나로 생명 에너지를 촉발시킨다. 무형의 폭발력과도 같은 것이라, 이것이 위대한 사상의 힘이고 진리의 힘이며 성현이 지닌 권능 에너지이다. 萬物一體 의식이 성령이 강림하게 된 시점에 있어서는 하나님과 감응하고 일체가 된 체제로 전환되어, 인간의 생각 위에 하나님의 뜻이 머무는 영광된 영적 차원에 진입한다. 이 연구는 이 같은 영적 체제를 구축하기 위해 수행이란 작용 메커니즘으로 길을 마련하고 있거니와 萬物一體, 그곳에는 온 인류가 하나님과 하나 될 세계사적인 섭리성과 가치성과 만세 전부터 예비된 창조적 지혜가 함축되어 있다.

7. 수행의 신 영접적 가치

수행은 주로 동양 문화권에서 인생의 궁극적인 가치를 실현하기 위해 수립하고자 했던 行의 실천적인 전통이다. 수행은 수양을 포함해서 인생을 종합적으로 관리하는 행위 시스템을 지칭하는 것인데, 이 연구가 이 같은 다양한 목적 가치를 포함해서 하나님을 실체로서 판단하는 것까지 고려한 것은 세계인들이 일찍이 착안하지 못한 일종의 신학적 혁명이다. 기독교 문화권에서도 하나님이 강림하셨다고 하는 선언은 받아들이기 어려운 대변혁을 요하는 문제이거니와, 논란은 있더라도 중요한 것은 어떡하면 강림하신 하나님을 실체감-實體感 있게 體認할 수 있도록 인식 메커니즘을 함께 제시할 수 있는가 하는 것이다.

그래서 이 연구는 동양에서 수립한 여러 실천 방법론들을 동원해서 "범아일여-梵我一如로서 본체와 合一하고자 한"[162] 경지 루트를 재정비하고자 한다. 수행의 지극한 가치 목적을 통합해서 이 땅에 강림하신 하나님을 자각하고 일체, 合一, 증득할 수 있는 방향으로 전향시키리라. 살아 계신 하나님을 실감할 수 있다면 인류는 수행으로 얻을 수 있는 최고의 희열을 만끽하리라. 그렇다면 기독교 문화권에서 통용된 믿음을 통한 교감 루트도 당연히 수행 메커니즘을 보위할 수 있어야 한다. 기도는 인간으로서는 도달하기 어려운 차원, 초월 세계에(하나님) 이르기 위한 현존재 상황의 극복 루트이다. 깨달음도 마찬가지라 깨달음은 부분인 존재자로서 통합적으로 존재하는 본체성을 꿰뚫기 위한 인식 개척 루트이다. 같은

---

162) 『인도철학』, 김동암 편저, 대승불교전문강원, 1989, pp.83-84.

노력이지만 하나님이 인간에게 이런 것과(계시) 인간이 하나님을 지향한 것에 차이가 있을 뿐이다(깨달음). 결과는 마찬가지인데도 이전까지는 커다란 오해의 벽에 막혀 있었다. 기도건 수행이건 현실 위에 가로놓인 장애를 극복하기 위해 靈力을 배양하고 본질을 쌓는 것은 대차가 없다. 궁구해서 도달하고자 한 목표가 한결같이 궁극적인 실재이고 무소부재 – 無所不在한 절대자라, 한 걸음만 더 나가면 이루고자 한 절대 경지 세계에 이를 수 있다. 말 그대로 백지 한 장과 같은 생각차이뿐인데도 인류는 숱한 세월 동안 반목하고 대치해 각자의 순전만을 지키려 했다. 이것을 극복하고 하나님과 함께하기 위한 광명정대한 심성을 함양하고 대수행적 가치를 부활시키고자 하는데, 이것을 거부할 자 누구인가?

언급했듯, 맹자는 "心을 다해서 性을 알고 天을 안다."[163]라고 했다. 도덕적인 수양을 통하면 본체의 경계에 도달할 수 있다는 것이므로,[164] 그것은 곧 하나님에게로까지 이를 수 있는 절대 초월 경계이다. 수양의 목적이 心을 다해 天을 아는 데 있고, 心을 다하면 당연한 결과로서 天을 안다. 마음을 다한다는 것은 수행의 고유한 추구 형태이다. 마음을 다하고 정성을 다하고 뜻을 다할진대 어찌 하나님을 뵙지 못하겠는가? 天을 안다는 것은 뜻 가운데 내재된 존재 의지를 간파한다는 것이고, 의지력을 감별하며 실체성을 實認할 수 있다. 수행으로 성취할 수 있는 본체로의 도달지경은 이 단계까지이다. 그리고 天的 의지가 하늘의 보편적인 내재 의지인 것을 넘어서 하나님의 절대 창조 의지인 것까지 깨닫기 위해서는 세계의 생성 전모가 드러날 때까지 기다려야 했다. 그래서 때가 되어

___

163) "盡其心者 知其性也 知其性則知天命." –『맹자』, 진심 하.
164) 『왕양명의 만물일체에 관한 연구』, 앞의 논문, p.7.

하나님이 강림하셨기 때문에 하나님을 알 길이 열리게 되었다는 것은 당연한 결과이다. 이전까지는 뭇 가능성만 존재했을 뿐, 직접 강림하시지 않은 바에는 하나님의 존재됨을 판단할 방도가 어디에도 없었다.

그러나 이제는 상황이 달라져 하나님이란 존체를 實認할 수 있는 여건이 갖추어졌다. 방도만 밝힐 수 있다면 인류가 하나님과 함께할 날도 멀지 않았다.[165] 그렇게 하기 위해서는 神을 인식하는 과정을 넘어서 영접하는 단계로까지 나아가(수행 – 인식 – 神) 인류가 바란 모든 영광, 즉 하나님의 존체를 직접 받드는 역사를 실현해야 한다. 수행의 목적과 가치는 다양하게 펼쳐질 수 있지만 하나님을 영접하는 것이 최고 목적이고 최적 가치이다. 知行合一이 시사하듯 知는 知만으로 완성할 수 있는 도달 가치가 아니다. 앎을 넘어서 결단한 의지로써 영접해야 명실상부하게 天人合一의 경지에 이른다. 믿음만으로써는 강림하신 하나님을 영접하기가 어렵다는 것인데, 하늘에 계실 때는 불가피한 점이 있었더라도 지금은 몸소 實認하는 절차를 밟아야 수행도가 완성된다. 떨어져 있다면 전화를 걸어야 하지만 옆에 있다면 대화로써 소통한다. 그렇다면 강림하신 하나님은 과연 어떤 방식으로 영접할 수 있는가? 知天命, 즉 뜻을 앎으로써이며 그것은 깨달음의 형태로 주어진다. 그래서 수행으로 일군 진리로써 하나님의 존재성을 판단하는 것, 實認하는 것, 증득한 결과를 통해 하나님을 영접하게 된다. 이 연구는 인류가 어떤 상황에서도 자체 보유한 진리적 근거와 전통을 기반으로 하나님의 존체를 깨달을 수 있는 모든 방도를 제시하리라.

---

165) 수행으로 神 인식 루트를 밝히고자 하는 것은 인류가 장차 하나님과 함께할 시대를 열기 위해서임(성령의 시대 개막).

그러므로 인류는 이후부터 이 연구가 제시할 수행을 통한 행위 지침과 가치 메시지에 귀를 기울여야 한다. 지금이 중요한 것인가? 이 生이 중요한 것인가? 인류는 더 이상 물러설 수 없는 가치의 심판대 위에 섰다. 그리고 기회는 주어졌다. 편견 없는 하나님의 영광이 각자 처한 실존자들이 무엇을 어떻게 쌓는가에 의해 주어지리라. 인간은 하나님이 태초에 내리신 대창조적 본성에 비해 이질된 일면(태어나 쌓은 아욕, 저지른 죄악 등)을 버리고 접한 길을 통해 거룩한 본성을 쌓아 나가야 한다. 성결함은 하나님을 받드는 기본 조건이다. 늘 깨어 있어라. 하나님은 언제든지 성령으로서 임재하시나니, 스쳐 가는 바람결 위에서도 의미를 드러내고 제 행위적 형태 위에서 뜻을 밝히신다. 미세한 변화와 차이도 알아차릴 수 있는 주의력이 있어야 하므로, 깨어 있지 않으면 알 수 없다. 임재해 계신데도 알아차릴 눈(깨달음의 능력)이 없다면 그처럼 불행한 일도 없다. 파멸은 불행이고 영접은 구원이다. 임박한 성령의 시대에는 하나님의 뜻을 깨닫는 것이 최고의 수행 목표이고 구해야 할 道이다.

이에 불교가 터 닦은 깨달음 문화는 전적으로 이 땅에 강림하신 하나님을 영접하기 위한 방향으로 전도되어야 한다. 지식인, 수행인, 覺者, 신앙인 등, 누구지를 막론하고 강림하신 창조 본체를 깨달아서 영접하는 것이 이 시대에 있어서의 참된 열반이고 해탈이며 영원한 생명과 천국 세계를 얻는 길이다. 강림하신 하나님을 분별하는 것은 이 땅에서 호흡하고 있는 모든 실존인들이 해결해야 할 최대의 지상 과제이자 열어젖혀야 하는 숙업 門이다.

제4장 수행의 준비성

1. 가치 전환적 준비

滅道에 처한 인류에 대해 하나님이 창조주로서 뜻하신 대구원적 목적과 푯대는 세워졌다. 그렇다면 인류는 무엇을 어떻게 해야 이렇게 설정된 목적 가치를 실현할 수 있을 것인가? 무엇이 간절하게 원하는 만나가 될 것인가? 시대를 풍미한 영웅이? 대중을 휘어잡는 마력을 가진 매스컴이? 기독교인들이 자나 깨나 소망한 재림의 현실화가? 물론 슈퍼스타의 등단과 첨단 매체들의 선도가 뭇 대중들을 사로잡을 수는 있겠지만, 근본적인 것은 역시 개개의 영혼들이 내릴 실존적 단안이다. 물론 근심이 있는 자를 두고서 함께 춤추자고 권유할 수는 없다. 하나님은 인류가 처한 문명적 위기 상황에서 어떤 슈퍼스타의 출현에 의존해 구원 역사를 강행하지는 않으시리라. 저마다의 영혼 위에 강림해 계시므로 만 영혼들이 처한 실존 상태에서 수행으로 나아갈 수 있는 가치 전환적 전조를 원하신다. 마치 佛陀란 한 인생 실존이 자신이 품은 대의문을 해결하기 위해 出家를 단행했듯, 오늘날은 인류 전체가 하나님이 세우신 푯대를 향해 대문명적 결단을 내려야 할 시기이다. 아무리 하나님이 장밋빛 미래를 약속하셨어도 인간이 직접 실행하지 않으면 이룰 수 없다.

뜻은 행함으로써 이루어진다. 무엇을 이루건 하나를 행하면 하나를 얻을 것이고 둘을 행하면 둘을 얻으리라. 아무리 인생을 살찌게 하는 것이 참이고 자신을 진정한 자기 것으로 만드는 것이 수양이라고 해도, 각자가 처한 실존 상황에서 직접 가치 체제를 수용할 태세를 갖추지 못하면 허사이다. 이전에는 대중적으로 구원을 얻을 기회가 없었지만 지금은 상황이 다르다. 구원의 조건이 빠짐없이 갖추어졌다. 구원의 세계적 요인은 개개인이 처한 실존 상황에서 어떻게 하면 가치를 전환시킬 수 있을 것인가 하는 것이 관건이다. 하나님도 상황을 직시하셔서 만 영혼이 수행으로 나아갈 수 있는 가능한 조건을 고무하고 계시거니와, 이 같은 중대성을 인식하지 못한다면 태산은 움직이더라도 인간의 머리카락 한 올은 움직이지 못하리라. 한 사람도 거리낌 없이 수행의 가치를 수용하기 위해서는 누구나가 다 원리로서 공감할 수 있는 가치 척도로서의 도달 기준을 현실감 있게 제시해야 한다. 수행을 위하여 무엇을 준비하였고, 수행을 통하여 무엇을 이룰 것인가를 삶의 노정과 연결시켜야 한다. 극복된 정신 물질의 금자탑을 수행의 가치로 직결시켜야 한다.

인간은 자체적으로 보유한 통제 능력이 있어, 일상 삶에서 수행적인 삶으로의 전향은 전적으로 본향적인 삶에 귀의하는 형태가 된다. 가치를 일구고자 하는 자세는 곧바로 수행적인 삶으로 전향되는 것이며, 이것은 진리를 받드는 삶의 기초적인 준비 형태이다. 아무리 급박하더라도 하나님은 피폐한 실존 상황에서 어떤 고차원적인 수행 도법을 들고 나와 심판을 대비하라고 강요하지는 않으신다. 마치 길 잃은 아이의 손을 붙들듯 수행으로 접어들 수 있는 길을 일상적인 삶의 가치로부터 여신다. 부여된 생명성으로부터 지고한 가치를 발견하는 것, 세상에서 귀한 것이 인간이라는 가치를 깨닫고 받아들이는 것으로부터 위대한 수행적 삶은 출발된다. 선불교의 빛나는 전통을 수립한 마조가 뛰어난 제자 혜해(大珠慧海)에

게 가르치고자 했던 바도 이것이다. 대주가 마조에게 佛法을 구하
러 왔을 때 마조는 말했다.

> "나는 너에게 아무것도 줄 것이 없다. 너는 어째서 네 집에 있는 보배를
> 두고 다른 데서 찾아 방황하는가? 보배는 바로 너 자신이니, 그 보배 안
> 에는 일체가 부족함 없이 다 갖추어져 있다."166)

眞我를 발견하게 하는 것이 마조가 가르치고자 했던 수행의 목
표이다. 온갖 가시적인 행위를 떠나 禪의 핵심은 간단하다. 禪은
인간을 발견하기 위한 수단이다. 참 나를 발견하기 위해서 수행적
인 삶을 결단하는 것은 특별한 것이 아니다. 누구나가 찾아 나설
수 있는 보편적인 것이고, 평상의 삶을 통해서 일굴 수 있는 본향
태도이다. 인생 삶은 무엇을 장식하고 갖추어야 보배로운 것이 아
니다. 존재하는 것 자체로서 가치 있는 것이고 존재함으로써 절대
가치를 지닌다.

> "존재는 존재함으로써 영원하리오."167)

그로부터 수행자는 일체의 가치 체제를 긍정적으로 받들 수 있
는 영혼의 大路 위에 서다. 진리를 일굴 수 있는 준비가 갖추어진다.

> "보는 것이 기쁨이고 듣는 것이 기쁨이며 존재하는 모든 것이 다 기쁨이다."168)

은총의 바람은 언제라도 불었다. 그런데도 수행의 배가 움직이지

---

166) 『선의 황금시대』, 오경웅 저, 류시화 역, 경서원, 1986, p.97.
167) 『길을 위하여(Ⅰ)』, 졸저, 아가페, 1985, p.32.
168) 위의 책, p.177.

않고 있다면 그것은 자신이 돛을 올리지 않아서이다.[169] 지금의 세태 현상이 그렇다. 하나님의 지상강림 은총이 귓전에 머물고 있으므로 필요한 것은 하나님을 향해 수행의 돛을 올리는 것이다. 그 돛은? 자신의 존재 가치를 바르게 바라보는 것이다.

> "존재를 새롭게 보라. 열망으로 보라. 그리고 반드시 자신에 대한 가능으로 보라."[170]

무심한 것이 문제일 뿐, 모든 것은 다 가능한 것이고 모든 가능성은 이미 존재했다. 창조된 생명은 생각할 수 있는 만큼 최대의 가치를 이룬다. 태어남과 동시에 존재에 가득 담고 나온 것은 희망이다. 그래서 수행자는 감탕에 묻혀서도 수치를 이기고 온갖 고난 속에서도 정신은 빛났다. 차이는 단 하나, 자신의 존재 가치를 얼마나 귀하게 여기는가에 달려 있다.

> "자신의 과거와 현실이 밝은 미래를 설정하지 못한다 하여 그저 환경의 소용돌이 속에서 자신을 학대하며 살아간다는 것은 지나고 보면 후회스러운 일. 최선을 다해 살아가고픈 가슴 뿌듯한 그 무엇은 없는가?"[171]

그것이 삶의 전향적인 태도로서 갖추어야 하는 수행자로서의 준비된 삶이다. 이 같은 자세가 세워져야 인류는 막바지를 맞이한 종말 앞에서도 담대하게 길을 갈 수 있다. 종말과 이룸과 구원을 단명한 것으로 보지 않고 미래를 위해 정진할 수 있다. 그런데도 위대한 수행자인 佛陀가 "모든 만들어진 것은 무상하다(제행무상)."[172]

---

169) 『기적은 있다』, 댄 웨이크필드 저, 김용주 역, 1996, p.39.
170) 『길을 위하여(Ⅰ)』, 앞의 책, p.50.
171) 위의 책, p.7.

고 설했던 것은 무상 이상의 어떤 절대 가치를 구현하기 위한 목적이 있었던 것이 틀림없다. 인간이 좇고 있는 유형의 실상 가치는 안개와 같고, 물 위에 뜬 거품과 같이 허환상－虛幻相인 것이므로 (실재로 존재하지 않음),[173] 참 나인 본질적 바탕 위에 수행을 쌓아야 제 가치가 영원하리란 역설적 교설 경지이다. 만약 불법이 정말 인생이 무상하다는 교설에만 머물러 그 너머에 있는 존재의 절대 가치 세계, 즉 제삼의 구원 의지를 끝내 보지 못한다면 그것은 인류를 무가치한 허무의 구렁텅이로 몰아넣는 염세적인 진리관이 되고 만다. 제행무상이 고독한 수행자들이 뇌까린 독백에 그쳐서는 아무것도 기대할 것이 없다. 만연한 허무성을 극복할 수 있어야 수행은 정말 그 행위 하나하나로부터 無常 이상의 가치 세계, 존재하는 보배성을 한껏 일구리라.

▊ 2. 인욕적 준비[174]

석유 제품이 일반화되기 이전인 60, 70년대는 석탄 산업이 우리나라를 이끈 주된 원동력이었다. 무연탄은 한때 수요가 급증했던 연탄의 원료인데, 이것을 공급하기 위해서 많은 산업 전사들이 지하 갱도에서 목숨을 건 채탄 작업을 했다. 붕괴 사고가 빈번하게 일어나 신문의 일면을 장식하기도 했다. 어떻게 하여 그들은 지하 수백 미터까지 파고 들어가는 두려운 고투를 감수했던가? 거기에는 세상

---

172) 『용수의 삶과 사상』, 나카무라 하지메 저, 이재호 역, 불교시대사, 1993, p.58.
173) 『원통불법의 요체』, 청화선사 법어집(2), 성륜각, 1995, p.464.
174) 인욕－忍辱: 불교에서 온갖 모욕과 번뇌를 참고 원한을 일으키지 않는 수행.

사람들이 절실하게 필요로 한 검은 보물, 즉 석탄이 있었기 때문이다.

마찬가지로 불교인들은 어떻게 해서 세상의 온갖 즐거움을 버리고 고독한 수행적 삶을 견지했는가? 그것은 자신을 이기는 인욕적인 삶을 통해 더할 나위 없는 존재 가치인 진리의 보옥을 일구기 위해서이다. 석탄이 가치가 없다면 무엇 때문에 위험을 무릅쓰고 지하로 파고들었겠는가? 인욕적 삶에 아무 가치가 없다면 무엇 때문에 세속을 버린 出家를 단행했겠는가? 우리의 존재 안에 너무나 귀한 가치, 무엇과도 바꿀 수 없는 진리의 보옥이 간직되어 있기 때문에 깨어 있는 영혼들이 그 가치를 간과할 수 없었다. 그런데 보유된 존재 가운데는 항상 번뇌라는 이물질이 함께한다. 번뇌는 삶이 욕망에 젖어 있는 한 끊임이 없는 것이다. 그래서 원석을 제련하듯 우리는 인욕행을 통해서만 청정한 가치를 가려 낼 수 있다. 선가 - 禪家에서는 번뇌를 완전히 제거한(정화) 경지를 見性이라고 했다.[175]

"선정은 금강 - 金剛의 갑옷일세. 능히 번뇌의 화살을 막네(『智度論』)."[176]

선정을 통해야 우리는 비로소 만물의 본체에 참여하는 몸이 되고 일체 될 자격을 얻으며 존재하고 있는 가치를 일굴 수 있다. 하지만 이것이 그냥 이루어진 것이던가? 만상의 근원이 되는 탐욕을 끊어야 하는 것이고 인욕행을 실천했을 때이다. 육바라밀에서 보시, 지계 다음에 인욕바라밀을 설정한 것은 그만한 이유가 있다.[177] 번뇌로 채워진 고해 - 苦海에 잠겨서는 참道를 볼 수 없다.[178] 사사로운

---

175) 『유식학 입문』, 오형근 저, 불광출판사, 1995, p.102.
176) 『한국불교사상』, 원효·의상·지눌 저, 삼성출판사, 1983, p.67.
177) 『대승보살도』, 안덕암 저, 삼장원, 1981, p.363.
178) 『선이란 무엇인가』, 정귀원 편저, 동남풍, 1998, p.160.

욕심은 그침이 없는 것이라, "유교에서는 자기 자신을 이겨 내는 극기 - 克己를 강조했다."179) 우리는 자체로서 보유하고 있는 보옥도 있지만 충동으로 탐나는 것을 쟁취하고 싶은 욕망도 동시에 지니고 있다. 그래서 의롭다 함을 입을 수행적인 삶을 견지하기 위해서는 버릴 것을 버리고 지킬 것을 지킬 수 있어야 한다. 욕망과 아집에 사로잡혀 세계를 어둡게 해서는 안 된다. 쾌락은 번민이 뒤따르는데, 이것을 허용해 버리면 이루어야 할 이상적 가치는 소실되고 만다.

인욕은 너나 할 것 없이 선호하는 덕목 가치가 아니라, 수행적인 삶을 견지하기 위해 불가피하게 요청한 의지 지침이다. 차마 떨쳐 버리기 어려운 쟁투를 염두에 두어야 하는 만큼, 인욕은 인류의 구원을 위해 하나님이 내리신 극리 - 克理이다. 억지로 생각을 지울 수 없는 만큼 번민은 없애려 한다고 해서 없어지는 것이 아니다. 단순한 고뇌 정도로 여겨서는 쏟은 노력이 부질없어진다. 오죽하면 하나님이 내리신 극리라고까지 했을까만, 예나 지금이나 인욕적 삶은 지극한 사명을 깨달은 자들에게만 허용된 좁은 門이었다.

그러나 지금은 어느 때인가? 하나님은 장차 도래할 세계적 구원을 위해 온 인류가 함께할 일정 수준에서의 인욕행을 요구하고 계신다. 이전에는 번민(생각)을 없앤다는 것이 부질없으므로 다만 머무르지 않으면 된다고 한 수준이었지만,180) 지금은 그 이상이다. 구원을 위한 인욕행이 하나님 차원에서 요청된다. 방치하면 고뇌는 끝이 없다. 무조건 강요하는 것 같지만 그것은 하나님이 인류를 위해 내건, 인류 구원을 위한 최소한의 조건일 뿐이다.

그러므로 보다 진전되고 환도될 세계를 위해 忍을 버리지 말라.

---

179) 『명상의 세계』, 정태혁 저, 정신세계사, 1994, p.155.
180) 『육조단경에서의 견성의 의미』, 이월호 저, 백련불교논집, 제9집, p.87.

누가 번민의 고통이 크다는 것을 모를 리 있을까만 이를 감수하는
자의 세계정신은 빛나고 있다. 끝까지 견디는 자는 구원을 얻으리
라. 누구라도 본능 속에서 유혹되는 바는 마찬가지지만 참음의 순
간을 충실하게 하지 못하면 무엇도 이룰 수 없다. 찚은 세계를 이
루는 추진 원동력이다. 그런데도 영광의 때가 도래하지 않은 것이
라면, 그것은 몸 바친 기다림과 참음에 대한 인고가 부족해서이다.

그런 만큼 인고를 다해 믿음을 지키는 것은 길을 준비하고 비전
의 세계를 예비하는 중추 역할이다. 수행이 인욕을 요구한 것은 영
혼을 안정시켜서 깨달음을 얻는 것 이상이다. 인류를 적극적인 가
치 원리로서 수용해야 삶이 수행적으로 전환된다. 시련이 없이는
구원도 없다. 인욕의 역사가 없이는 세계를 관조할 수 없다. 참음
은 고통이나 하나님을 위해 감수한다면 그것이 바로 구원을 위한
조건 형성이다. 번뇌와 함께하는 인욕행은 대업을 성취할 수 있는
적극적인 대처 방안이다. 인욕행은 하나님이 인류 구원을 위해 설
정하신 필수 조건이고 기준이다. 인욕이 뒷받침되지 않고서는 어떤
완성도 깨달음도 증과도 없다. 인욕은 온 인류가 하나님을 알기 위
해 받아들여야 하는 수행의 전초 기반이다.

▌3. 영속적 준비

인간이나 역사나 처음에는 이상적인 목표를 가지고 길을 출발하
지만 그 같은 추구를 얼마나 지속시킬 수 있을 것인가 하는 것은
의문이다. 진리를 보고 증과를 이루며 하나님을 뵙기 위해서는 얼

마만큼 노력을 기울여야 하는가? 이것은 열정과 시간을 바치면 완성할 수 있는 건축물과 같은 것이 아니다. 수행은 어쩌면 삶의 고뇌를 바쳐 죽음을 완성하고 영원한 생명을 얻고자 하는 일대 노력이다. 수많은 단절과 정열의 소진 가운데서도 마침내 얻을 이상적인 기대치를 바라보면서 영원한 의지를 표명한다. 영속할 수 없는 가운데서도 영원함을 목표로 하고 영속하려는 자세를 견지한다는 것은 소중하다. 한 세계를 영원한 정열로써 운위할 수 있는 자는 정법－正法의 道를 깨달은 자이다. 의지를 집중하면 정열의 영원성이 충동된다. 인생의 과정에는 무수한 단절이 있지만 그런 가운데서도 수행은 어느덧 스스로를 통어할 힘을 북돋우고 영원할 수 있는 반열 위에 서게 한다. 지난날의 배회는 젊은 날에 찾아들던 격랑의 회오리바람이나, 수행은 끝내 세계를 영속하게 할 통제력을 발휘하고야 만다. 그것이 바로 성실한 인생 자세이고 하나의 길을 완성하고자 하는 역동적인 세계와의 투쟁 의지이다. 온갖 장애물과 허무가 봉착해 있더라도 수행을 이루고자 하는 의지만큼은 꺾을 수 없다. 방황은 어쩔 수 없더라도 수행은 이 같은 고뇌로운 과정까지도 포함한다. 수행은 결국 영원할 수 있는 의지를 수련함으로써 대완성과 구원을 향한 기틀을 이룬다.

영속을 위한 의지 바탕을 마련해야 이것을 기반으로 해서 이상적인 본질의 승화를 위해 삶을 단계적으로 이끌 수 있다. 그래서 요청되는 것이 바로 뜻을 준비하는 것이다. 예나 지금이나 "입지－立志는 수행의 출발 의지로서 존재하는 의미를 갖는다."[181] 수행의 준비 단계에서는 뜻을 세우기 위한 모색 과정이 있어야 한다. 세계에 대한 의문과 탐색을 병행해야 한다.

---

181) 『율곡의 수양론에 관한 연구』, 이영자 저, 논문, p.4.

마음의 門을 열고 의식의 門을 열고 영혼의 門을 열어야 뜻을
수용하고 뜻을 세울 수 있다. 모색하고 판단하기도 전에 아집과 편
견에 사로잡혀 있다면 참영혼의 메시지가 수용될 수 없다. "욕망을
추구하면 확실히 인생은 진리하고 멀어지고, 본능을 만족시키는 동
안 세계를 향한 의식의 門은 닫혀 버린다."182) 눈을 뜨고 있어야
사물을 볼 수 있듯 門이 열려 있어야 진리란 보배로운 가치가 수
용된다. 立志는 그 같은 門을 열어젖힘과 함께 새로운 세계를 동경
하고 열망에 가득 찬 길을 출발시킨다. 그리고 뜻이 세워졌다면 이
후로는 뜻을 담아 둘 수 있는 본체적인 준비 단계로 진입해야 한
다. "禪을 닦고자 하는 자는 먼저 道를 담을 그릇을 준비해야 한
다."183) 심신을 내외적으로 온전하게 준비해야 수행을 위한 삶이
본격화된다. 영혼을 진리와 구원의 세계로 인도할 수 있다.

수행은 종합적인 의지 수련 체제를 구축하게 하는 것이다. 물론
믿음의 바탕은 마음에 있고, 어떤 믿음보다도 우선되는 것은 진실
과 순수함과 지극한 정성이다. "성품에 입각한 수행"185)을 참다움
으로 치는 것은, 진리는 먼저 존재하는 바탕을(성품) 그릇으로서 준

---

182) 『세계통합론』, 졸저, 다짐, 1995, p.31.
183) 『선불합종』, 오충허 저, 허천우 역, 여강, 1995, p.19.
184) 『길을 위하여(Ⅰ)』, 앞의 책, p.16.
185) 『육조단경에서의 견성의 의미』, 앞의 논문, p.94.

비해야 하기 때문이다. "달마는 禪의 수행자가 갖추어야 할 조건으로서 심신을 강조하였는데, 그 심신은 바로 청정 본성 - 淸淨 本性이다."186) "인간의 본성에 탁성 - 濁性이 없다면 수양이라는 것은 애초에 존재하지 않았을 것이다."187) 탐심이 있기 때문에 청정 본성(純性)을 이루기 위해서는 그만한 수행이 필요하다. 순수가 짓밟힌 곳에서는 근본이 서지 않나니, 순수는 인류가 하나님을 위해 지켜내어야 하는 본성 바탕이다. 참과 진실과 순정은 모든 것을 사랑하고 또 추구할 수 있는 자격이다. 主를 위해 순결을 지키라. 모든 대상으로부터 의식과 감각을 신성 - 新性하게 해야 세계와 내가 하나님과 함께한다. 세계의 순수 본질을 인식하기 위해 지키기 위해 함께하기 위해, 우리 역시 순수 의식 가운데 있어야 하는 것은 틀림없다. 본성을 청정한 그릇으로서 닦아 두어야 위대한 가치로써 구현할 증과 세계로 나갈 수 있다. 수행은 인류가 정열을 바침으로 충분히 목격 가능한 구원의 증과 요인이다.

따라서 이왕 바칠 것이면 남김없이 바쳐야 하고, 젊어서 바치면 더욱 빛나는 증과를 이루리라. 불교를 인류사에 대두시킨 "대승 운동은 영원히 젊은이들의 운동이었다."188) 몸은 늙었어도 마음은 젊어야 할진대, 젊은이가 젊어서 수행적인 삶을 바치면 그 결과가 어떻게 될 것인가? 수행은 정열을 보전한 심신 가운데서 형성되는 빛이다. 젊음으로써 꽃을 피워 열매를 맺어야 그 열매가 보다 영속할 가치로서 승화된다. 젊어서 바쳐야 세계적인 뿌리를 근실하게 내려 大成할 수 있다.

---

186) 『법보단경의 선사상 연구』, 정진홍 저, 불교대학원 논총, 제1집, p.166.
187) 『노장과 선가의 초월적 수양 공부』, 서명석 저, 한국종교교육학회 종교교육학 연구, 권 13, 2001, 논문, p.11.
188) 『금강경 강해』, 김용옥 저, 통나무, 2003, p.155.

인간이 어떻게 평범해 지는가, 혹은 비범하여지는가 하는 것은
사물을 신선하게 대하는 청소년기에 자아를 어떻게 정립하고 가치
체계를 수용하는가의 여부에 달려 있다. 이 시기, 이 중대한 때에
젊은 세대들이 도래할 인류 심판과 구원을 대비해서 정열을 바칠
각오를 다진다면 先天의 滅道 문명은 극복되고, 혁신된 구원문명
체제로 전환될 수 있으리라.

세계와 인류 역사에 대해서도 원리가 적용되는 것은 마찬가지이
다. 오늘 수행적인 삶으로 전환해야 내일 환란에 대비할 수 있고,
하나님의 뜻을 위할진대 저지른 악과 죄가 사하여질 것이 확실하
다. 이것은 의심할 수 없는 진실한 약속이자, 벗어날 수 없는 수행
의 준엄한 증과 원리이다. 심판을 대비하고 구원을 얻고자 하는 인
류는 모두 이날이 다하기 전에 씨를 뿌리고 젊을 때 모든 것을 준
비해야 한다. 젊음을 오로지 길을 위하여, 구원을 위하여, 세계적인
추구 가치를 수행으로 전환시켜야 한다.

---

189) 『민족비전 정신수련법』, 권태훈 감수, 정대승 편저, 1992, p.43.
190) 『길을 위하여(Ⅰ)』, 앞의 책, p.54.

제5장 수행의 바탕성

수행의 바탕성

1. 신체적 바탕

수행은 전적으로 인간이 지향하고자 한 의지의 구축 형태이다. 따라서 실질적으로는 인간의 존재 본질을 파고든 인식의 바탕 위에서 수행에 대한 원리론을 수립해야 한다. 인간에 대한 본질을 밝힐 수 있어야 수행으로 도달 가능한 방법론을 모색할 수 있다. 만인에게 적용할 수행의 보편화를 위해서는 존재의 궁극 본체를 드러내어야 한다. 그리하면 수행을 통해 이룰 수 있는 모든 가능성과 정진의 목표가 초점 잡힌다. 인간을 어떻게 보는가? 인간이 무엇인가 하는 것은 예나 지금이나 변함없는 진리 탐구의 주제이지만, 하나님이 강림하심과 더불어 밝혀진 바에 의하면, 인간의 본성 규정은 수행의 보편화를 더욱 강조한다. 일부 出家한 자들만의 선택행이 아니라 생명과 생각을 가진 인간이라면 누구라도 행하지 않을 수 없는 책임론으로까지 확대된다. 그 이유는 나와 삼라만상이 창조되었다는 사실 하나에 있다.

인간이 하나님으로부터 지음 입은 창조 대상이라는 사실이 어떻게 수행의 제 원리성 전개 양상에 있어 영향을 끼치는가 하는 것은 하나님이 밝히시는 일종의 계시 지혜이다. 이 같은 안목에 근거할 때, 인간은 창조되었기 때문에 하나님의 뜻을 받들고 교감할 수 있는 영적 능력을 갖추었다고 본다. 그런데도 인간이 뜻을 모으지 않고 아무런 노력이 없다면, 여기에 대해 심판이 있을 것은 당연하다. 밥상을 차려 놓았는데도 먹지 않아 배가 고픈 것이라면 누구에게 책임이 있는가? 하나님이 만법과 成佛할 가능성을 구비시켜 놓았는데 모르는 무지를 넘어서 거부까지 한다면 어떻게 되겠는가? 그래서 이 연구는 인간이 지닌 본래적인 면모를 가닥 잡아서 구원을 위한 일대 방향을 제시하고자 한다.

그래서 대두되는 문제 가운데서 먼저 가닥 잡아야 할 것은, 수행은 어디까지나 신체를 매개로 해서 정신을 수련하는 것이 일반적인 형태라, 정신과 신체와의 불가분리성을 밝히고 신체가 지닌 일체 바탕성을 부각시키는 데 있다. 바탕은 근본이고 기저인데 수단과 매개체로서 전락되어서는 안 된다. 수행이 전격 신체만을 매개로 해서 정신 가치를 일군다고 할진대, 이 같은 접근 관점에는 어폐가 있다.191) 신체 중심의 수련이 지나치면 신체 자체의 능력 신장에만 치우쳐 수행의 근본 목적을 이탈할 수 있다.192) 수행은 존재의 바탕인 신체를 근간으로 해서 일체의 가능성을 일구는 것이고, 그렇게 해서 도달한 경지를 정신적인 차원으로 승화시키는 것이다. 신체와 정신의 이 같은 동시 본체성을 연관 짓는 데 인류의 知的 어려움이 있었다. 철학에서 고심한 심신 이원성 내지 合一 관점을 넘어서 있다.

서양 철학사에서는 이성(mind)과 몸(body)과의 관계를 모호하게 설정하였고,193) 동양은 유기적인 관계로서 접근하기는 했지만 관계

---

191) "수행자에게 육체는 하나의 도구이다. 즉 세계와 마음 혹은 통각을 접촉하게 해 주는 하나의 수단이다." -『고전요가의 이해와 실천』, 어니스트 우드 저, 임승택 편역, 규장각, 1997, p.25.
192) 수행이 감각 기관의 단련을 통해 초능력적 감지력이나 반사적 역기능을 기르는 신체 단련의 방편으로 삼고, 두뇌 기능의 정밀화로 고도의 지능을 개발한다는 것 등등. -『주역이 밝힌 21세기 대예언』, 정숙 저, 교문사, 1998, p.111.

된 작용 메커니즘을 구체화하지 못했으므로. 이 같은 난제가 고스란히 남겨져 있는 상태라고나 할까?

고대 올림픽의 유적들은 그리스 사람들이 육체적인 가치를 인정했던 생생한 징표이다. 사람은 정신과 육체를 가지고 있으므로 양쪽 다 수련을 통해 가다듬어야 한다는 것은[194] 영육의 외향적 가치를 인정한 것이다. 육 없는 정신은 없는 것이므로, 육이 어떻게 정신의 바탕으로서 작용하는가 하는 것은 의문이다. 육체를 통해서 진리를 일구기 때문에 육체가 필수적인 것이기는 하지만, 이 같은 판단은 상식 수준이다. 해결이 쉽지 않은 것은 육체와 정신이 존재하고 있는 양상이 다른 데 있다. 정신을 육신과 분리시키는 이유도 여기에 있다. 그런데도 정신과 육신을 아예 분리해 버린다면 정신과 육체의 일치점은 영원히 찾을 수 없게 된다. 육체와 정신은 주어진 존재상에서 드러난 일종의 양상일 뿐이다. 영육이 바탕이 된 본질 내에서는 하나인 작용권을 이루고 있다는 사실을 안다면, 심신의 분리 문제를 극복할 수 있는 관점을 도출할 수 있다. 선현들은 어떻게 신체적인 여건을 극복해서 정신적인 차원 세계를 획득하려 했던가? 노자는 道를 체득하려면 신체를 가지고 하는 명상 수행이 필요 불가결하다고 했다.[195] 道는 눈이 있어도 볼 수 없고, 귀가 있어도 들을 수 없고, 손이 있는데도 잡을 수 없는 그 무엇이다.

그렇다면 수행을 통해서 얻고자 한 道는 과연 무엇인가? 道는 身, 즉 존재하는 본질의 존재 상태를 지칭한 것이다. 따라서 道와 身과 이것을 체득하고자 한 정신 작용과는 불가분리 관계에 있다.

<hr>

193) 『21세기와 동양의 수양론』, 김진근 저, 철학연구, 대한철학회 논문집, 제83집, 2002, p.121.

194) 『서양의 지혜』, B. 러셀 저, 이명숙·곽강제 역, 서광사, 1990, pp.52-53.

195) 『노자도덕경』, 52장, 21장-『백서 도덕경』, 박희준 평석, 까치, 1991, p.83.

수행은 바른 신체적인 바탕을 마련했을 때 정각을 얻는다. 향후 인류의 정신문화가 아무리 창대해지더라도 그것은 온전한 신체가 존재된 바탕으로서 전제되었을 때이다. 몸(身)을 앞세우거나 身과 정신을 불가분리 관계로서 보는 것으로는 부족하다.[196] 몸의 주인은 마음(心)이지만, 心은 항상 身의 보위하에 있고, 몸(존재) 역시 의지, 본질, 영성과 함께 어우러져 있다. 신체를 존재의 근간으로 삼고 있는 인간은 신체를 전제로 해서만 일체의 정신 원리를 메커니즘화할 수 있다. 수행 역시 항상 신체적인 여건을 기반으로 해야 정신의 꽃을 피울 수 있다는 점을 감안한다면, 수행의 추진 에너지가 어디로부터 생성되리라는 것은 굳이 말하지 않아도 안다. 道나 覺은 존재하고 있는 육신의 존재 본질 양상을 자각한 것이고, 정신은 의지와 뜻과 본질이 총화된 상태이다. 결국은 그것이 그것이지만 그래도 존재 상태를 업그레이드시키기 위해서는 행(身)을 근간으로 한 수행적인 삶으로써 본질의 상태를 변화시켜야 하고, 그리하면 정신 경지도 함께 업그레이드된다. 인간이 몸을 통해 존재성을 부여받았듯, 끝내는 몸뚱이 하나로 滅道 문명을 구하고 궁극적인 大道를 얻어 새로운 정신문명을 이룩하리라. 修身 하나로 나를 알고, 우주와 통하고, 하나님과 함께하는 大覺의 길을 열리라.

2. 욕망적 바탕

인간을 구원해 주실 하나님이 계시고 본향에로 귀의할 진리가

---

196) 『노자 수양론의 연구』, 나우권 저, 고려대학교대학원 석사학위논문, 1997, p.27.

있는데, 선뜻 그 길로 나갈 수 없는 요인이 있다면 그것은 무엇인가? 종말 상황이 선포되었는데도 선포 사실에 귀먹고 무감각하다면 그 원인은 무엇인가? 참으로 인정하기 어려운 일이지만, 인간은 쾌락과 욕망을 추구하는 본성을 가지고 있고, 한번 탐욕에 물들면 이성적, 도덕적인 감찰 기능이 무력화되어 버린다는 데 그 이유가 있다.[197]

건강을 위해 산을 오른 사람이 보약을 마신 후 팩을 산에 그대로 버린다. 자기 몸의 소중함은 잘 알고 있는 사람이 자연이 인간을 건강하게 하는 근원이라는 사실은 모른다. 자신만 온전하면 된다는 생각은 무지성을 넘어선 죄악이다. 그런데도 이기적인 사욕은 본성을 충족시키는 측면이 있다. 그 같은 성향이 바른 가치를 받아들이는 체제를 마비시켜 버리는 무서운 결과를 초래한다. 판단하길, 욕망은 번민의 근원이고 道를 패망시키며 뜻을 상실하게 하는 화근이라는 사실을 알면서도, 막상 주어진 욕구 앞에서는 무기력하기만 하다. 인간성 상실은 안중에도 없이 본성을 충족하는 데 혈안이다. 인생은 끊임없는 욕구 충족의 장이라, 인간인 자신이 스스로 원하고 재촉한 측면도 있다. 왜 그런가? 욕망은 차마 거부할 수 없는 심원한 본성이다. 일부 수행자만 욕망을 주된 투쟁의 대상으로 삼았을 뿐, 범인들은 오히려 욕망을 만족시키는 삶을 행복의 척도로 삼았다. 만인이 수행적인 가치를 수용해야 하는 절박함에 직면해서 이 같은 지향 본성을 바로잡아야 인류가 무엇을 어떻게 수행할 것인가에 대한 실마리를 찾을 수 있다.

인간의 욕망은 갖가지 형태로 분출한다. 식욕, 색욕과 같은 본능적인 욕구로부터 자아실현의 욕구, 문화충족 욕구……. 이 같은 욕구는 인간이 삶을 영위하는 데 있어서 없어서는 안 되는 존재의 요

197) 『만화로 떠나는 21세기 미래여행』, 이원복 글·그림, 김영사, 1997, p.192.

구 바탕이기도 하다. 꼭 필요하기 때문에 바탕성으로서 부여되어 있는 것인데, 억지로 분쇄하거나 근절하려 한다면 무리가 있다. 에피쿠로스는 "최고선은 쾌락인데, 쾌락 없이는 훌륭한 삶도 있을 수 없다."[198]라고 했고, 프로이트는 "性의 충동이 인간 생활 일체의 근원이다."[199]라고도 했다. 그런데도 기존의 종교 영역에서는 인간이 지닌 이 같은 욕구를 승화시키려는 노력에 있어서 적극성이 없었다. "道에 뜻을 둔 자는 음 - 婬 · 살 - 殺 · 도 - 盜 세 가지를 끊지 않을 수 없다."[200] 그리고 "욕망을 본연의 性을 가리는 장애물로 취급하여, 금욕을 통하여 내적 수양을 쌓아야 타고난 도덕성을 발현할 수 있다."[201]라고 고무했다.

하지만 아무리 수행하는 의지로 분출하는 욕망을 끊고자 해도 끊기가 어려운 그것이 본성이다. 표출할 수 없으면 잠적하고, 잠적되면 과잉 에너지화되어 개인적, 사회적, 범인류적으로 문제성을 야기한다. 욕구가 장기간 억압되면 개인으로서는 스트레스를, 사회적으로는 집단 반발의 원인이 되고, 문명사적으로는 시대를 변환시키는 전조가 된다.

그렇다면 현대 문명이 지닌 특성에 대해서는 어떤 진단을 내려야 할 것인가? 전통 진리들은 인류가 원한 진리에 대한 새로운 요구들을 근원적으로 차단해 버렸으며, 일루의 분출로마저 막아 버렸다. 그러니까 반발 에너지가 쌓여 세계를 거의 통제 불능인 욕망 충족의 방임 상태로까지 내몰았다. 이 같은 실태를 제대로 파악하지 못하면(한계성 여부를 객관적으로 판단함) 분출 욕구를 컨트롤

---

198) 『서양의 지혜』, 앞의 책, p.163.
199) 『비교사상론 개관』, 김태창 역, 충북대학교출판부, 1987, p.303.
200) 『수도에서 득도까지』, 배일우 저, 구도의 길, 1994, p.110.
201) 『비교사상론 개관』, 앞의 책, p.249.

할 수 있는 대수행적 체계를 확립할 수 없다. 인간이 생존하는 한, 몸은 그렇게 생존하기 위해 조직된 감각체라, 끊임없이 욕구를 충족하는 삶을 요구하고 있다(의지와 상관없이 현란한 쾌락을 요구함). 버렸다고 생각했는데, 욕구 그 심원한 본성은 지워지지 않는다. 과하지 않으면 되리라고 다짐도 해 보지만 어제의 맹세가 오늘 여지없이 무너지고 마는 것이 몸이 지닌 욕구이다.

김용옥은 "慾은 몸의 관성 체계라, 이성은 너무나 무기력한 만큼 慾을 컨트롤하기 위해서는 공부가 필요하다."202)고 했다. 욕구는 이성의 컨트롤을 무색하게 만드는 본성 자체이다. 그래서 몸의 요구가 욕심이란 마음을 발생시킨다. 하지만 배가 고프면 먹고 싶어도 채우고 나면 일시에 사라진다. 떨쳐 버릴 수 없다고 생각한 본능마저 우리를 지속적으로 지배하는 주체는 아니지 않는가? 그래서 알고 보면 몸의 욕구는 생각 이상으로 아주 단순하기도 하다. 잠이 오면 자고 싶고 피곤하면 쉴 것을 바랄 뿐이다. 욕망의 대표 격이라고도 할 성적 욕망은 인간이 젊음을 보내는 과정에서 경험하게 되는 마의 에너지이다. 인생의 지배자인 것처럼 버티고 있지만, 그러나 피어난 꽃도 때가 지나면 시들듯, 무성했던 욕구도 세월이 지나면 사그라져 버린다. 한때 저질렀던 불장난이 후회스럽기조차 하다.

그러므로 우리는 생성하는 욕구를 무조건 부정하기 전에 제반 욕망에 대한 분출 형태를 객관적으로 진단할 수 있는 안목과 평정심을 가져야 한다. 그래서 욕망을 벗어나기 위해서는 깨달아야 하며, 보이지 않는 것까지 볼 수 있는 지혜를 가져야 한다. 욕망은 지울 수 없는 본성이기는 하나, 그렇다고 해서 꼭 원해야 할 주체적인 본성은 아니다. 요구하는 대로 두면 얻게 될 결과는 허무뿐이

---

202) 도올의 논어 이야기, 제13강, 공부란 무엇인가, 김용옥 강의, KBS, 2000. 11. 24.

다. 따라서 수행의 근본을 확고히 하기 위해서는 욕망의 끈질긴 본질성을 분쇄해야 한다. 수행은 쌓는 것이지만 욕망은 정열을 소진시키고 말아 인생을 허무로 귀착시킨다. 욕망은 수행의 제일 방해물이므로 물리쳐야 할 투쟁 대상이다.

慾은 過를 남기고 過는 禍를 불러일으킨다. 아 아, 인간 육신이 탐욕을 버리지 못하는 이욕에 빠져 심신이 병들고 있다. 욕망이 인생을 지배하게 되면 어떻게 되는가? 욕망은 세계를 지배할 수 없으며, 욕망은 생겼다 해서 다 채워질 수도 없다. 이것이 인간 본성에 근거한 욕망의 정확한 본질이다. 지배할 수도 채울 수도 없고 뿌리를 뽑아 버릴 만큼 근절시킬 수도 없는 것이라면, 방책은 욕망을 도리어 삶의 여정과 함께할 동반자로서 인정하고 수행과 정진을 병행하는 것이다. 인간은 어쩌면 욕망이란 본성으로부터 生의 에너지를 공급받고(?) 있는 상태라고도 할 수 있어, 그대로 방치하면 가득 찰 것은 욕망뿐이다. 그런 만큼 단연코 수행이란 메커니즘 체제를 적극적으로 받아들여야 한다. 그리해야 욕망으로 말미암아 야기된 제반 문제를 해결할 수 있다.

욕망을 채우려는 방향에서는 인류에게 산적된 문제를 해결할 방도가 어디에도 없다. 반드시 수행을 동반해야 한다. 수행은 인간의 본성이 욕망과 함께하고 있기 때문에 필연적인 가치를 지닌다. 왜 평생 수행을 필요로 하는가? 욕망이 生의 끝까지 따라다니기 때문이다. 慾 없는 修가 없다면 慾을 떠난 修도 없다. 수행은 인간의 욕망 체계를 긍정적으로 수용해야 하는 근거이다. 그래서 욕망을 컨트롤하는 단계를 넘어서 보다 적극적으로 수용할 때, 인간의 바탕 본성은 승화될 수 있다.[203]

---

203) 수행이 인간의 욕망적 바탕 위에서 굳건히 세워져야 함.

금욕만이 능사는 아니다. 현대의 문명 체제는 인간의 근원적인 욕구를 승화시킬 진리 체계를 창출하지 못해 파멸성에 직면한 滅道 문명이다. 온갖 욕망을 善意志로 승화시킬 이상적인 분출로를 틔우지 못했다. 어차피 꿈틀거리는 것이 生의 욕망이라, 이것을 승화시킬 수 있다면 하나님께 바칠 소생 에너지로서(義) 전환되리라.[204] 진리를 향해 靈的 욕망을 불태우면 肉的 욕망은 절로 사라진다. 욕망을 벗어난 대자유, 바로 이 증과를 얻기 위해 인류는 수행을 바쳐야 한다. 수행은 능히 滅道 문명 체제를 전환시킬 구원의 능력 메커니즘이다.

3. 고의 본질 바탕

佛陀가 인생 본질을 苦로 보았다는 것은 널리 알려진 식견이다. 항상 고통스러운 것은 아니더라도 결국은 고통으로 귀착되고 만다. 주변에는 밟으면 고통을 안길 원인 제공의 지뢰밭이 곳곳에 깔려 있다. 그것이 다름 아닌 그렇게 행동하도록 유혹하는 욕망이다. 인간은 고해의 바다에 떠 있기에 앞서 언제 어떻게 그 대가를 지불받게 될지 모르는 욕망의 바다에 떠 있다. 메가 높으면 골이 깊듯, 헤매면 헤맬수록 안겨질 고통의 심연은 깊기만 하다. 깊이를 알 수 없는 그 뿌리를 일컬어 불교에서는 전생의 업으로까지 돌렸다. 현재 당하고 있는 고통을 당연한 결과로서 수긍한 것이다.[205]

---

204) 慾의 분출 에너지를 수행을 통해 전환시키면 그것이 곧 義로서 승화된다.

205) 『불타와 그리스도』, 구스타프 멘슁 저, 변선환 역, 종로서적, 1987, p.136.

고통은 원인이 있는데, 욕망은 고통을 안기는 제일 큰 원인이다. 인간이 당면한 고통에 필연성이 있다는 생각은 불교가 각성을 요하게 된 이유이기도 하다. 佛陀는 고통의 원인을 추적해서 제거하는 방법으로서 연기 교설을 정설화했다. 욕망은 감각적이고 고통은 현실적인 것인데, 소멸시킬 수 있다고 한 방법론은 지극히 관념적인 것처럼 보인다. 하지만 원인이 있을진대 그 핵심을 알면 정말 고해의 바다를 벗어날 수 있는 길이 있다. 그래서 지혜가 필요하다. 그런데도 이것을 알지 못하고 원인을 추출하지 못하면 결국 얻게 될 것은 고통뿐이다. 지각없이 저지른 죄과들이 그렇다. 우리가 심판대 위에 선다면 송두리째 부여받을 것은 고통뿐이다.

苦·集·滅·道란 사성제에 있어서 "인생의 모든 것, 우주의 모든 것, 산다고 하는 것 자체가 고통스러운 것이다(불교)."206)라고 주장한 敎義는 정당한가? 처음에 대한 본질 파악이 잘못되면(苦·集) 이후 과정(滅·道) 역시 잘못 자리매김된다. 인생 삶이 고통 가운데 있다는 실존성을 확실하게 파악해야 이후 수행을 통한 해결 초점을 명확히 할 수 있다. 覺으로서 해결하고자 하는 것도 고통을 극복하는 데 있고, 수행도 어차피 겪고 있는 혹은 겪게 될 고통을 어떻게 극복할 것인가 하는 것이 관건인데, 이것을 수행을 통해서 합리적으로 해결해야 한다. 하나님이 수행을 푯대로서 세우신 것도 사실은 장차 도래할 가중한 고통으로부터의 구원에 있다.

인생이 고통을 피할 수 없는 여건 안에 있다는 것은 여러 가지 측면에서 확인된다. 인간 본성이 욕망과 함께하고, 수행이란 추구 가치를 제대로 실행하지 못하는 상태에서는 결과를 겪어 보지 않아도 고통을 일으킬 원인이 고스란히 집적될 것은 기정사실이다.

---

206) 『금강경 강해』, 김용옥 저, 통나무, 2003, p.77.

그래서 계율적인 지침을 떠나서라도 선현들은 어떻게 절제할 것인가 혹은 가치로 승화시킬 것인가 하는 문제에 대해서 이성에 따라 행동할 것을 강조한 덕육론을 펼치기도 했다.[207] 그러나 인간 욕망은 인간으로서 존재하게 됨과 동시에 가지게 된 본성적인 것이라, 전적으로 이성에만 의존할 수는 없다. 현 문명 체제 아래서는 어느 측면에서 보더라도 욕망을 조절할 수 있는 메커니즘 체제가 부실하다.[208] 오히려 자유를 방임하는 상황을 조장해서 욕망의 무한 경쟁 상태를 연출하고 있다. 평등이란 미명 아래 생존경쟁 방식을 제도적으로 보장하여 특권 소유층들만 욕망을 독점하고 있다. 우리는 결코 동일할 수 없는 능력상의 차이가 있다. 그런데도 다리가 짧은 사람과 긴 사람을 동일한 선상에서 출발시키면 어떻게 되는가? 현 문명 체제가 양산한 제도적인 모순과 사회적인 진통의 원인이 여기에 있다.

그 고통이 실존적인 것이건 사회적인 것이건 주어진 여건을 막론하고 그것을 직접 겪는 것은 인간이라, 이 같은 문제를 초점 잡아 佛陀는 인생 수행의 방향을 苦로부터의 해탈에 두었고, 이것을 극복하기 위한 방안까지 연기적인 철리에 근거해서 제시했다. 佛陀는 인간이 고통을 당하는 것이 욕망을 충족하기 위해 집착을 끊지 못하는 데 있다고 보았다. 끊어야 하는데(滅), 그 방법이(道)[209] 사성제·팔정도로 敎說된 苦의 인멸 체제이다. 緣起論에 근거한 추적론이자 수행의 대과제가 된 실천론이다.

고제로부터 도제에 이르기까지의 이치 체제는 명백하다.[210] 결과

---

207) 『교육사·교육철학연구』, 손인수 저, 문음사, 1992, p.142.
208) 『21세기와 동양의 수양론』, 앞의 논문 p.135.
209) 『금강경 강해』, 앞의 책, p.77.
210) 고제: 범부의 생존은 苦라고 하는 진리.

에 대한 원인 파악도 정확하며 해결 방법도 거의 완벽한데, 왜 중
생들은 苦海의 바다를 아직도 헤어나지 못하는가? 그 이유는 아무
리 고통이 두렵더라도 그 원인은 이치를 자각하는 것으로부터이기
때문이다. 그런데 도무지 깨닫지 못한다는 것, 이치적으로 통달을
못 하는 데서 오는 無知에 초점이 있다. 모르니까 고통이 있는데도
탐욕을 즐기는 방향으로 나아간다. 하지만 無知를 제거하면 당연히
즐거움의 세계에 도달한다.211) 이것이 苦를 소멸시킴으로써 얻게
되는 해탈의 경지이다(멸제).212) 覺의 목적이 진리를 구하는 데 있
는 것 같지만 사실은 해탈을 전제로 한다. 苦로부터의 해탈과 진리
를 깨닫는 것은 병행된 증과 목표이다. "깨치지 못한 인간은 苦(번
뇌)를 가지고 산다."213) 수행자는 "道를 해치는 도적이 음욕보다
더 심한 것이 없으므로 두려워 삼가지 않을 수 없다."214) 맹자는
"인간의 본연지성 – 本然之性인 仁 · 義 · 禮 · 智를 보존하기 위해
서 外物에 대한 마음의 욕심을 적게 할 것을 주장했다."215) 정말
탐욕을 제거하고 無知를 깨우치려 한 佛陀의 근본 이론은(中道思
想)216) 감히 부인 못 할 탁월한 체제를 갖추었다.

집제: 범부의 고뇌는 그 원인이 되는 번뇌, 곧 渴愛(애타는 욕망)로부터 일어난다고 하는
　　진리.
멸제: 苦의 원인을 없앤 열반의 세계가 우리가 갈 곳이라고 하는 진리.
도제: 苦를 없애는 방법은 팔정도라고 하는 진리.

211) 『Kashmir Saivism의 자유론』, 서종순 저, 논문, p.127.

212) 『개관 동양사』, 동양사학회 편, 지식산업사, 1987, p.105.

213) 『막스 베버의 불교론에 관한 연구』, 신준식 저, 대구대학교사회과학연구소 사회과학연구,
　　제7집 2호, 1999, p.227 – 3.

214) 『수도에서 득도까지』, 앞의 책, p.127.

215) "性善의 본질은 慾의 통어력 – 通御力 내지 욕망 극복의 자제력에 있다." –『맹자 수양론
　　과 원불교 정신수양의 비교연구』, 박희종 저, 원광대학교대학원 논문집, 제23집, 1999,
　　p.11.

216) 『개관 동양사』, 앞의 책, p.105.

그런데도 이것을 인류가 보편적으로 수용하지 못한 이유는 무엇인가? 그것은 접하고 있는 문제의식이 개개인의 실존 상황들에 국한되었고, 해탈도 깨달은 자들에게만 주어진 선택적인 증과였기 때문이다. 팔정도를 실행하는 데 대한 동기 유발이 부족하다. 그런데 지금의 상황은 어떠한가? 문명적 종말과 애통 앞에서는 더더욱 보편적이고 현실적인 극복 방안이 제시되어야 한다. 이왕 피할 수 없는 것이 고통인 것이라면, 아예 세계의 苦的 본질을 적극 수용하는 방법을 통해 증과 세계를 이루어야 한다. 어떻게? 하나님이 세우신 수행의 푯대를 받아들임으로써이다. 자진해서 고통을 원하는 사람이 누가 있겠는가만, 원하든 원하지 않든 고통은 주어지게 되어 있다. 그렇다면 방법은 자의적인 해소 방식인 수행으로 苦를 물리치는 것이다.

수행으로 탐욕을 끊고자 하면 그만한 고통이 따르고 忍이 수반된다. 수행은 인내를 수반하므로, 이 같은 忍을 보다 조직적으로 이끌고자 하는 것이 수행이다. 어차피 맞닥뜨릴 고통을 자체 감내 의지로써 완전하게 상쇄시키는 방법이다. 사람이 거꾸로 서 있으면 얼마나 버틸 수 있을까만 억지로 버티려는 것은 올바른 것이 아니다. 그래서 고통을 자의적으로 발생시킨 고통(수행)으로 떠받치게 되면 아무리 큰 고통도 고통으로서 느끼지 못하는 상태에 이른다. 수행으로 인내를 감수하면 온갖 인욕을 평정할 수 있다. "번뇌가 즉해 진리가 현현하는 것이고"[217] 苦의 한가운데 해탈이 있다. 苦가 없으면 해탈이 없는데, 어디서 苦를 동반하지 않고 해탈을 얻으려 하는가? 의도적으로 떠받쳐서 감내해야만 그 가운데서 구할 수 있게 되는 것이 苦를 극복한 해탈 경지이다.[218] "人心은 氣質의

---

217) 『중국불교사상사』, 카타마 시게 외 7인 저, 정순일 역, 민족사, 1991, p.34.

영향을 받아 惡으로 떨어지기 쉬우나니, 항상 道心의 지도를 받아야 한다.”[219] 人心과 道心, 善과 惡, 慾과 解를 대립 상태로 보는 한 분리된 이원성은 극복할 수 없다.

감각으로 행복을 구가하려 하면 불행을 자초하지만, 수행으로 만행을 의도적으로 수용하면 苦를 초탈한 안온이 있다. 苦는 解의 因이다. 苦를 수반한 忍이 곧 苦를 解하는 길이다. 수행은 인내를 수반하지만 끝까지 참는 자는 복이 있으니, 하나님으로부터 지침된 바 수행은 어떤 고통도 이겨 낼 수 있는 방안들이 구비되어 있다. 온 인류가 수행으로 고통을 감내할진대 어찌 그 같은 고통을 하나님이 그냥 내버려 두시겠는가? 헤어날 길 없는 무간 지옥이라도 천국으로 化하게 하지 않겠는가? 그만한 세계 전환 권능을 통해 하나님은 보다 성결한 자를 고통 가운데 내몰고, 시련을 감내한 인내자를 만유에 걸친 구원자로 내세우시리라. 苦海의 바다를 건너서 영광된 존전에 안주할 수 있는 길이 수행 위에 있다는 사실을 알진대, 하나님의 뜻과 佛陀의 깨달음은 더 이상 둘일 수 없다. 이 같은 뜻을 보위할진대, 인류는 기필코 고통어린 滅道 문명을 극복하고 구원의 세계를 획득하리라.

---

218) 청정혜보살이 五性의 증득하는 바 차별을 물었을 때, 부처님이 이 물음을 받고 대답하시길, “일체의 장애가 곧 구경각이며, 得念과 失念이 해탈 아님이 없으며, 法을 이룸과 法을 파하는 것이 모두 열반이며, 지혜와 우치가 모두 반야이며, 보살과 외도의 성취한 바의 法이 동일한 보리이며, 무명과 진여가 다르지 않으며, 戒·定·慧와 婬·怒·痴가 함께 범행 —梵行이며, 중생과 국토가 동일한 法性이며, 지옥과 천당이 모두 정토가 되며(하나님의 세계 안임), 有性과 無性이 함께 道를 이루며, 일체 번뇌가 본래 해탈이다.” —『원각경 역해』, 한정섭·송은진 공저, 불교통신대학, 1994, p.21.

219) 『진덕수 심경의 수양론적 분석과 동유의 심경 이해』, 박지현 저, 한국정신문화연구원 한국학대학원 철학·종교전문석사학위 논문, 1993, p.29.

4. 본성적 바탕

고래로부터 인간의 본성 바탕이 무엇인가 하는 문제는 성현들이 줄기차게 관심을 가진 주제이다. 자기 자신을 파악하기도 어려운데 수많은 사람들이 지닌 공통적인 본성을 파악하기 위해서는 도대체 얼마만 한 통찰력을 발휘해야 하는 것일까? 평생을 바친 연후에나 판단할 수 있으리라. 성현들은 혼신을 바쳐 전달하고자 한 메시지인데 단지 자신이 이해할 수 없다고 해서 무시해서는 안 된다. 보다 나은 세계를 건설하고자 한다면 반드시 살펴서 새로운 세계를 건설하기 위한 기틀로 삼아야 한다. 성현들은 본성을 확연하게 밝혀 놓았는데 오히려 후인들이 단절시켜 안목을 막아 버린다는 것은 안타까운 일이다. 선물을 포장도 풀어 보지 않고 내던져 버리는 것처럼, 성현들은 애써 전했는데 진가를 모르고 있다면 어떻게 되겠는가?

성현들이 본성에 대해 밝힌 것은 의도적으로 善性의 가치성을 고무하고자 한 선전 메시지가 아니다. 메시지에는 혼신을 바친 세계적 진실이 있다. 추호도 어긋남이 없는 진실이 있기 때문에 인식적으로는 제약이 있더라도 결국은 다 통하게 된다. 어디서 어떻게 보았건 진실로써 도달한 覺者는 진상을 본다.

부처란 무엇이고 부처를 어디서 구할 것인가란 화두를 접한 육조 혜능은 참으로 본성의 현지처를 깨달아 수행의 大道를 세운 위대한 선사이다. "마음이 곧 佛이요 성품이 곧 法이다."[220]라고 하여 부여된 본성과 성품을 직시하였다. 마음을 컨트롤하지 못하면

---

220) 『깨달음(오)과 닦음(수)에 관하여』, 오병무 저, 논문, p.75.

어떻게 慾을 끊을 수 있겠는가? 그래서 마음은 본성이고 중심에 안좌시킨 佛 자체이다. 지눌은 "과거의 모든 如來(깨달은 사람들)도 마음을 밝힌 사람이며, 현재의 모든 성현들도 마음을 닦은 사람이며, 미래에 배움을 닦을 사람들도 마땅히 이 法과 같은 것에 의거할 것이다."[221]라고 하였다. 마음의 작용과 부여받은 성품이 佛의 현지처인 것은 틀림없다.

소크라테스가 "너 자신을 알라."라고 했는데도 서양은 인간의 본성 가운데서 진리의 광맥을 발견할 知的 전통을 수립하지 못하고, 성품을 통해 전체 우주의 존재성과 교감할 체계를 구축하지 못했다. 어떻게 본성으로 모든 진리와 통하고 만물을 갖춘 본성을 통해 이치를 밝히는[222] 수행 공부를 추진할 수 있었겠는가? 그런데 동양의 성현들이 진리의 현지처가 성품 속에 갖추어져 있다고 주장한 것은 진리의 초점을 명백하게 한 것이다.

마조 선사는 "마음(心)과 부처와 道(진리)가 하나라고 보았다."[223] 어떻게 하나 될 수 있는가? 佛은 마음의 한 차원 높은 경지에 도달한 사람이다. 많은 가지와 열매가 뿌리로부터 말미암은 것이듯, 각성된 눈으로 한 차원 높은 自性의 뿌리를 보면 마음 밖에 따로 진리가 구분되지 않는다. 그것이 아니면서 그것인 분별성과 통합성이 마음 하나의 각성 작용에서 일어난다(作用卽性). 화엄경에서는 "마음과 부처와 중생, 이 셋은 차별이 없다."[224]라고 했다. 본성은 뭇

---

221) 위의 논문, p.83.

222) 『주자·양명·상산의 격물치지설』, 안영석 저, 새한철학회 논문집, 철학논총, 제21집, 2000, p.156.

223) 『불조직지심체요결과 위빠사나 수행법 비교』, 성기서 저, 호서문화 논총, 제14집, 1998, p.138 - 14.

224) 위의 논문, p.138 - 14.

존재와 통하며 만물의 뿌리와도 함께한다. 뿌리는 뭇 형상이 드러나기 이전이라, 제 분별 경계를 초월해 있다. 이 같은 본성 경지에 도달한 사람을 성현이라고 할진대, 성현이 본 것이 잘못되었을 리는 만무하다.

성현들은 한결같이 "모든 法이 자기의 성품 가운데 갖추어져 있다."[225] 혹은 "미망을 스스로 없앤다면 내외 명철하여 자기의 성품 가운데 만법이 모두 나타난다."[226]라고 했는데, 이 말은 무슨 뜻인가? 불교에서는 이것을 청정법신불 – 淸淨法身佛로 격상시켰다. 청정법신은 "세상 사람의 自性이 본래 청정하여 모든 法이 자기의 성품으로부터 났다."[227]는 것을 見性한 사람이다. 도대체 自性이 무엇이고 성품이 무엇이기에 見性하면 만법이 구비되고, 만 지혜가 보존되어 있으며, 진리와 통한 것을 아는가?[228]

그러나 自性의 가치를 고무하였는데도 불구하고 만인의 法性이 동요하지 않는다면? 그것은 정작 궁금한 문제, 즉 어떻게 해서 自性 가운데 만법이 구비된 것인지에 대한 이유를 밝히지 못해서이다. 그러니까 결과적으로는 실상을 접하지 못한 상황에서 달갑잖은 수행만 강조하게 되어 만인이 수용할 수 있는 바탕이 되지 못했다. "관상 보고 사주 보고 손금을 보고 하는 사람이 무슨 불교 하는 사람이겠느냐."[229] 하고 반문하는 이유도 여기에 있다.

하지만 성품이 본래 만법을 갖추고 있는 先在 질서를 함유하였다면 본성으로부터 우주적 비밀을 캐내지 못할 이유도 없다. 그런

---

225) 『돈황단경본』, 성철 편역, 장경각, 1990, p.31.

226) 위의 책, p.32.

227) 위의 책, p.31.

228) 『유식학 입문』, 오형근 저, 불광출판사, 1995, p.45.

229) 『금강경대강좌』, 이청담 저, 보성문화사, 1993, p.319.

데도 自性의 절대 가치를 내세우는 데 있어서 부족한 점이 있었던 것은 세계적인 실상 자체가 自性의 창조성을 밝히는 데 있어서 분열을 완료하지 못한 데도 원인이 있다. "自性의 본체는 일체 그릇됨이 없이 처음부터 생겨남도 없고 사라짐도 없으며, 감도 없고 옴도 없다. 自性은 본래 청정하며, 不生不滅하고 구족하고 동요가 없다."[230] 본성은 바탕된 것이라(창조성), 분열을 완료했을 때만 알파와 오메가가 드러날 것이었다. 본질이 완숙되어야 세계의 창조성이 제대로 된 면모를 보인다.

이 같은 이유로 성현이나 覺者는 진상에 대해 가깝게 접근하기는 했지만[231] 自性과 法이 정말 하나님의 창조 본성이라는 사실은 알지 못했다.[232] 제한된 테두리인 自性의 창조성을 근거로 해서 "自性이 만법을 포함하는 것이라면 만법이 다 自性이라고 보아 경계를 허물어뜨린다."[233] 혹은 "하나에 의해 일체를 알고 하나에 의해 일체를 본다. 혹은 자신 속에서 일체를 인식한다."[234]라고 하여, 초월 논리의 전개와 가치성을 권유는 할 수 있었지만,[235] 한편으로는 계시된 진리로서 판명되지 않는 한 간파하기 어려운 천상의 비밀에 속한 지혜였다. 성품이 처음부터 절대적인 완전성을 갖추었다(원래부터 구비됨)[236]고 보는 것은 창조론을 進化論으로 대체시킨

---

230) 『육조단경에서의 견성의 의미』, 이월호 저, 백련불교논집, 제9집, p.89.

231) 창조성 = "自性 가운데 일체 만법이 원만하게 구족되어 있다(『법보단경의 선사상 연구』, 정진홍 저, 불교대학원 논총, 제1집, p.204 - 48)."는 사실.

232) 自性이 일체 만법을 구비하게 된 연유가 하나님의 창조로 말미암았다는 사실을 알지 못함.

233) 『육조단경에서의 견성의 의미』, 앞의 논문, p.89.

234) 『화엄사상론』, 중촌 외 6인 저, 석원욱 편역자, 운주사, 1990, pp.134 - 135.

235) "자가보장 - 自家寶藏, 즉 自性이 부처라는 것을 확신하고 철저히 깨닫도록 해야 할 것이다." - 『법보단경의 선사상 연구』, 앞의 논문, p.204 - 48.

236) 『현대한국종교의 영성수련에 대한 고찰』, 박일영 저, 한국종교교육학회 종교교육학연구, 권 14, 2002, p.5.

것만큼이나 논증을 필요로 하는 엄청난 난제이다. 進化論的인 관점에 의거한다면 처음부터의 절대적 구족성은 불가능하다. 인간이란 존재가 오늘과 같은 모습을 갖추게 된 것은 무수한 세월에 걸쳐 진화한 결과물이다. 그런데 처음부터 일체 요소가 구족되어 있다니! 그래서 인간의 구족 관점을 뒷받침하기 위해서 내놓게 된 것이 바로 인간이 하나님의 형상을 본떠 처음부터 완벽하게 창조하였다는 창조 관점이다.237) 아무리 인간의 본성 가치가 드높다 하더라도 창조로써 본성을 갖추게 되었다는 것만큼 절대적인 것은 없다.

왜, 어떻게 하여 출발한 순간부터 완전한 창조가 가능하였는가? 그것은 하나님이 만물의 창조 이전부터 완전한 존재자로서 존재하고 계셨기 때문이다. 창조는 완전함을 구족한 상태에서의 첫 출발이다. 구족하고 있지 않으면 창조가 있을 수 없고, 창조가 없다면 존재도 없다. 알파와 오메가, 원인과 결과, 닭과 달걀이 동시인 통합성 상태에서 무수한 생성의 결과 만상이 갈래지어졌다. 自性이 모든 것을 갖추었다는 구족 사상과 만법을 이미 구비하고 있다는 통합적 인식은 하나님의 창조 바탕을 내비친 것이라, 이것을 보면 覺者들이 道를 각인함으로써 얼마만큼 하나님의 본체성에 근접한 것인가 하는 것을 알 수 있다.

"사람의 참본성은 무한히 커서 만 가지 法을 다 포함하고 있다. 만 가지 法이 다 그 속에 있다. 과거 현재 미래의 부처와 모든 경전까지도 본래 이 참본성에 갖추어져 있다."238) 왜 그런가? 도대체 무슨 연유로? 근거는 오직 하나, 하나님으로부터 천지 만물이 창조되었다는 사실에 의거한다. 인간은 만물과 더불어 동일한 창조 바

---

237) 성현들이 제시한 본성의 제 가능적 관점과 覺者들이 도달한 견해를 통합함.
238) 『선의 황금시대』, 오경웅 저, 류시화 역, 경서원, 1986, p.78.

탕과 절차에 따라 창조되었다. 창조 과정을 직접 겪은 自性은 창조 시 적용된 모든 원리를(만법) 구비하고 있다. 그것이 自性이 갖추고 있는 창조성이고 인식화의 과정을 거쳐 각인된 만법이다.

성품과 自性을 통해서 추출한 특성을 보면 성현들이 도대체 어떤 근거를 가지고 본성을 판단한 것이었던가에 대한 이유를 알 수 있다. 왕양명은 인간은 양지양능을 타고난 존재라 했고, 칸트는 누구나 선의지를 가지고 있다고 했으며, 朱子는 공도의 선을 天理라고 말했다. 이미 언급한 바 마음이 곧 佛이고 자기의 성품이 法이라고 한 것과 같은 맥락이다. 무엇이 양지양능이고 선의지이며 천리, 佛, 法인가? 그것은 다름 아닌, 모든 것을 구족하고 구비하고 만법을 갖춘 상태에서 출발한 창조적 특성을 설명한 것이다. 하나님이 부여하신 창조성을 한 차원 깨어 있는 안목으로 꿰뚫은 것이다. 창조성에 의해서 제 판단이 일시에 일관된다. 그래서 인간이란 존재가 천성적으로 빛나는 덕성을 갖춘 존재인데 이것을 자각하지 못해 인욕으로 명덕이 가리어졌다.

"맹자 사상의 위대성은 인간은 태어나면서부터 선한 본성을 가지고 있었다고 한(性善說) 인간에 대한 깊은 신뢰에 있다."[239] 그러나 한편으로는 인간 시스템의 돌발 상황과 불가사의성(인간 죄악)에 대한 미봉책으로서, "인간의 선한 본성은 저절로 커 가는 것이 아니라 주체적인 자각과 현실의 욕구를 극복하려는 철저한 노력이 있어야 한다는 점을 단서로서 달았다."[240] 따라서 선한 본성에 대한 근거를 인간에 대한 믿음보다는 하나님의 뜻에 따라 천성적으로 부여되었다는 사실에 입각한다면, 인류는 선한 본성에 대한

---

239) 『맹자의 인격 수양론』, 라만기 저, 논문, p.21.
240) 위의 논문, p.21.

가치를 불변한 믿음으로 받아들이고, 왜 천성을 끝까지 지켜야 하는 것인지에 대한 당위성을 이해할 수 있다. "性善은 性이 본시 善하다는 도덕적 판단이 아니다. 性의 본래 모습 속에 만물이 구비된"[241] 인간 본성의 창조성을 인식한 것이다.[242] 다만 창조 이상을 온몸으로 보유하고 있는 선의지성(본성)일지라도 生을 추진해야만 발현되는 가능성으로 잠재해 있다는 것이 문제일 뿐……. 여기서 우리는 비로소 부여된 창조 본성의 심원함과 더불어 우리가 왜 고귀한 수행적인 삶을 바치지 않으면 안 되는가에 대한 근거를 도출할 수 있다.

본래 진리가 그러하듯 인간은 보다 근원된 바탕에 근거해서 제 인생관과 가치관과 세계관을 수립해야 한다. 그런데도 그 조건을 충족시키지 못한 상태에서는 그 위에 무엇을 세워도 모든 것이 어긋나 버린다. 가변적인 것을 불변한 바탕인 것으로 착각하면 끝내 진리의 뿌리는 찾을 수 없다. 수행은 인간의 진리 추구 의지를 추진시키는 작용 체제라, 본성이 무엇인가 하는 것은 보는 관점에 따라 접근 메커니즘(방법론)을 다르게 한다. 어떻게 보았건 본성에 근거해서 전개해야 하는데 성현들은 한결같이 하나님의 창조 특성, 즉 이미 만법을 구유한 自性을 바탕으로 하여 구하고자 한 의지를 피력했다.[243] 그래서 수행의 목표는 항상 부여받은 천성이 기준이다.

"사람의 自性은 본래는 맑은 하늘처럼 깨끗했다. 지혜는 항상 밝되, 밖의 경계에 집착하여 어두움에 싸여 있다."[244]

---

241) 『화두 혜능과 셰익스피어』, 김용옥 저, 통나무, 2000, pp.74 - 75.

242) "하나님의 보시기에 좋았더라." - 창세기 1장 4절.

243) 自性 가운데 하나님의 창조 비밀이 있고 창조성을 간직한 진리가 갖추어져 있어, 이것을 일깨우고 원리를 캐기 위해서는 수행 말고는 달리 방법이 없음.

어두움을 물리치면 自性에 깃들어 있는 만법이 드러난다. 수행의 필연성을 강조한 조건적 주장이다. 사람은 누구나 깨우치면 인도될 선한 본성을 가지고 있다.

그러나 한 차원 높은 경지에 도달한 성현도 선한 본성과 본래 하늘처럼 맑은 自性에 대한 메시지를 얼마만큼 가치 있게 여길 것인가 하는 것은 의문이다. 自性은 당장 볼 수 없는 것이므로 믿고 추구하지 않으면 확인할 수 없는 가치 세계이다. 自性은 본래 청정하지 않아서가 아니라 확인하기가 어려운 것이 문제이다. 그래서 하나님은 창조 시 뜻을 다해 성결한 선의지를 부여하신 일체의 사실을 지혜로써 밝히셨고, 이 같은 창조 의지를 성현들이 말없는 대오-大悟로 각성했다.

『육조단경』에서는 '성체청정-性體淸淨'이라 하여, 진여-眞如의 청정성을 강조했다. 하나님이 부여하신 청정성을 기준으로 해서 "心은 본래 청정한 眞如로되 다만 망념이 眞如를 가림으로 인해서 미혹하다."[245]라고 본 것이다. 그렇다면 본래인 청정성을 회복할 수 있는 방법 역시 명백하다. 心은 본래 청정한 眞如, 즉 창조성에 근거했다는 신뢰를 가지고 수행하면 본성이 정말 청정해지리라. "해와 달은 항상 밝으나 다만 구름에 덮여 위는 밝으나 아래는 어두워 보지 못하다가, 홀연히 지혜의 바람이 불면 삼라만상이 일시에 드러난다(혜능)."[246] 청정한 自性과 본래 구족해 있는 自性을 근거로 해서 가려졌던 장애를 제거하면, 본성의 입장에서는 드러남이 되고 자각하는 입장에서는 깨달음으로 지혜가 밝아진다. 靈性은

---

244) 『돈오점수적 수행의 칸트주의적 구조』, 김진 저, 새한철학회, 철학논총, 권 25, 2001, p.11.

245) 『선불교와 노장사상의 사유방법에 관한 연구』, 최일범 저, 논문, p.67.

246) 위의 논문, p.67.

이처럼 수행을 통해 깨어나게 된 것이지 필요에 의해 진화한 것이 아니다. 서양 認識論이 분열한 것만을 진리의 기준으로 삼고 확실한 것만을 인식의 대상으로서 설정한 것과 대비된다(현상적 관점). 드러나지 않아도 존재하고 있고, 지금 존재하지 않아도 先在해 있는 것이 대창조를 낳은 통합성이다. 그래서 마조는 "道는 닦는 것이 아니다. 사람의 마음에 이미 갖추고 있는 것이다."[247] 道는 닦아서 생성되는 것이 아니다. 닦아서 본래 구족한 창조성을 드러내는 행위이다.

묻기를, "어떤 견해를 가져야 곧 道를 통달함을 얻습니까?" 마조께서 말씀하시길, "自性에 본래 구족해 있으니 다만 善과 惡에서 막히지 아니하면 道를 닦는 것이다." 즉 自性의 바탕을 어떻게 보느냐? 어떻게 창조된 궁극성에 도달하였는가가 깨달음을 얻었는지를 가늠하는 잣대이다. 혜능과 달리 북점 – 北漸의 宗風을 일으켰던 同門 신수 – 神秀의 오도 게송을 보면 그가 自性을 갈고 닦아서 어떤 경지에 도달했는지를 알 수 있다.

> "몸은 보리의 나무요 마음은 밝은 거울과 같나니, 때때로 부지런히 털고 닦아서 티끌과 먼지 묻지 않게 하라."[248]

신수는 다만 수행의 방법적인 문제를 드러내었을 뿐이다. 하지만 혜능은 달랐다.

> "보리는 본래 나무가 없고 밝은 거울 또한 받침대 없네. 부처의 성품은 항상 깨끗하거니, 어느 곳에 티끌과 먼지 있으리오."[249]

---

247) 『불조직지심체요결과 위빠사나 수행법 비교』, 앞의 논문, p.138.
248) 『돈황본단경』, 앞의 책, p.102.

보리는 본래 나무가 없고 밝은 거울 또한 받침대가 없다고 한 것은 하나님의 창조 작용에 대한 준엄한 직시이다. 하나님이 본래 無로부터 천지 만물을 창조하셨으므로, 無에 티끌과 먼지가 있을 리 만무하다. 창조된 성품(대창조 본질)은 항상 깨끗하다. 신수가 본 티끌과 먼지는 수행을 완성하지 못한 스스로의 성품이다. 신수의 견해는 마치 서양의 지성인들이 분열 인식적인 관점을 기준으로 만물을 온통 進化論的으로 판단한 것과 같다. 그러나 혜능은 깨달았기 때문에 수행의 방법 면에 있어서 "돈오돈수 - 頓悟頓修란 남돈 - 南頓의 仙風을 떨칠 수 있었다."250)

自性을 깨치고 成佛을 이루는 데는 아무런 절차가 필요 없다. 본래무일물 - 本來無一物이고 이미 다 갖추고 있는데 어디서 구하고 어디서 절차를 밟을 것인가? 마음을 다하고 영혼을 다하면 이 순간, 이 자리에서 깨침이 가능하다. 바로 통하고 바로 직시하고 바로 얻을 수 있다. 그래서 혜능은 "見性이 곧 成佛인 것을 분명히 했다."251) 自性 가운데 창조성이 갖추어져 있다는 것, 그래서 自性을 깨치면 곧바로 창조의 알파와 오메가를 꿰뚫는다. 즉시 見性 즉시 成佛할진대, 멸망에 처한 인류라도 즉시 구원될 수 있지 않겠는가? 그런데도 후세인들이 돈오다 점수다 하고 논란을 벌인 것은 참으로 깨치지 못한 자들의 아우성일 뿐이다. 만물이 창조된 이치에 근거되면 수행의 목적과 원리성이 확고해진다.

원불교에서 주장한 수행 중 한 가지인 삼학 수행은 인간이 원래 절대 완전성을 갖춘 성품이라, 완전성을 다시 회복(複性)하고자 한

---

249) 위의 책, p.112.
250) 『세계철학대사전』, 박영근 발행인, 고려출판사, 1992, p.1261.
251) 위의 사전, p.34.

것이다.252) 朱子는 道라는 것은 잠시도 몸을 떠나서는 안 된다고 했고, 子思는 본래의 성품에 따르는 것이 이른바 道라고 했다. 통틀어 천부자연의 본성에 도달하는 것이 大道이다. "내 몸이 천부자연의 본성을 갖추고 있는데 어떻게 수련하여 밝히지 않을 수 있겠는가?"253) 수행해야 일굴 수 있는데 일구지 않아 존귀한 自性을 보지(見性) 못하는 자들의 불행함이여! 역대의 선성-先聖들은 한결같이 생명의 실상, 즉 창조 진리를 네 안에서 구하라.고 하지 않았던가?254) 自性은 무엇보다도 하나님이 만상 가운데서 으뜸으로 세운 창조의 주체 대상이다.

이렇듯 수행의 추구 목적을 알진대, 문제는 모든 것을 구비한 성품을 어떻게 운용해야 만법을 드러낼 수 있을 것인가? 成佛을 이루고자 하는 데 있어 그것을 가로막고 있는 장애물은 또 무엇이란 말인가? 만법을 구비한 自性이 깊고 깊은 흑암에 가려져 있다니! 성현의 가르침인데도 실존 상황에 견주고 보면 무색하기 짝이 없다. 무엇 하나 제대로 분별할 수 있는 것이 없다. 自性이 만법을 충족하였다는 것은 도대체 무엇을 의미하는 것인가? 이것을 이 연구는 유교의 선현들이 만법을 구유한 창조적 본성을 논리적으로 세분화한 知的 작업(창조 논리)을 통하여 설명할 수 있다.

송대-宋代의 유학자들은 인간의 본성을 본연지성-本然之性과 기질지성-氣質之性으로 나누어 이해하였는데, 本然之性은 사람이 태어날 때 품수-稟受받은 天理(天性)를 말한다.255) 그리고 氣

---

252) 『현대 한국종교의 영성 수련에 대한 고찰』, 앞의 논문, p.5.

253) 『수도에서 득도까지』, 앞의 책, p.39.

254) 『단학 그 이론과 수련법』, 이승헌 저, 한문화, 1994, p.33.

255) 『공맹의 수양론에 관한 연구』, 유길섭 저, 순천대학교교육대학원 철학교육전공 교육학석사 학위논문, 2002, p.3.

質之性은 타고난 기질에 따라 청탁과 정편이 있게 되어 반드시 善한 것만은 아니고, 때로는 惡하게도 된다. 여기서 "本然之性, 즉 본성은 다 부여되어 있는 것이라 개인차가 없다. 본성은 똑같으며, 순수하면서도 지극히 善한 것이다."256) 다만 기질의 맑고 흐린 정도에 따라서 차이가 난다.

朱子는 비유하길, "本然之性 곧 理는 맑은 물과 같은 것이요 氣質之性은 물을 담는 그릇인데, 이제 만약 맑은 물을 흰 주발 안에 넣으면 그 색이 흴 것이요 또 이를 검은 주발에 넣는다면 그 색이 검을 것이다. 그래서 다만 표면에 따라 흑백의 차별이 있을 뿐이지 물이 다른 것은 아니다."257) 氣質之性으로서 인간이 惡하게 될 수 있는 소이를 밝힌 것이라, 곧 인간의 지극함에도 불구하고 기질의 청탁, 순수하고 혼란함, 바른 것과 치우친 것, 두터운 것과 엷은 것의 기운으로 인해 본성이 가려지지 않도록 한 수행의 중요성을 강조한 논리이다. 성인이 되기 위해서는 氣質을 변화시켜야 하고, 반대로 어떻게 하면 지극히 어리석거나 악하게 되는 것인지에 대한 연유도 알아야 한다.258) 성인과 죄인 간에 있어서 인간의 행방에 따른 책임론이 부각되는 순간이다.

우리는 부여된 본성을 바탕으로 해서 인생을 출발시켰다. 하나님에 대한 구원 문제도 마찬가지이다. 하나님이 인간을 로봇처럼 조종할 수 있도록 하셨다면 로봇에게 무슨 책임이 있겠는가? 그래서 인간을 창조하시면서 자유도 함께 주셨다. 그렇기 때문에 하나님은

---

256) 『철학의 발견』, EBS 교육방송 기획·제작·방송, 삼화출판사, 1993, p.214.

257) 『주자어류』, 권 4, 주희. -『공맹의 수양론에 관한 연구』, 앞의 논문, p.3.

258) 朱子는 "本然之性을 太極本然之妙로서 萬殊之理一本이요, 氣質之性이란 陰陽二氣의 교운-交運으로서 生한 것으로 一本而萬殊라고 봄." -『소태산의 정신 수양에 관한 연구』, 김은종 저, 원광대학교대학원 불교학과 석사학위논문, 1996, p.21.

창조 주권으로서 인류 심판을 확정지을 수 있게 되었고, 낱낱의 행위에 대해 불붙는 진노를 표명하실 수 있다. 이 같은 하나님의 심판 주권에 대해서 本然之性과 氣質之性이 시사하는 바는? 하나님이 부여하신 創造之性을 可能之性으로서, 氣質之性을 自覺之性으로 대치시켜서 재인식할 필요가 있다. 本然之性, 즉 可能之性은 만법을 구유한 창조지성을 포함하고 있고, 모든 일굼을 가능하게 하는 추구 행위를 自覺之性으로 대별시켜 놓고 보면, 우리는 뜻을 모아 노력하는 한 創造之性을 자각할 수 있게 된다. 때와 장소를 가리지 않고 즉시 成佛, 즉시 구원을 이룰 수 있다. 쌓은 氣와 바친 義가 있을진대, 하나님은 만인이 구유한 自性을 통하여 언제라도 만법을 주관하신 지혜성과 보혜성을 계시하실 것이다.

本然之性은 만상이 공통적으로 지닌 객체 대상인데 이것을 선택이 가능한 氣質之性을 통해서 차이성을 구분하려 하면 氣質之性은 변화되는 것이라 하더라도, 문제는 本然之性이 어떤 묘수로 만인에게 족한 일체의 가능성을 구비시킨 것이던가? 그것이 바로 하나님의 위대한 창조의 실현에 있다. 본성은 보편적인 것이지만 그 보편성은 창조됨으로써 일률화되었다. 창조는 하나님이 온갖 지혜를 쏟으신 특별한 것이지만, 특별함으로 가득 찬 이 세계는 일반적인 것이다.[259] 그 같은 本然之性이 일반화되어 있는 세계에서는 특별함을 어디서도 구분할 수 없다. 그런데도 우리는 통상 흔하지 않은 희귀성을 일컬어 특별함이라고 한다. 만상 가운데서 하나님이 선지하신 것이 인간의 본성이라면 그것은 감읍할 은혜이고 특별함이다. 석유는 아무 곳에서나 파헤친다고 해서 쏟아지는 것이 아니다. 그런데도 불교는 누구나 佛性을 가지고 있고 똥막대기에도 佛

性이 있다고 했는데, 그토록 보편화된 특별함은 도대체 어떻게 해서 생긴 것인가? 한 사람도 빠짐없이 갖추고 있는 佛性은 특별함이 아니다. 창조를 실현한 전지전능한 창조력에 의해 일률화된 것이다. 그래서 인간은 주어진 본성으로부터 일체의 가능성을 일깨울 수 있는 위대한 佛性을 가지게 되었다.[260] 없으면 볼 수 없고 능력이 미치지 못하면 이룰 수 없는 것인데, 우리 모두가 "生死를 초월하여 진리를 깨닫게 하는 능력, 즉 부처가 될 덕성(佛性)"[261]을 갖추었다는 것은, 하나님이 가능한 창조성을 부여해서이다. 이 같은 특별함과 일률성을 근거로 해서 覺者들은 成佛의 가능성과 평등성을 널리 개진[262]할 수 있었다. "참사람만이 참지식을 가질 수 있고 (장자)"[263] 成佛할 사람만이 成佛하는 것처럼 보이지만, 혜능처럼 "일체 중생을 두루 살펴보니 모두 如來의 지혜와 덕을 갖추고 있다(화엄경)."[264] 즉 일체 중생이 부처의 성품을 가졌도다.[265]

成佛의 가능성, 곧 너와 내가 부처가 될 수 있다는 것은 본연의 진리 세계에 계합할 수 있는 가능성, 곧 하나님의 창조성을 인식한 것이다. 佛者들이 成佛을 최고의 이상으로 삼은 데는[266] 그만한 이유가 있다. 인류가 종말을 맞이한 상황에서는 만인을 향해 成佛의 가능론과 책임론을 독촉해야 할 형편이므로, 成佛的 이상은 전격 창조적 이상으로 확대된다. 佛性은 "統體一太極(하나님의 창조

---

260) 『육조단경』, 채지충 저, 김현진 역, 두성, 1988, p.22.

261) 위의 책, p.87.

262) 開陣 : 사실을 밝히기 위하여 내용이나 의견 따위를 진술함.

263) "夫有眞人而後有眞知." -『선의 황금시대』, 앞의 책, p.29.

264) 『마음닦는 길(수심결 강의)』, 지눌 저, 강건기 강의, 불일출판사, 1991, p.27.

265) "一切衆生悉有佛性"이란 설을 가장 잘 나타내는 대승 경전은 『열반경』이다. 특히 如來性品 제4에 역설되어 있음. -『대정신수대장경』, 12권, p.407.

266) 『고등학교 종교(불교) 하』, 불교교육연합회 편찬, 대원정사, 1992, p.9.

본성)인 동시에 一事·一物에도 一太極을 갖춘"[267] 創造之性이다. 창조성은 어느 면을 통하더라도 두루 통한다. 그러므로 "모든 중생이 佛性을 갖추었으므로 수행만 하면 부처가 될 수 있듯",[268] 오늘날은 당연히 뜻만 바치면 누구나 구원될 수 있고 나를 주신 창조주 하나님을 영접할 수 있다. 成佛的 입장이 소승→대승→통승으로까지 확대된다. 기독교도 동일한 입장이라, 성부→성자의 시대로부터 만인에게 구원의 門(가능성)을 열어젖힐 성령의 시대로 나아가리라.

그렇다면 이 같은 시대의 개막은 정말 어떻게 해야 달성될 수 있는가? "아무리 佛性이 본성 가운데 구비되어 있다 하더라도 佛學을 닦는 것으로써는 얻을 수 없다."[269] 그렇다면? 수행을 통해야 佛性에 계합됨이 가능하다. "불성현기 - 佛性現起는 수행을 통할 때 드러난다."[270] 왜 그런가? 그것은 하나님으로부터 지음 받은 창조성이 본성 가운데 본유되어 있어서이다. "혜능은 본성을 깨닫는 것이 見性하는 것"[271]이라고 했다. 참으로 본성(自性)을 見性하면 창조성을 발견하고 영접한다. 하나님을 알 가능성을 自性을 일군 수행으로 실현한다. 성인의 道를 얻고 구원의 사도가 된다. 죄악이 태산 같더라도 깨우치면 선도될 거룩한 본성 바탕이 구족되어 있었나니, 누구라도 수행을 증표로 삼으면 즉시 成佛, 즉시 구원된다. 깨친이 열라, 구원이 환히, 天人合一의 경지 증과를 만끽하리라.

---

267) 『수도에서 득도까지』, 앞의 책, p.326.
268) 『한국근대민중불교의 이념과 전개』, 한종만 편, 한길사, 1980, p.304.
269) 『육조단경』, 앞의 책, p.22.
270) 『화엄의 사상』, 카마타 시게오 저, 한형조 역, 고려원, p.50.
271) 『육조단경』, 앞의 책, p.22.

제6장 수행의 작용성

수행의 작용성

1. 형성 작용

탄소 동화 작용은 생물이 외계에서 섭취한 영양분을 자체의 고유한 성분으로 변화시키는 작용이다. 여기서 동화-同化란 어떤 사물이나 현상이 서로 다른 사물이나 현상을 닮아서 같아지는 일 혹은 작용을 일컫는다. 그래서 작용은 어떠한 영향을 끼친다 혹은 어떠한 현상이나 행동을 일으킨다는 뜻이 있다. 역학에서는 두 물체의 힘이 서로 미칠 경우 한쪽의 힘을 작용, 다른 쪽의 힘을 반작용[272]이라고 하여, 어떤 행위나 힘이나 과정이 분명하게 변화를 일으키고 연관성을 나타내며 원인에 대한 결과성을 확정짓게 한다.

그렇다면 수행도 뜻을 다하고 정성을 다하고 정열을 바치는 분명한 행위가 있는데, 이 같은 행위는 존재에 어떤 영향을 끼치고 변화를 일으키는 것인가? 하지만 수행의 작용은 사물이 지닌 작용 성과는 초점이 사뭇 다르다. 인간은 존재하는 자로서의 본질 작용이 있다. 몸은 물질적인 것이더라도 정신, 의지, 마음은 작용되는 요소가 다르다. 요소가 다르다면 인식 방식도 달라야 하는데, 서양의 지성인들은 제 본질적인 요소까지 물질적인 관점에서 이해하려고 했다(물질적인 근거와 기준밖에 없음).[273]

---

272) 『새우리말 큰사전』, 신기철·신용철 편저자, 삼성출판사, 1985, p.동화, 작용 편.

273) "우리는 물질로 이루어진 존재이다. 뿐만 아니라 우리는 그런 사실을 받아들이는 데 익숙해져야 할 것이다(唯物論)." -『물질과 의식(현대심리철학입문)』, P. M. 처치랜드 저, 석봉래

하지만 동양의 성현들은 본질이란 순수성을 궁극적인 실체로서
인정한 바탕 위에서 고유한 작용성을 인출하고자 했다. 수행은 수
행하는 형태에 따라서 여러 가지 증과 결과가 있게 되는데(그냥 얻
어지는 것이 아님), 도대체 어떤 작용 과정을 거치는 것인가가 궁
금하다. 수행이 존재 본질의 작용으로 증과를 얻게 된다는 사실을
안다면 진리적 기반은 확립된다. 미처 착안하지 못했던 진리 영역
이 개척된다는 것인데, 이것은 인류의 지성사에서 새로운 인식 영
역을 펼치는 것과 진배없다. 수행이란 원인 행위로 모종의 변화를
일으킬 대상은 당연히 존재하고 있는 본질이다. 그런데 본질은 무
형의 형이상학적인 실체라, 오감으로써는 판단할 근거가 없다. 그
래서 본질 작용은 심증은 있으면서도 유야무야 – 有耶無耶되었다.
이것을 이 연구는 수행을 쌓으면 어떻게 존재 본질이 변화를 일으
키는 것인가에 착안해서 밝힐 수 있어야 한다. 그렇게 되면 수행을
통한 존재 추구의 원리적인 근거가 마련된다. 전대미문의 미개척
분야인 무형의 존재 본질을 합리적인 이치로써 판단할 수 있는 실
질적인 근거들을 파고들어야 한다(작용성화함).

이전에는 근거가 없는 것들은 모두 마음(심정)의 문제로 돌렸는
데, 알고 보면 마음만큼 심신에 대해 영향을 끼치는 작용 요소도
없다. 그만큼 마음은 존재의 근본적인 요소들을 거의 독차지하고
있다. 도대체 마음의 작용이 어떻게 해서 심신에 영향을 끼치는가?
이 문제를 서양에서는 신경과학적으로 접근하기도 하였는데, 이것
은 본질의 작용을 물질의 작용으로서 판단한 것이다. 그러나 수행
만큼은 물질에 못지않게 제 작용성이 두드러져 세계를 변환시키는
요인이 된다. 왜 인간은 부단히 추구하면 사명을 이룰 수 있다고

<hr>

역, 서광사, 1992, p.47.

생각하는가? 그만한 믿음이 그만한 세계를 성취하게 하는가? 마음의 작용은 형체가 없다고 해서 에너지 생성을 유도할 수 없는 것이 아니다. 품성을 도야하고 제반 가치성을 인식하는 이면에는 본질이란 실체성이 엄연한 요인으로서 작용하고 있다.

축적, 생성, 형성된다는 것은 통상 물질적인 현상들에 대해 적용하는 개념이다. 앞 장에서는 본질이란 고유 작용을 물질적인 개념을 기준으로 해서 이해하려 한다고 했지만, 그렇다고 본질이란 작용 특성들에 대한 개념들이 따로 마련되어 있는 것은 아니다. 문제는 확실하게 근거 지어져 있는 것만을 인정한 관계로 무형인 본질 작용을 무시하였다는 데 있다. 무형인 것을 제외한다면 사실상 무엇보다도 철저하게 원리성을 따르고 있는 것이 본질 작용이다. 佛陀가 정각을 얻은 후 설법한 신념 가운데 하나는 본질 작용의 철칙성을 확인했다는 데 있다. 正見, 正語……. 즉 "모든 면에서 바른 생각으로 바르게 행동하면 구원받을 수 있다."[274] 참으로 인간이 수행을 쌓으면 인생이 구제되고, 진정 영혼이 버려져야 할 곳에서 버림받지 않는 귀한 은총을 입는다. 왜, 무엇 때문에? 말씀이 옳기는 한데 연유된 작용 원리에 대한 설명이 결여되었다. 존재 본질이 모종의 작용으로 변화가 일어났다는 것인데, 그것이 다름 아닌 본질의 '형성 작용'이다. 하지만 불교 문화권에서는 이 형성성을 수행을 쌓으면 주어지는 당연한 결과로 여겼고, 기독교는 하나님이 이루어 주시는 것이라고 믿어, 본질 자체의 원리적인 작용성을 추출하려 한 노력이 없었다. 아무리 하나님이 역사하셨다 하더라도 작용 현상은 자체로서 고유한 것이다. 정성을 쏟았다면 정성에 대한 작용이 있고, 정신을 집중하였다면 집중한 만큼 의지력의 생성

274) 『세계역사 1000년』, 허순봉 글구성, 한결 그림, 능인, 1998, p.121.

과정이 있다.

진리를 양성하고 직관력을 도야하는 것은[275] 본질이 생성하고 있고 의지력이 형성된 때문이다. "修身이 온전한 상태의 추구로서 몸을 비범하게 만들기 위한 것인 한",[276] 그곳에는 본질의 형성을 통한 변화가 있다. 인간은 선도될 수만 있다면 숭고한 인간 본질로 승화될진대, 무엇을 근거로 해서 그 같은 가능성을 실현할 수 있을 것인가? 성현의 말씀이기 때문에? 그러나 그 말씀은 대부분 권유된 메시지 형태일 뿐이다. 본질의 변화 작용을 원리화하고자 한 지적 노력이 없다. 정말 수행으로 본성을 회복하고 하나님까지 알 수 있다면 우리는 그것이 수행의 실현 목표이고 증과라고 하기 이전에, 어떻게 잃어버린 본성을 회복하고 어떤 작용 결과로서 하나님을 영접하게 된 것인지를 밝힐 수 있어야 한다. 본질의 형성 작용으로 모든 과정을 꿰뚫어야 한다.

수행의 행위 형태와 과정을 살펴보면 거기에는 무언가 보이지 않는 집적 근거가 있다는 것을 알 수 있다. 정신을 집중하면? 행동을 바르게 하면? 혹은 깨닫는다면? 이 같은 행동은 그렇지 않은 방만한 상태와 비교되는 확실한 변화 요인이다. 단지 중요한 것은 수행이 의지의 뒷받침하에 있다는 것과, 모든 것을 예측은 할 수 있더라도 결과만큼은 타의적으로 부여된 것이라는 데 있다. 작용은 일어나는 것이다. 깨달음도 마찬가지이다. 깨달음은 원한다고 해서 즉각 주어지는 것이 아니다. 희생이 담보되었다면 거기에는 그만한 대가가 따르는데 그 대가는 부여된 것이다.[277] 인생 가치를 긍정적,

---

275) 『세계통합론』, 졸저, 다짐, 1995, p.352.
276) 『나는 불교를 이렇게 본다』, 김용옥 저, 통나무, 1989, p.261.
277) 희생이란 바침 자체가 준엄한 본질의 승화 작용을 일으킴.

적극적으로 추구하는 것은 우리들의 몫이지만, 그렇게 함으로써 얻어지는 결과는 의도할 수 없다. 본래 성향이 그렇게 되도록 결정되어 있는 것이라, 여기에 깨달음의 중요성이 있다. 수행은 결국 의지성의 이면에 있는 제삼의 작용력을 고무하는 것이다. 작용을 일으킨 주체성을 발견할 수 있어야 본질이란 존재의 확연한 실체성을 감별한다. 이것이 본질 작용의 타의성이거니와, 이것은 분명 오감과 이성으로써는 감별할 수 없는 제삼의 형성 작용이다. 생성이 다해야 드러나는 것이라, 生의 의지를 투신하면 세계의 창조 의지를 감별한다. 수행을 쌓으면 존재에 어떤 변화가 일어나는가? 그 변화에 제삼의 의지 실체, 즉 창조주 하나님의 존재성을 본질의 형성 작용으로써 확인할 수 있다.

유교의 성현들은 이것을 無極, 太極의 動靜과 분화 개념을 통해 접근하였다. 理의 근원성과 氣의 집산 운동을 통해 만물의 형성과 소멸 작용을 설명하였으며,[278] 이 같은 견해는 하나님의 천지 주재 역사를 최대한 객관적으로 통찰한 것이다. 그것은 분명 물질적 작용이 아닌 본질의 작용 규칙(道)을 인식한 것이다. 無極이 太極化되면(생성) 우주적인 본체가 드러난다. 그러나 유교는 생성의 근거가 되는 理氣란 요소에 대해서만 인식이 머물러, 살아 있는 본체성을 심도 있게 파고들지 못했다. 太極은 太極으로서 그리고 理氣는 理氣로서 전부가 아니다. 거기에는 생성이란 고유한 작용이 있다. 생성이 다해야 비로소 궁극성인 본체가 드러난다.[279] 제 요소들이

---

278) 북송의 주돈이(염계, 1017~1073)는 『太極圖說』에서 우주의 본체를 無極 또는 太極이라 하고, 그 動·靜에 의하여 陰·陽의 2氣가 생기며, 여기에서 5行의 5氣와 만물이 생기게 된다고 설명하였다. 장재(횡거, 1020~1077)는 氣體와 유사한 氣의 집산에 의해 만물이 형성 소멸된다는 氣一元論的 宇宙論을 전개하였다. ─『개관 동양사』, 동양사학회 편, 지식산업사, 1987, p.176.

279) 理氣와 五行은 본질적인 요소일 뿐, 본체가 아님.

분열을 극해야 작용한 결과를 기대할 수 있다. 이 같은 작용 요소를 존재하는 본질이 모두 구비하고 있다고 할진대, 수행으로 본질을 자극하면 형성 작용을 우주적인 원리로써 간파할 수 있다. 형성 작용은 하나님이 만상을 존재하게 한 창조 작용이다. 無한 만상이 존재할 수 있도록 일체의 소프트웨어 가닥을 제공했다. 그런데도 오감으로써는 감별이 안 되므로 수행으로 존재 의지를 투신하면, 그것이 분화함으로써 구체화된다.

그러므로 수행은 본질을 형성시키기 위하여 의식과 의지의 순수한 분화를 원한다. "몸과 마음은 불인 - 不仁함에서 벗어나야만 강건함을 회복하고"[280] 인간적인 이상을 실현할 수 있듯, 수행은 본질 형성에 방해가 되는 요소들을 제거해야 하고, 그리해야 정화되고 회복되는 과정을 겪는다. 퇴락의 길에 서 버리면 육신은 만족되더라도 본질성은 영원히 회복되지 못한다. 하나의 욕이 충만하면 육신은 부패하고 하나의 善이 지속되면 영육은 정화된다. 기도와 믿음이 어떻게 본래의 본성을 회복시키고, 義와 목적 가치를 총화시킨 하나님의 성 - 城에 도달하게 하는가? 수행으로 본질을 형성한 요건을 갖춤으로써이다. 믿음이 욕된 마음을 정화하고 義를 회복하게 하는 것은 믿음이 본질을 형성시키는 작용을 일으키기 때문이다. 유교에서도 氣質之性은 "수양에 의해 변화시킬 수 있다."[281]라고 보았듯, 변화의 주된 추동 요인에 본질의 형성 작용이 있다. 氣質은 존재를 형성한 바탕 요소라, 존재하는 체제를 유지하기 위해서는 부여된 생성성을 벗어날 수 없다. 이것을 물리적인 개념으

---

280) 『민족비전 정신수련법』, 권태훈 감수, 정재승 편저, 1992, p.6.
281) 『소태신의 정신수양에 관한 연구』, 김은종 저, 원광대학교대학원 불교학과 석사학위논문, 1996, p.19.

로서는 운동이라고 하는데, 만물은 그 어느 하나도 가만히 존재하고 있지 않다. 본질은 근원이라, 그 불변성을 유지하기 위해서 끊임없이 생성해야 하므로, 이 같은 운동이 존재 내에서는 氣質이 변화된 모습으로 나타난다.

이미 갖추고 있지만 생성해야 근본을 이룬다는 점에서 본질은 존재하는 원인과 결과를 함께 보유한다. 근본을 이룸과 동시에 결과도 함께 이룬다. 분열하는 시공간상에서는 닭이 먼저인지 달걀이 먼저인지 판별할 수 없듯(원인과 결과가 꼬리를 물고 원환됨), 운명은 인간으로서 도무지 피할 수 없는 것처럼 여겨지지만, 수행으로 존재하는 본질을 파고들면 개선할 수 있는 가닥을 잡을 수 있다. 존재 요소로서 근본을 형성하는 과정을 추적하면 마음→의지→본질→근본이라, 선행된 본질을 개선하면 끝내 결정된 것처럼 보이는 운명도 극복할 수 있다. 그 시점이 바로 한순간의 깨달음과 단안 여부이다. 본질의 결정은 가능성 가운데 있어 생성함과 더불어 결정된다.

그래서 본질은 존재 이전의 선재 요소라, 바탕을 이룬 사전 규정성(창조성)이랄까? 토마스 아퀴나스는 "본질이란 有로 하여금 有가 有의 본성을 이루는 것"282)이라고 했는데, 본질은 有(존재)의 바탕을 이룬 것, 즉 형성한 것이다. 이미 이루고 결정되었는데(창조) 수행으로 개선할 수 있다니! 그러나 이것은 현상의 분열적인 인식 절차 때문에 그렇게 판단하는 것이고, 본질 자체에서는 이 같은 선후 구분이 없다. 본질은 통체이고 통속이며 통합성이라, 생성으로 인해 비로소 질서 지어지고 형상화된다. 본질의 생성 특성이 이러하기 때문에 우리는 수행을 통해 무엇을 근거로 해서 근원된 본질을

---

282) 토마스 아퀴나스(1225~1274): 중세 유럽의 스콜라 철학을 대표하는 이탈리아의 신학자.

형성할 수 있을 것인가를 가닥 잡아야 한다. 그 무엇도 필요성은 무지에 대한 자각에서 비롯된다. 하지만 자각하고 보면 이미 욕망과 타락과 죄악이 존재된 본성을 침범하고 있을 때가 대부분이다. 그래서 수행은 이 같은 존재 상황에 대한 철저한 통찰을 통해서 본성에로의 추진, 생성, 정화, 회복, 결집, 형성 절차를 밟아 나간다. 형성은 최대한 본질 에너지를 결집시켜서 본래 주어진 존재 형태를 갖추는 것이다. 가능한 본래적인 요소, 본질적인 요소를 추출해서 결집하게 되면 정상적인 생성 궤도를 회복하여 세계를 변화시킬 작용 상태에 돌입한다.

본질의 형성 가닥에는 항상 그 같은 존재의 변화와 작용 상태를 자각하는 인식이 뒤따른다. 수행을 쌓으면 내면의 의식이 고도화되는 관계로(늘 깨어 있음) 존재 본질의 격상(생성) 여부에 대한 인식이 뒤따른다. 그래서 수행의 결과로서 드러나게 되는 것이 진리의 본질화 규정이다. 진리의 인식화와 자각, 대오 각성과 연관하여, 그 같은 인식의 변화가 근원된 본질성을 적극적으로 생성시켜 만상의 有를 형성한다. 본질(창조성)을 분열시켜서 양성한다고 할까? 확실하게 氣化, 에너지화한다. 무형인 실체 에너지는 의식을 통하여 감별함이 가능하며, 이 같은 가닥을 확인하는 과정에서 진리의 인식화 과정이 곧 본질을 형성하는 절차를 밟게 한다.

진리를 인식하는 것이 본질을 형성하는 절차가 된다는 것은 피상적인 觀念論과 經驗論을 넘어선 세계 극복 원리이다. 형이상학적인(무형) 본질이 생성하고 분열한다는 것은, 그러한 작용성을 원리로서 인식할 수 있는 길을 틔운다. 뭇 존재가 그 같은 본연의 창조성을 분열시켜서 세계의 有를 형성했다. 존재 바탕에 세계 위에 지존한 가치를 쌓을 수 있는 것은 본질이 생성하고 형성되기 때문이다. 본질의 작용은 세계 형성의 근간이다.[283] 제 신앙 행위는 진리를 본질화하는 과정 자체라, 그 추진 원리가 교리이고 그렇게 해서 주어진 결과가 구원이다.

수행은 진리를 본질화하기 위한 일체의 정신적, 의지적 투여 행위이다. 마음과 의지와 정신을 통하여 존재 바탕을 고무, 생성, 지극, 순수 본질화, 에너지화해서 영원할 수 있는 구원의 본질을 형성한다. 만유와 일체 되고 하나 될 수 있는 길을 연다. 수행→진리→본질 형성……. 마침내 영원성을 보장한 하나님의 창조 품 안으로 귀의하리라.

2. 닦음 작용

수행에서 修가 갖는 의미 중에는 닦는다는 뜻이 있다. 行을 표적으로 해서 닦는다는 것이 주된 작용 의미인데, 그렇다고 수행이 비단 행동만을 표적으로 삼는 것은 아니다. 수양 하면 정신적인 의미를, 修身 하면 몸이란 대상을 포함하며, 수련 하면 무엇을 연마한다는 의미까지 있다. 또한 인격을 도야한다고 했을 때는 마치 도자기를 굽고 쇠를 제련하는 것처럼 갈고 닦는다는 의미도 있다. 그래서 닦음은 수행을 지탱하는 주된 작용이라, 어떻게 수행할 것인가 하는 것은 곧 어떻게 닦을 것인가 하는 행위 문제와 연관된다. 닦음에 대한 대상과 방법이 다양한 만큼 개념도 복합적이며, 특히 인간의 본성 바탕을 어떻게 근거 짓는가에 따라 수행의 작용 원리가

---

283) 『세계통합론』, 앞의 책, p.72.

해명된다.

이미 언급하였듯, 닦는다는 것은 대상이 이미 존재한다고 보는 철리-哲理에 근거한다. 원석이 없으면 제련할 것도 없다. 그래서 심신이건 인격이건 그것이 존재적이라고 하는 데 대해서는 이론의 여지가 없다. 그런데도 인격이 점진적으로 형성되는 것인가(진화 관점), 이미 존재한 가능성을 도야를 통해 발현시키는 것인가 하는 것은 견해차가 분분하다. 하지만 닦음 작용은 어디까지나 모든 가능성과 만법을 구비한 상태로부터의 출발이다. 물론 닦음 작용은 의도한 행위라, 그 이면에는 여러 가지 작용이 있다. 인간은 그냥 될 수 없는 것이 한시라도 끊임없는 수행을 필요로 한다. 수행은 인간을 인간답게 하는 제조기이다. 성현이 아무리 빛나는 존재라도 수행 없이 될 수 있었겠는가? 佛陀, 孔子, 예수가 그러했듯, 그분들은 수행의 완성도로 이룬 인격의 결정 형태이다. 온 인류가 구원을 희구할진대, 그렇게 맞닥뜨린 실존 상황도 마찬가지이리라.

"존재하는 것이라면 무엇이라도, 할 수 있는 것이라면 어떤 것이라도, 죽음이 두렵지 않다면 지금이라도, 오직 수행만이 길이고 대변이고 결론이다."[284]

인간은 아무리 지식에 지식을 보태어도 수행이란 행위적 과정을 겪지 않으면 지혜를 쌓을 수 없다. 존재는 원석과도 같아서 갈고 닦지 않으면 빛이 나지 않는다. 이상적인 경지 세계에 도달할 수 없다. "지극한 道는 갈고 닦음보다 더한 것이 없다."[285] 佛陀는 '닦음(수행)의 방법'[286]으로 온 인류가 경외해 마지않은 각성 세계

---

284) 『길을 위하여(Ⅰ)』, 졸저, 아가페, 1985, p.96.
285) 『주석 육조단경』, 심재열 역주, 불국선원, 1986, p.378.
286) 『깨달음(오)과 닦음(수)에 관하여』, 오병무 저, 논문, p.65.

를 개척했다. 왜 그런가? 닦음은 어떻게 해서 본연의 원－願을 이루게 하는가? 그래서 닦음 작용의 첫 번째 형태는, 닦지 않으면 먼지와 티끌(욕망)이 쌓이기 때문에 의도적으로 본연에 도움이 되지 않는 방만한 요소들을 제거하는 작업이다.287) 장애물을 없애는데 어찌 본연이 빛나지 않겠는가? 제거하고자 하면 원하는 것들이 길러지는 작용까지 있다. 수행은 中道를 지키는 것, 정신과 정열과 기운을 온전하게 보전하는 것, 善을 가려 기르는 것이므로,288) 닦음은 제거와 동시에 기름 작업을 분명하게 한다. 그 결과 당면한 현실을 가장 현명하게 판단하게 하며, 자신을 진정한 자신이 되게 한다.

儒家에서는 "인간의 본성은 理를 善한 것으로 여겨서, 理를 닦아 氣에 유래한 불순한 기질의 性을 억제하고 바로잡아야 한다."289)라고 하였다. 타고난 理, 즉 善을 갈고 닦아 性이 함유하고 있는 불순한 기질을 억제하려 한 것이 유교에서 지침한 수양이란 작업 절차이다. "제련해야 금이 추출되듯, 야뢰야식도 삼매의 힘으로 어리석음을 제거할 때 확실히 인식할 수 있다(『대승밀엄경』)."290) 닦음이란 작용으로 어리석음을 없애면 순수한 인식 능력을 확보할 수 있다. 孔子는 몸에서 드러나는 욕구는 채워야 할 것이 아니라 억제해야 할 대상체라는 것을 분명히 했다. 욕망을 억제하고 제거하면 그것으로 끝나는 것이 아니라 공동체의 유지를 달성한다. 극기복례－克己復禮,291) 즉 한결같이 버리면 본래인 禮로 돌아간다. "하루

---

287) 욕망과 허무는 의지의 수련을 방해하고, 의식의 통합을 저해함.

288) 『노자 그 불교적 이해』, 憨山德淸 해, 송찬우 역, 1990, p.72.

289) 『개관 동양사』, 앞의 책, p.177.

290) 『백팔의 지혜』, 심재열 저, 진영출판사, 1987, p.250.

291) 『21세기 동양의 수양론』, 김진근 저, 철학연구, 대한철학회 논문집, 제83집, 2002, p.127.

동안이라도 사욕을 제거하고 禮로 돌아가면 천하 사람들이 그 仁을 허흥-許興한다."292) 예수도 버려야 다시 산다고 했는데, 생명도 버려야 할 이유가 있다면 버려야 본래인 생명성을 되찾을 수 있다. 욕심은 버렸을 때 대자유를 얻는다.

성현들은 수행을 쌓는 데 있어서 왜 역설적인 버림을 강조했던 것인가? 그것은 버릴 것을 버려야 쌓을 것을 제대로 쌓을 수 있기 때문이다. 참으로 지혜로운 자는 이 원리를 알아야 하나니, 善한 것을 쌓기 위해서는 먼저 惡한 것을 버려야 하는 것이다. 朱子 철학은 한마디로 '去人欲存天理', 즉 욕심을 버려야 하늘의 이치를 보존할 수 있다는 것으로 요약된다.293) 이것은 닦음의 명확한 작용 초점이다. 괴로움과 즐거움을 버리고 옳음과 그름까지 버리며 있음과 없음마저 버리면, 그로써 남는 것은 허무가 아니다. 구름이 걷히면 밝은 햇살이 비치는 것처럼, 온갖 분별이 제거된 연후는 오직 광명만 있을 뿐이다. 다 버리면 아무것도 남아 있지 않아야 하는데, 결과는 정반대이다. 有와 無를 버림과 동시에 有와 無가 통하게 되는 일체 세계, 융통한 통합 세계가 펼쳐진다. 본래 하나인 창조 세계가 드러난다.

"하나가 곧 전체이고 전체가 곧 하나이다(『화엄경』)."294)

장자가 마음 닦는 길을 제시했던 것도 역설적인 주장인 것은 마찬가지이다. 논리 아닌 논리, 즉 "축적하지 않고 버리지만 오히려

---

292) 『공맹의 수양론에 관한 연구』, 유길섭 저, 순천대학교교육대학원 철학교육전공 교육학석사 학위논문, 2002, p.33.

293) 『화두 셰익스피어』, 김용옥 저, 통나무, 2000, p.114.

294) "一卽一切 一切一卽." -『영원한 자유』, 성철 스님 법어집, 1집 6권, 백련선서간행회 역, 장경각, 2001, p.76.

이루어지지 않음이 없다."295) 쌓으면 버려지고 버리면 쌓인다. 물질이 지닌 특성과 반대이다. 도대체 무엇이 쌓으면 버려진다는 것인가? 어리석은 자들은 모아야 쌓이는 것으로 아는데, 버려야 한다. 모으면 쌓이는 것은 욕심덩어리뿐이다.

> 어찌 욕망의 끝없는 구릉을 헤쳐 나갈 것인가? 욕망은 채울 수 있는 것이 아니나니, 욕망은 버려야 할 것이다. 慾으로부터 마음의 빛을 잃고, 執으로 인해 지혜의 門이 닫힌다. 욕망의 최후까지라도 하나님의 뜻이라면 버려질 수 있다. 버릴 것을 버렸을 때 우리는 神이 바라 마지않는 완성의 인간이 될 수 있다.

그러나 무조건 버리기만 해도 그것은 어리석은 자보다 더 어리석다. 버려야 할 것은 버리되 버려서 안 될 것은 지켜야 하는 것이 수행의 닦음 수칙이다. 현 인류가 처한 종말 요인 중 하나는 버릴 것을 버리지 못한 어리석음에 있다. 버리지 못하는 것은 집착되어 있기 때문이고, 집착은 과욕을 낳아 멸망을 자초한다. 노자는 덜어 내어야 "道가 無의 상태로 복귀할 수 있다."296)라고 했다. 소박한 본성을 쌓아 자연에 합하는 것이란 부연은 있었지만, 여기에는 보다 깊은 수행의 작용 원인이 있다. 덜어 내어야 본성이 쌓이고 자연에 복귀해 합치하는 것이라면 그 본성은 본래 구유되어 있는 것이라, 구유되어 있는 것이라면 그것은 창조된 인식에 근거한 것이다. 그래서 '無의 상태로 복귀함'이란 곧 창조 상태와 동일하다. 道는 有함으로부터이다. 有함의 순수한 존재 상태가 道라고나 할까? "항상 無로서 그 오묘함을 보고, 항상 有로서 그 끄트머리를 본

---

295) 『장자철학에 있어서 마음 닦음의 해체적 성격』, 이종성 저, 철학논총, 새한철학회 논문집, 제21집, 2000, p.21.
296) 『노자 수양론의 연구』, 나우권 저, 고려대학교대학원 철학과 석사학위논문, 1997, p.32.

다."297) 無와 有 사이에 창조된 알파가 있고 오메가가 있다. 유위한 작용에 대한 인식에 道가 있다. 창조된 바탕에 有가 있고 道가 있어, 덜어 내고 덜어 낸 有無의 경계선에 도달하면 드디어 천지가 창조된 본연성인 본성과 만난다. 닦고 닦아서 제거할 것을 제거하고 나면 드러나게 되는 것이 본연이다. 본연이 드러난다는 것은 제이의 닦음 작용으로 인한 결과이다. 예측이 안 되는 것만큼이나 뜻밖의 결과이다. 닦음은 제거와 버림을 통해 본래인 순수성을 연마하는 것이라고나 할까? 제거함을 통해 선한 본성을 기른다.

"마음을 수양하는 데는 욕망을 절제하는 것보다 더 좋은 것이 없다(맹자)."298) 제거하고 덜어 내기 위해서는 그만한 정성이 필요하고 의지력을 집중해야 至誠이 至聖을 이룬다. 至聖은 지극한 창조 바탕이라, 하나님이 부여하신 거룩한 존재 본성이다. 드러남은 도달함이고 도달함은 이룩함이다. 성인은 정신 수양의 극치자라, 닦음으로 이룬 인격체이다.299) 닦음 작용이 본연을 빛나게 해 대창조성을 성취하게 했다.

노자는 "함이 없음을 행하면 되지 않음이 없다."300)라고 했다. 함이 없다는 것은 닦음 작용으로 자기 의지를 다한 것이다. 본연을 분열시키면 본연한 의지가 소생한다. 갈고 닦으면 더욱 활성화되는 것이 창조의 근원된 에너지이다. 이 같은 본원의 드러남이 제이의 닦음 결과라고 할진대, 제삼의 결과는 바로 義와 의지력이 소생하는 것이다. 어떻게 의지를 버렸는데 의지가 소생하는가? 그것은 함

---

297) 『노자도덕경』.

298) 『맹자』, 진심장구 하 35. -『맹자의 인격수양관』, 라만기 저, 논문, p.29.

299) 『역사이해에 관한 기론적 고찰』, 김도종 저, 원광대학교대학원 원불교학과 철학박사학위논문, 1987, p.132.

300) "爲無爲 則無不治." -『노자도덕경』, 제3장.

이 없음을 행하면 되지 않음이 없기 때문이다. 열과 성을 바쳤다면 그 정성이 어찌 하늘에 상달되지 않겠는가? 즉 함이 없음이 창조의 바탕 본연에 가 닿았다. 욕망을 없애면 욕망이 없어지는 것을 넘어서 義로 쌓인다. 仁은 최대한 덜어 낼 것을 덜어 낸 상태에서 쌓은 義的 본질이다. 仁은 인간의 순수 至誠이 하늘에 도달한 상태이다. '仁을 인간의 도덕적 본성'[301]으로 본 근거도 여기에 있다(유교). 이상적인 바탕 본성이기 때문에 仁을 도덕규범의 원리가 발현되는 근원처로 삼았다.

그렇다면 죄악은 수행적 義를 버림이자 파괴한 것이 되고, 도덕은 융합해서 義를 소생시킨 것이다. 이질적인 요소를 버리고 본질적인 요소를 길러서 근본이 된 바탕을 형성한다. 이것이 닦음 작용으로 범부도 성인이 될 수 있는 소이이다.[302] 수행은 의도적으로 정력의 소진을 막으면서 義와 기력을 쌓는 것이다. 덜기 어려운 것을 끝내 덜기 위해서는 집중된 힘이 필요하다. 이 같은 노력의 결과 義가 소생한다. 오늘 義를 쌓지 못하면 그것이 고스란히 내일 불행의 씨앗이 되고, 오늘 쌓으면 내일 모든 영광의 밑거름이 된다. 義는 인간이 하나님께로 나아갈 수 있는 소망의 받침대이다. 義가 있어야 하나님도 그 영혼으로부터 역사하실 수 있다.

인류가 갈고 닦아서 보아야 할 것은 결국 대본연의 세계에 엄좌하여 계신 하나님의 임재 의지성이다. 이전에는 미처 파악할 수 없는 차원 세계에 가려 있었지만, 이제는 가능하다. 수행하면 정말 성령의 작용 역사를 체감한다. 체감해서 하나님을 보았다면 그것은

---

301) 『진덕수 심경의 수양론적 분석과 심경 이해』, 박지현 저, 한국정신문연구원 한국학대학원 철학・종교전문석사학위논문, 1993, p.24.

302) 누구나 다 깨달을 수 있고 성인이 될 수 있고 구원될 수 있어야 한 사람도 빠짐없이 하나님과 함께할 천국 시민으로 입도됨.

본연과 합치된 것이고, 영원성의 궤도에 진입한 것이며, 만난을 극복한 안온함에 처하였다고 해도 좋다. 하나님이 그 수고를 위무하실 것이나니, 닦고 닦아서 이룬 최상의 경지 위에서 대창조의 실상을 목도하리라.

3. 조절 작용

　수행은 버릴 것은 버리고 기를 것은 기르는 작용을 통하여 본연을 드러내고 하나님에게까지 도달할 수 있다고 했는데, 그 버림과 기름을 판가름하기 위해서는 심대한 정신력과 에너지가 필요하다. 그리고 이 같은 투여와 함께 가닥 지을 중요한 작용은 욕망 가운데서도 본성을 적정하게 유지할 수 있게 하는 조절 작용이다. 조절, 즉 컨트롤은 거부할 수 없는 인간 욕망을 전적으로 인정하는 타협안이 아니다. 그렇다고 욕망을 무조건 부정해서 대적 대상으로서 간주하는 것은 수행을 극단으로 치닫게 할 뿐이다. 따라서 일단은 욕망을 삶을 추진하는 데 있어서 긍정적인 에너지로 승화시킬 수만 있다면 욕망을 적정 수준에서 컨트롤할 수 있다. 원래 인간 욕망은 의지와 마음과 제 본질적인 요소들과 함께 생성함에 있어 함이 없다. 끝이 없고 경계가 없다. 채워도 채워도 충족되지 않는 것인데, 조절할 수 있다면 영혼 가운데서 충족함이 있으리라. 따라서 수행자는 욕망이 지닌 본성의 극단을 인식하고, 함이 없는 한계성을 가늠함으로써 존재하고 있는 의지처를 한 중심 자리에 놓아야 한다(조절 작용).

　장자는 "지극한 즐거움은 즐거움을 초월하는 데 있고, 지극한 명예는 명예를 초월하는 데 있다."[303]라고 했다. 즐거움 자체는 진정한 즐거움이 아니고, 명예 자체는 진정한 명예가 아니다. 세속 가운데 함몰됨으로써 초래될 至樂無樂을 경계했다. 영원할 수 없는 즐거움은 결국 허무를 낳는다. 至樂의 끝은 허무를 낳는 無樂이다. 樂 가운데서도 至樂과 無樂의 양극단을 인식한 컨트롤이 있어야 그 중심에서 진정한 즐거움을 붙들 수 있다. 그런데 그렇게 하기 위해서는 양극단을 통체로 넘나드는 인식과 의지와 깨달음이 필요해 수행의 정도가 대세를 가른다. "無爲야말로 진정한 즐거움이라고 생각하고 있다(장자)." 수행은 양극단의 중심에 선 조절로서 최대한 허무가 없는 최상의 열락을 지향한다.

　"인간의 욕망을 조절하고 조화시키는 또 하나의 정신 기능에는 이성이 있다."[304] 그러나 이성은 정신력의 조절에만 그칠 뿐이라, 온몸 가득한 의지력까지 초월하는 작용성이 없다. 역사 위에서는 종종 이성의 마비로 인한 엄청난 파국 장면을 연출하고 있거니와, 오늘날 맞이한 종말 상황도 대개는 이성의 수위 조절을 제대로 하지 못한 결과이다. 그렇다면 대처할 만한 조절 시스템을 적용할 수 있어야 하는데, 그것이 만 인류가 실행해야 할 수행을 통한 의지 컨트롤 시스템이다. 이전에는 이 같은 시스템이 없어서 인류가 무명적인 파멸을 맞이했을까만, 전면적으로 가동되기에는 시기상조적인 문제가 있었다.

　유교 경전 가운데 하나인 『中庸』에서는 中庸을 "지나치거나 모자람이 없는 德"[305]이라고 했다. 佛陀도 "양극단에 치우치지 않은

---

303) 『莊子』, 지락 편. -『노자 수양론의 연구』, 앞의 논문, p.24.
304) 『과정과 실재』, 화이트헤드 저, 김용옥 강의, p.35.

中道로써 진리를 깨우쳤다."[306] 본성의 양극단을 드러내기 위해서는 그만한 세계적 분열과 경과가 필요하다. 댐의 수위를 조절하기 위해서는 현재 댐의 담수량과 향후 쏟아질 예상 강수량을 알고 있어야 한다. 이것을 모르면 조절이라는 말이 무색하다. 인간이 지닌 마음과 욕망을 조절하기 위해서는 바탕된 본성을 낱낱이 알고 있어야 하는데, 천지 만상이 어떻게 근거되었는지도 모르면서 본성만 컨트롤하고자 한다면 한계가 생긴다. 그래서 창조에 근거해서 양극단에 걸친 본성 요소를 직시한다면 컨트롤 문제를 해결할 수 있다.

佛陀는 고요함과 명료한 인식과 원만한 깨달음과 진리의 세계로 이끈 것은 中道라고 하는 여덟 가지 성스러운 길이었다(八正道). 正見(올바른 견해), 正思(올바른 생각), 正語(올바른 말)……[307] 여기서 공통적으로 붙어 있는 올바름(正)은 홀로 똑바로 서 있는 상태란 의미가 아니다. 어디까지나 양극단 가운데서의 한 중심을 일컫는다. 존재 내의 본질성, 혹은 양극단이 지닌 한계성을 넘어선 중심이랄까? 한계성까지 포함한 중심점이다. 개념으로 가늠할 수 있는 중심점이 아니다(쾌락과 금욕의 중용지점 등). 본질의 생성 과정을 통튼 것인 만큼 고도의 깨어 있는 통찰력을 요한다. 자신만 바로 서 있다고 해서 되는 것이 아니다. 전체의 생성 요소를 가늠하고 있어야 하는 관계로 엄청난 집중을 요한다. 양극단의 한계성까지 내다보아야 그 가운데서 중심을 가늠할 수 있는 기준을 잡을 수 있다. 극단을 봄은 中道를 가늠하는 기준 척도이다.

수행에 있어서 절제는 욕망을 끝없이 제어하는 것을 뜻하지 않

---

305) 『선인들의 공부법』, 박희병 저, 창작과비평사, 2000, p.27.

306) 『불조직지심체요결과 위빠사나 수행법 비교』, 성기서 저, 호서문화 논총, 제14집, 1998, p.128 - 4.

307) 위의 책, p.128 - 4.

는다. 양극단을 알아 매사에 걸쳐 正을 확고하게 세우는 것이다. 욕망의 바다를 헤쳐 나가기 위해서는 무조건 절제만 한다고 해결되는 것이 아니라 욕망의 중심을 가닥 잡아야 하는 것이다. 욕망은 인간과 함께하고 있는 본성 요소이므로, 그 욕망의 알파와 오메가를 파악해야 초월, 해탈할 수 있다. 지금 이 연구는 인류를 종말에 이르게 한 욕망을 컨트롤, 극복, 해탈할 수 있는(구원) 원리를 밝히고 있는 중이거니와, 결국은 세계적 요인인 진리의 문제를 해결해야 합당한 방도를 발견할 수 있다. 종말은 본성의 생성 비밀에 대해 무지하고, 본성의 궤도 이탈 사실을 자각하지 못한 무절제한 자유로 인해 조장된 것이지만, 수행을 통한 절제는 본능의 중심 궤도를 결코 이탈하지 않아, 자칫 방심했다 해도 인류를 파멸로까지 내몰지는 않으리라.

따라서 수행을 통하여 유지해야 할 최적의 존재 상태는 定靜 − 정정과 평안이다. 정정은 수행으로 조절할 수 있는 존재의 이상적인 기준 상태이다. 최소한 정정은 유지할 수 있어야 그 속에 진리가 거한다. 이것을 기준으로 해서 수위를 조절하면 희로애락에 대한 컨트롤과 넘치는 욕망을 제어할 수 있다. 의식으로써는 양극단을 가늠하고, 존재 상태로써는 정정을 유지하며, 의지력으로써는 본성의 한계를 분명하게 인식한다. 어떤 욕망의 바다도 능히 헤쳐 나갈 좌표를 가진다. 중심을 잡은 컨트롤 능력, 즉 올바른 행위(正業), 正法을 좇는 생활(正命), 올바른 노력(正精進), 올바른 마음의 집중(正念), 올바른 선정(正定)은 능히 道를 깨우치고 능히 진리의 길을 완수하며 능히 지상천국을 맞이하게 하리라. 조절은 生을 투신하는 만큼이나 영원성을 보장하는 구원의 조건 작용이다. 하나님에게 이르게 하는 인도 작용이다. 고금을 통하여 하늘 아래서는 正

道, 中道, 中庸을 지켜야 하나님에게 이를 수 있다.

4. 기의 충만 작용

氣는 동양인들이 오랜 세월 동안 사고적인 실험 과정을 통하여 실체로서의 작용성을 의식화하였고 哲理로써 파고든 개념이다. 유교 문화권에서는 宇宙論, 人性論을 理·氣 개념에 근거해서 확립했다(朱子). 한편 세계적 근간을 氣一元論的으로 접근하고자 한 학자도 있었다. 氣를 우주의 근간으로 보고 그것의 운용성을 통해 세계 위에 펼쳐져 있는 유형무형의 존재 상황들을 설명하려고 하였는데, 그것은 비록 초점은 명확하지 않다 하더라도 무형의 본질적인 실체를 설명한 전통을 수립하게 했다. 무형인 바탕성을 형체가 없다고 해서 실체 범주에서 제외해 버린 것이 아니라 애써 의식화했다. 어휘 가운데 氣 자가 들어 있는 단어들이 한결같이 무형의 氣運을 체감한 방식으로 기술할 수 있게 된 것이 이와 같은 이유에서이다. 예를 들어 天氣·寒氣와 같은 자연 현상에 대한 표현으로부터 血氣·精氣·和氣·勇氣 등 생물학적이나 정신적인 것, 運氣와 같은 관념적인 것에 이르기까지이며(구체적인 사물을 지칭한 것이 아님),[308] 나아가서는 혼백 – 魂魄에도 깃들어 있다고 보아 사후 세계를 설명하는 운용 근거가 되기도 했다.

동양의 사고 세계에서는 인간뿐만 아니라 전 우주에 보편적으로 존재하고 있는 질료로서, 응집하면 존재하고 흩어지면 사멸하게 되

---

308) 『퇴계의 양기와 노장의 양기의 차이』, 최승호 저, 경북대학교퇴계연구소 한국의 철학, 1988, 논문, p.2.

는 것이 氣였다.309) 조상의 사후 혼백을 사대 - 四代까지 살아 계신 것처럼 모시고 제사를 지낸 배경도 여기에 있다(유교). 서양은 사물의 제 현상을 파고들기 위해 이성과 합리성을 추구했다면, 동양은 영혼의 生滅 문제에 있어서 氣라는 존재의 운용 특성을 간파하여 세계관 면에서 합리성을 기했다. 존재 근거가 분명한 사물과 대비해서 氣는 이합취산 - 離合聚散하는 변화가 있지만 氣力, 氣運이란 에너지적인 요소를 동원하면 차원, 초월, 통합이란 전대미문의 운용 세계를 펼칠 수 있다. 그만큼 氣는 상상을 초월한 작용 체제를 갖추었는데도 불구하고 제대로 수용되지 못한 것은 氣란 실체성의 모호함과 더불어 운용 면에서 원리성과 개념을 확고하게 하지 못한 때문이다.

그래서 이 연구는 氣가 바로 수행으로 획득되는 분명한 증과 근거라는 것을 지침하고자 하거니와, 氣라는 운용 실체를 파악하면 그 작용성을 구체화할 수 있다. 氣는 理와 더불어 만상을 이룬 본질적인 바탕체이다. 다만 理는 천지를 창조한 이법, 뜻, 이치적인 영역을 담당한 것인 데 비해, 氣는 만상을 이룬 실질적인 바탕체로서 질료적인 성격이 강하다는 차이가 있을 뿐이다. 만물의 근원체로서 추적한 원소 내지 원자 개념과는 다르다. "세계가 물질인 氣로써 형성되어 있다고 보고 氣를 元氣"310)라고 해석하기도 하지만, 氣는 물질이 아니다. 그렇다면? 氣는 만상을 이룬 운용 실체이다. 창조의 비밀을 형이상학적으로 함재하고 있다. 운용성과 물리 법칙적 현상은 동전의 앞뒷면과 같은데, 그러면서도 차원적인 경계가 분명하다. 그 경계는 이전의 저술에서는 化됨으로써 표현하였거니

---

309) 『단국강토』, 홍태수 저, 세명문화사, 1988, p.28.
310) 『이규보의 동국이상국집』-『조선철학사 연구』, 편집부 엮음, 광주, 1988, p.46.

와, 하나님의 창조 뜻이 化됨을 통해 물질화, 존재화, 생명화, 영혼화되었다는 것을 밝혔었다. 化됨은 존재의 형태와 인식상 무한성을 근저로 하고 있어 이치로는 인식이 불가능하지만, 창조된 근거가 있어 추적하는 것이 가능하다.

色이 곧 空이고 空이 곧 色이라고 하는데, 이것을 세상 이치로서 이해할 방도는 없다. 그러나 色이 즉시 空이고 空이 空인 동시에 즉시 色인 본체성의[311] 특성을 규명하였기에 氣가 만상을 바탕 지은 본질적인 요소라는 접근을 이루었다. 즉 氣는 力이 아니라 力을 이룬 바탕이고, 에너지가 아닌 에너지를 이룬 질료 바탕이다. 무형의 실체를 가늠하는 데 있어서 氣는 에너지가 아니며, 그것을 이룬 바탕체라고 한다면 일체의 헷갈림을 막을 수 있다. 의지도 마음도 정신도 氣運으로서 감지할 수 있는 이면에는 氣라는 질료적인 바탕체가 운위되고 있다. 그래서 우리는 직접 보는 것이 아니라 감(의식 자체)을 통해서 본질 작용에 대한 인식의 門을 열어젖힐 수 있다.

수행을 쌓으면 어떤 변화를 감지할 수 있는가? 어제나 오늘이나 나는 변함없는 나다. 無極은 극이 없으므로 인식이 불가능하고, 太極은 無極으로부터 말미암았는데도 통체 상태로 존재하므로 인식이 불가능하다.[312] 하나님의 존재 상태는 변함이 없지만 無極의 太極化로 인해 본질 자체가 창조를 실현할 수 있는 스탠바이 상태로 전환되었다. 천지 창조를 가능하게 할 통합 본체의 발현, 그러니까 본질의 氣質化가 이루어졌다. 창조 이전에는 하나님 자체의 순수 본질로서만 존재하였는데, 뜻의 발현 이후는 창조 바탕체로서 氣質

---

311) 하나님이 창조를 이룬 하나님 자체의 존재 본체.
312) 無極→太極 = 본질 내에서의 차원적인 변화 상태임.

化되었다. 그 氣質이 창조와 더불어 만상 가운데서 뭇 존재의 본원 바탕이 되었다. 하지만 성현들도 이 같은 인식 상태로까지는 미치지 못해 氣의 운용성에 있어 미흡한 측면이 있지만 氣란 개념을 통해 천지간의 조화와 운용성을 설명했다는 것은 놀라운 일이다.

"인간은 누구나 천지의 기운을 받아 태어난다. 天氣와 地氣로 태어난 몸이기 때문에 천기와 지기와 조화를 이루어야 한다."[313] 사람이 氣로써 이루어졌다는 주장은 틀린 견해가 아니다. 宇宙論的으로는 "元氣(통합성을 이룬 창조 본체)가 처음 나뉘어 위로는 하늘이 되고 아래로는 땅이 되었는데, 사람은 그 가운데 있다."[314] 氣의 질적 차이와 운용에 따라 天·地·人이 구분되므로, 성인과 범인인들 구분되지 않겠는가? 氣質에 근거해서 心을 어떻게 확충시켰는가를 성인과 범인의 기준으로 삼은 만큼이나(맹자),[315] 氣는 만물을 바탕 지은 근거이다. 氣는 하나님이 창조를 위해 발하신 뜻과 의지가 만물의 바탕체로서 氣質化된 것이다. 인간 역시 창조로 말미암아 氣質化 된 존재자일진대, 인간은 전적으로 氣의 운용성에 의존하여 있다고 해도 과언이 아니다. 그래서 인간 역시 의지를 발하면 바탕체로 있는 氣가 즉각 반응한다. 정신적인 요소를 氣力化할 뿐 아니라, 존재의 국면 전환(변용)과 충전, 충만, 함축, 세계에로의 뻗침을 이룰 수 있다.

의지로써 氣의 작용을 컨트롤하면 우리는 존재의 주재자가 된다. 천지 자연 가운데 널리 퍼져 있는 것이 氣라, 이 氣를 의지로써 통어－通御하면 인간은 본래 그러했던 것처럼 천지자연과 하나 된

---

313) 『단학 그 이론과 수련법』, 이승헌 저, 한문화, 1994, p.9.
314) 『조선철학사 연구』, 앞의 책, p.46.
315) 『맹자 수양론과 원불교 정신수양의 비교 연구』, 박희종 저, 원광대학교대학원 논문집, 제23집, 1999, p.12.

교감의 길을 튼다. 氣는 생명의 근원인 생체에너지[316]라고 한 만큼이나(단학) 온몸에 가득 차 있다. 이것을 기르면 충만시킬 수 있다.

氣를 온몸에 가득 채우고 천지 가운데 충만하게 함으로써 인간은 천지와 하나 될 수 있다. 그렇다면 운용되는 본질 체제 안에서 일체 통합까지도 가능하지 않겠는가? 이 같은 氣의 운용 단초를 浩然之氣로써 열어 놓았지만, 부족한 점이 있다면 수행과 의지와 心과 氣와의 관계에 있어서 천지 창조와 연관한 메커니즘을 구체화시키지 못한 것이다. 氣는 창조를 이룬 핵심 요소이고 만물을 이룬 실질적인 요소로서 하나님의 창조 뜻과 의지를 대변한다. 그런데도 맹자는 氣란 실체를 가치적으로 규정하는 데만 급급하였다. 氣는 善한 행동으로 양성할 수 있고, 외부의 어떤 비도덕적인 강요에도 굴하지 않고 자신의 옳음을 지켜 나가는 호연한 氣運을 몸에 충만시키는 것(대장부)[318]이라고 규정한 정도이다. 수행이 어떻게 해서 氣力을 충만하게 하는 것인가에 대한 작용성에 대해서는 언급이 미흡하다.

수행은 인간의 근원된 존재 바탕인 의지를 의도적으로 운용하고자 한 체제이다. 그런 만큼 의지를 집결시키고자 한 의지 또한 온

---

316) 『단전호흡』, 이승헌 글·사진, 대원사, 1993, p.8.

317) 『氣란 무엇인가』, 마루야마 도시아기 저, 박희준 역, 정신세계사, 1989, p.20.

318) 『맹자의 수양론』, 김학목 저, 건국대학교대학원 논문집, 제41집, 1995, p.51.
　　대장부는 수행이 이룬 경지를 보유한 사람으로서 "知言과 養氣를 통해 부동심－不動心에 이르게 되고, 온몸에 浩然之氣가 가득 차면 그 氣運이 번져 나와 남이 보기만 해도 저절로 감화된다." －『공맹의 수양론에 관한 연구』, 유길섭 저, 순천대학교교육대학원 철학교육 전공 교육학석사학위논문, 2002, p.59.

몸에 가득한 氣와 연관해 컨트롤하는 과정을 통하여 氣를 보유, 양성, 충만하게 한다. "道를 닦지 않으면 정혼이 연기와 같이 사라진다."319)고 했듯, 수행·修道·修身, 修德은 氣의 분산과 유출을 막아 氣를 보전시킨다. 그래서 목적한 가치를 구현하기 위해 길을 출발하면, 그 기일의 숫자는 氣의 함축을 의미하는 영원한 연계적 증표가 된다. 무상한 세계를 가치 있게 하여 氣의 신비로 우주를 충전시킨다. 세계는 끝없는 전진만 있지 않다. 때로는 감속도 있다. 따라서 오늘의 부단한 정진은 氣의 변환이 일어날 그날을 위해 필요하다. 氣力을 충일하게 하는 것은 실질적인 인간의 길인 동시에 우주의 氣를 충동하는 길이다. 사고함으로써 인생 궤도와 세계 질서가 부합되고 세계의 영원성에 접한다. 우주 공간에 자아를 침투시킨다. 이것은 인간이 충만한 氣力을 매개로 했을 때만 있을 수 있는 작용 현상이다.

작용은 일어난 현상이 누가 보더라도 객관적이란 뜻이다. 수행으로 氣를 보유할 수 있는 것은 수행이 존재하는 의지를 작동시킨 때문이다. 의지가 氣를 운용하기 때문에 일어난 현상이다. 氣를 기르고 충만시키면 의식의 고도가 높아져 대우주와 교감한 세계의 영원성을 직시한다. 하나님의 창조 메시지인들 받아들일 수 있지 않겠는가? 가장 총명한 완성된 지혜는 우주의 영원한 운행 질서 속에 있다. 氣의 충만 작용은 장차 도래할 성령의 시대를 맞이함에 있어서 하나님과 교감할 영적 준비를 갖추게 하리라.320) 맹자도 "온 氣가 천지에 가득 차면 天人合一과 物我一體의 경지에 이른다."321)라고 하였다. 이것은 온 인류가 맞이할 성령의 시대를 氣的

---

319) 『개벽』, 안정전 저, 대원출판, 1994, p.143.
320) 『세계통합론』, 앞의 책, p.131.

운영 체제로써 예비한 인식이라고 해도 과언이 아니다.

우주의 본체자로서 이해되는 하나님에 대해 氣란 실체가 어떻게 해서 하나님과 교감 체제를 구축할 수 있다는 것인가? 이것을 맹자는 浩然之氣를 기르는 수행의 양성 작용을 통해 설명했다. 즉 氣를 기르고자 하는 것은 수행하고자 하는 마음이며, 그것이 존재하는 의지를 충동시켜 氣力을 충만하게 한다. "몸에 충만되어 몸을 부리는 氣運을(의지) 氣라고 하여, 의지를 싣고 있는 바탕으로서 이해했다. 浩然之氣는 넓고 큰 氣로서의 정신적인 상태 내지 힘인데, 그 같은 존재 상태인 의식(＝心)을 싣고 있는 것이 氣運이다."322) 氣가 心을 실었다는 것은 心을 이룬 근원된 요소가 氣란 뜻이기도 하다. 心을 의지화하고 의지를 浩然之氣化하여 우주로 뻗어 나감과 동시에 대우주의 영원성을 체득, 감지, 교감하게 한다.

맹자는 體도 心을 통해 발현되고 확충된다고 보았다. 따라서 신체의 행동 역시 氣에 영향을 주고 氣는 志에, 志는 心에 영향을 끼쳐 志氣가 점점 강해진다.323) 몸과 의지와 마음을 상호 보완한 순환을 이루어 만상 가운데 충만해 있는 제삼의 의지성과도 호환된다. 한번 더 강조해, 氣가 心을 싣고 있는 바탕체라고 한 것은 心이 氣에 실려 있다는 뜻이다. 이것은 그동안 모호했던 마음의 작용 근거(비밀)를 가닥 잡은 것이다. 마음도 氣的인 운용 근거를 가질 뿐 아니라 氣, 즉 心인 본체성을 지닌다. 물론 의지가 매개되어 있다고는 하지만 心이 氣的인 본질 근거를 지녔다는 사실만큼은 확실하게 확인된다.

---

321) 『호연지기에 대한 소고』, 안금희 저, 논문, p.115.
322) 『맹자 수양론과 원불교 정신수양의 비교 연구』, 앞의 논문, p.13.
323) 『맹자의 수양론』, 앞의 논문, p.51.

心이 氣에 바탕된 것이 확실하다고 할진대, 이것은 무형의 형이
상학적인 존재의 운용 상황을 감지할 수 있는 제삼의 초월 인식 체
제로써 부각된다. 인류의 정신사가 여태껏 맞이하지 못한 역사적인
순간이다. 곧 氣의 충만 작용이 心이란 인식 기능을 장착하게 됨으
로써 시공간에 걸쳐 걸림돌로 작용한 온갖 분열 요소를 넘어 직시
됨을 이룬다. 氣的 작용이 안개에 가린 영적 세계를 뚜렷하게 한
다. 맹자의 "굳세고 큰 정신적 기상(浩然之氣)은 인간의 정신적(心
的)이고 영적인 측면을 말한 것이다."324) 이 같은 氣에 心을 실으
면 인류는 대우주를 향해 존재된 자아를 쏘아 올릴 수 있다. "浩然
之氣를 잘 길러 心에 가득 차게 하면 인간의 본성은 仁義之心의
상태가 된다."325) 이것이 다름 아닌 하나님이 존재하시는 차원 세
계로 진입할 수 있는 영적 바탕의 마련이다. 온 인류가 하나님을
영접하기 위한 靈性의 길을 엷이고, 그 원리성을 제공한 역할이다.

5. 의식의 세분화 작용

수행은 氣의 충만 작용을 통해 心을 氣力化함으로써 우주의 질
서를 감지하는 영적 교감의 길을 튼다. 心은 자아와 세계와의 교보
를 통해 뜻을 전달받고 무언의 질서를 수용하는데, 수행의 중점적
인 추구 과제인 무형의 존재 본질을 형상화하고 인식하는 주체는
어디까지나 자아의식이다. 인간에게는 무한하게 잠재된 본질이 있

---

324) 『맹자의 수양론 - 호연지기 양성론을 중심으로』, 성태용 저, 태동고전연구, 제11집, 논문,
　　 p.171.
325) 『맹자 수양론과 원불교 정신수양의 비교 연구』, 앞의 논문, p.14.

어 광대무변한 진리의 세계와 함께 운위되고 있다. 이것을 수행을
쌓은 의식으로 충일시키면 교감된 우주의 대본질적인 면모가 형상
화된다. 氣力의 교감과 인식은 인식이려니와, 그것을 파악하는 주
체는 결국 의식이다. 의식은 뚜렷한 기억과 정신력으로 무언가를
지각하려고 하며, 지식·감정·의지의 변화를 읽어 낸다. 사물을
분별하고 생각하거나 깨닫는 힘인 의식력은[326] 분명 의지의 투여
여부에 따라 지각함에 있어 감도를 달리한다. 눈만 뜨면 감지할 수
있는 오감과는 다르다. 의식을 잃으면 존재의 지각력망이 올 스톱
되고, 정신을 차리면 총체적인 지각 시스템이 곤두세워진다.

　인간이 지닌 지각 능력은 다양하다. 보고 듣고 느끼는 감각의 신
경망으로부터 생각, 사고, 마음과 같은 정신 작용 등……. 도대체
마음이 어디에 있는 것이고 정신이란 무엇인가를 종잡기 어렵다.
양지 – 良知는 "배우지 않고도 시비를 판단할 줄 아는 능력, 즉 인
간의 선천적인 도덕적 직관력 혹은 판단력(맹자)"[327]이라고 하는데,
안다는 것은 정말 어디로부터 발생하게 된 지각력인가? 내면 깊숙
한 곳에 감추어져 있는 작용력이다. 양지는 "天理의 밝은 깨달음이
발현되었을 때 만물의 시비를 명확하게 가려내는 도덕적인 직관의
주체이고, 善을 좋아하고 惡을 싫어하며 남의 불행을 슬퍼하는 도
덕적 정감의 주체이다."[328] 그래서 天理의 발현은 선천적인 양지를
애써 일구어 낸 의식적인 노력으로 깨어 있는 상태를 말한다. 다
보유하고 있는데 즉각 발현할 수 없다면, 그것은 곧 天理의 밝은

---

326) 『새우리말 큰사전』, 앞의 사전, p.의식, 의식력 편.

327) 『주자·양명·상산의 격물치지설』, 안영수 저, 철학논총, 새한철학회 논문집, 제21집,
　　 2000, p.153.

328) 위의 논문, p.153.
　　 "양지는 天理의 자연스런 밝은 깨달음이 발현되는 곳일 뿐이며, 또한 참되고 순수하게 남
　　 의 불행을 슬피 여기는 마음일 뿐이다." – 왕양명 전집, 권 3 – 『傳習錄(하)』.

깨달음 상태를 유지하려 한 수양이 부족해서이다. 의식이 있는 것과 없는 것은 다르듯, 양지 역시 개인차가 있다.

그런 만큼 의식은 주관적인 의지력과 심정을 투여할 수 있고, 그 자체로 생성과 분열을 이루는 주체적인 감지 체계이다. 온몸을 통틀어 존재하고 있는 상태를 가늠한다. 오감은 사물과 현상에 대해 부분적으로 인식 기능을 작동하는 것인데, 의식은 통틀어 수용, 컨트롤, 잠재하게 하는 뿌리이다. 선천적인 기능과 능력까지도 발현하게 하는 입체적, 차원적, 초월적인 저장 창고이다. 태초에 하나님이 삼라만상을 창조하신 뿌리와도 맞닿아 있어 의식＝본성＝본질＝창조라고 해도 무방하다.

의식은 본질 내에 잠재하고 있는 무한한 창조 형상을 이끌어 내어 광대무변한 진리 세계를 체득할 수 있게 한다. 우주의 전모를 의식으로 형상화시킨다. 즉 의식과 맞닿아 있는 본질을 영감으로 충동시키면 영혼이 우주의 모음을 향해 깨어나게 되고, 수행을 통해 쌓은 무한한 잠재력이 우주를 충동시켜 직관으로 진리를 형상화한다. 사고와 인식은 창조적 본성과의 차이가 커 단계적으로 과정을 밟아야 하는데, 의식은 자체가 순수한 본질 덩어리이다. 그러니까 이성으로 인식의 분별력을 신장시켜 제 사물 현상을 규명하려 한 지적 탐구 노력은(서양) 본성을 파고들기 어려운 한계가 있었다(피상적인 세계 이해에 그침).329) 사고적인 기능을 활용하는 방법을 통해서는 본질을 밝혀낼 수 없다. 정신의 소재는 어디에 있는가? 사고 작용을 생리적인 기능 현상으로서 추적한 우를 범하였다(뇌의 소산으로 봄).

하지만 동양의 수행법은 곧바로 의식 내부로 침잠하는 방법을

---

329) 올바른 판단을 하기 위해서는 그만큼 노력해야 하는데, 이것은 외현적인 정신 작용의 결과임.

통하여 본질적인 진리성을 파헤쳤다. 존재 본질을 형상화시킨다고나 할까? 본성과 본질을 직접 추구한 방법론이다. 존재의 본질은 그 존재가 양산한 사고적 산물로써는 원인 추적이 안 된다. 존재 자체의 분열 경과와 맞닿아 있는 의식을 활성화할 수 있어야 한다. 이 같은 관점에서 보면 사상가들의 진리 통찰은 정신의 외현적 발현 형태일 뿐이다. 정신 분석과 현상학은 정신의 분열을 기도한 진리 인출 형태이다(이성적인 통찰 결과임). 정작 본질과는 아무 상관이 없는 외적 요인을, 정신 기능을 수단으로 해서 판단했다.

하지만 동양에서는 그것이 의도적이었건 아니었건 간에 직접 본질 세계로 침잠해서 창조의 본의 상태를 지각해 내었는데, 그것이 의식의 세분화 작용이다. 수행은 의지를 투여하면 본질의 생성력을 가속화시키고 의지 자체의 분열을 촉진시켜서 종국에는 이와 맞닿은 의식을 통합한다. 의식은 존재 본질의 생성 상황을 면밀하게 통찰하게 한다. 의지를 투여하기 위해서는 마음과 정열을 한 의식으로 집중시키는 방법이 있으며, 그렇게 하면 여러 가지 측면에서 존재 상태에 변화가 일어난다.

우리가 한없이 생각한다고 해서 의지력이 모이는 것은 아니다. 반드시 무언가를 깨닫고자 하는 초점, 즉 목적의식이 있어야 한다. 놓쳐 버린 문제들도 집중을 하면 새로운 사실을 깨닫게 된다. 의지력의 투여로 의식이 세분화되어 사물의 변화 상태에 대한 감지 기능이 고도화된 때문이다. 앎은 정신 분자들이 그 길을 펼침이다. 수칼은 갈아서 쓰듯, 의식은 그 기능을 곤두세워야 한다. 신실한 자가 靈性으로 살아 숨 쉬는 神의 품성을 느낄진대, 이것은 靈力을 집중한 세분화 정도, 즉 감도가 높아진 때문이다. 세계는 통체성으로써 운위되고 있는 만큼, 의식의 세분화는 의식 자체의 감도 증진과 함께 통체 상태로 존재하는 본질의 분열까지 이루는 작업을 동시에 수행한다.330) 통념인 의식 상태가 분열로써 세분화되고, 세분화된 의식이 진리를 묻어낸다. 진리와 세계와 의식의 본질적 소통 상황을 이끌어 낸다. 우주의 운행 질서를 의식으로 묻어낸다. 의식의 門을 열어 깨어나게 할 뿐 아니라, 생체 에너지를 충일시킨다. 구도자적인 발심을 공고하게 다져 목적한 추구 의지를 일관시킨다. 의식과 의지의 세분화 작업을 촉진시켜서, 표출된 직관적인 영감들을 통해 끝내 세계의 본질 구조를 형상화한다. 의식의 세분화 상태는 존재 내의 기력을 감지하는 고도의 각성 상태를 말하며, 이 같은 상태에 도달하면 제 현상을 대하는 즉시 진리를 인식하게 되는, 우주의 본원적 생성력과 호흡을 함께한 동조 상태에 이른다.

佛陀는 정좌한 후 삼매경에 들어 진리를 본다고 하였는데, 어떻게 눈을 감고 본다는 말을 사용하는가? 그런데도 천리만리를 보고 三世에 걸친 인간 죄업과 윤회 실상을 꿰뚫었으므로, 그 혜안이 얼마나 깊은 것인가? "지극히 광대한 원－願을 마음에 품고 지극한 정성과 信心을 일으켜 염념불망－念念不忘한즉",331) 앉아서도 만사의 이치를 통각했다. 이미 도달했고, 꿰뚫었으며, 敎說하였는데도 세상이 미처 수용하지 못하고 있는 제삼의 인식 눈, 이것이 바야흐로 도래할 섭령의 시대에서는 온 인류가 빠짐없이 장착해야 할 영안의 눈이다. 선지자는 하나님의 뜻으로 부름을 입은 사명자인데, 어떻게 하나님의 뜻을 감별해서 메시지로 받들 수 있었는가? 그것은 수행으로(기도) 쌓은 의식의 세분화 작업으로 진실 세계를

---

330) 의지의 분열로 의식이 세분화되고, "세분화된 의식이 세계 속에 속속들이 침투해 존재의 구조를 낱낱이 분해, 파악, 인식함." －『세계통합론』, 앞의 책, p.40.

331) 『수도에서 득도까지』, 배일우 저, 구도의 길, 1994, p.36.

직시할 수 있는 눈, 곧 제삼의 통찰 눈인 영안을(의식) 가진 때문이다. 영안이 깨면 만상의 생성 질서를 감지하고 분열을 촉진시켜 세계의 비밀을 캐고 창조성을 형상화시킬 수 있다. 눈과 귀는 외부 세계를, 의식은 깊고 깊은 내부 본질을 본다.

그리하여 의식이 진심 본질과 동조될 만큼 정결력을 갖추면 세분화된 의식 하나하나가 세계를 거침없이 직시한다. 정심 – 淨心은 제 佛,332) 제 진리, 제 창조 세계를 꿰뚫는다. 제 佛은 각자 완전한 太極을 구유한 창조의 실상이다. 이것을 집적한 장대한 의식이 파노라마처럼 펼쳐진다. "一切 제 佛은 一念 중에서 一切 法界, 三世 일체 중생의 마음과 마음의 행한 바를 모두 안다. 三世 일체 중생의 여러 가지 업보를 모두 다 분별한다(부처의 통달 경지)."333) "무량겁이 一念임을 알며, 一念이 곧 무량겁이다."334) "一毛空 중에서 모두 분별하여 일체 세계를 알고, 일체 세계 중에 모두 분별하여 一毛空性을 안다."335) 의식으로 보고 의식으로 직시한다. '一卽多 多卽一'인 사사무애법계 – 事事無碍法界와 해인삼매 – 海印三昧 상태에서 제 法, 제 佛, 제 창조 실상을 일관한 것은 동일한 통달 경지이다.336) 제 佛을 보며 하나님을 영접한다는 것이 정말 보아서 알고 영접한 것이겠는가? 본질과 창조의 생성 실상을 깨어 있는 의식으로 체득한 것이었다. 누가 완전한 法體를 보고 부처를 부인할 것이며 전능한 요해 지혜를 보고 하나님을 거부하겠는가? 직접 보아야만 알겠는가?

---

332) 『화엄경』, 보살운집찬불품, p.486 上.
333) 『화엄경』, 불부사의품, p.600 中.
334) 『화엄경』, 초발심보살공덕품, p.451 上.
335) 『화엄경』, 초발심보살공덕품, p.450 下.
336) 『중국불교사상사』, 카마타 시게 외 7인 저, 정순일 역, 민족사, 1991, p.45.

6. 관조 작용

인간이 수행을 쌓고자 하는 원초적 성향은 진리와 하나 되고자 하는 것이다. 그리고 진리와 하나 되는 것은 곧바로 세계적 본체와 일치되고자 하는 길이기도 하다. 하지만 진리와 하나 되기 위해서는 여러 가지 면에서 장애가 가로놓여 있어, 이 장애를 거두고 넘어서기 위해 수행이란 행위적 절차를 밟게 된다. 왜 인간은 수행을 하고자 하는가? 왜 진리와 일치되고자 하는가? 그것은 원래 인간이 진리로써 말미암았고 창조된 원초성에 의거한다. 사실 이 같은 추구 성향이 생애 간에 걸쳐 다양한 정열로써 분출되었고, 충족시키기 위한 노력 역시 다대했다. 학문, 구도, 진리 탐구, 세계를 알고자 한 노력 등등. 플라톤은 『향연』에서 "知를 끊임없이 사랑하고 탐구하는 것이 인간적으로 가치 있는 삶(필로소피아)"[337]이라고 하였다(철학적 삶의 향유). 그러나 知 내지 진리를 추구한 철학적 성향이 얼마나 본향 세계로 접근시켰던가를 묻는다면 그것은 회의적이다.

하지만 수행은 이와 다르다. 진리와 하나 되고 세계와 일치될 수 있는 가능성 있는 시스템을 제공한다. 진리는 원래 만사를 있게 한 이치이고 바탕을 이룬 근간이다. 우리는 진리를 알건 모르건 진리로부터 났고 진리를 향해 귀의하리라. 그래서 수행은 좀 더 적극적으로 말미암게 된 창조 고향을 찾아가고자 하는 노력이다. 그런데 문제는 본향과 일치되고자 하는데도 현재의 의식이 온갖 탐심으로 말미암아 더럽혀져 있다(진리 세계를 볼 수 있는 길이 막힘). 쉼 없

---

337) 필로소피아란 진정 무엇인가(플라톤의 향연), 김용석의 고전으로 철학하기, 한겨레신문, 33면, 2005. 7. 11.

이 일어나는 망상과 망념 - 妄念들이 인류의 귀향 본성을 무감각하게 만들었다.

수행자가 自性을 깨달았다는(見成) 것은 만상을 있게 한 창조의 본향을 찾을 수 있는 길을 터득했다는 뜻이다. 의식과 진리 간에 생긴 갭을 메운 경지이다. 妄念을 가지고 본 세계적 안목이 얼마나 어리석은 것이었던가 하는 것은 즉각 가늠할 수 있다. 그래서 "妄念이 본래 自性을 가지고 실재하는 것이 아니라는 것을 깨치면, 깨친 곳이 곧 맑고 밝은 의식 現行(心性 本淨)이 된다."338) 마음으로부터 탐심과 망상을 없애면 장애에 가린 실상을 깨고 진리와 일치된 自性을 되찾는다.

그래서 창조된 진심 본체와 하나 되고자 한 노력 중에서도 이상적인 작용 경지는 망상과 탐심을 일으킨 주관 의식을 떨쳐 버리는 반조 - 返照, 관조 세계이다. 일체의 망념을 끊고 의식을 객관화하려는 노력, 곧 "일체처에 無心함을 알면 이것이 無念이다. 無念을 얻으면 자연 해탈"339)을 이룬다. 수행으로 도달한 최선의 존재 상태이고 진리에 대한 태도이다. 세계를 관조하라. 관조는 대상을 바라보는 최대한의 객관주의이다. 고정된 의식을 벗어 버리기가 어려운 만큼이나 세계를 반조 - 返照해서 관조한다는 것은 수행을 쌓음으로써 가능하다. 일체의 생각을 없앤 無念, 그래서 "無念은 만 가지 수행 중 으뜸가는 수행이다."340) 본다는 것은 주관적인 의지를 떠날 수 없다. 인간은 끊임없이 생각을 일으키고 生의 본성을 분열시키고 있는데 어떻게 제거해 無念 상태에 이른단 말인가?

---

338) 『선의 세계 Ⅰ(서양 철학과 선)』, 고형곤 저, 운주사, 1995, p.80.
339) 『돈오입도요문론 강설』, 대주혜해 저, 성철 강설, 백련선서간행회 편집, 장경각, 불기 2534, p.54.
340) 위의 책, p.80.

그래서 분명하게 알 것은 진리를 일구는 의지 수행과 이를 객관적으로 바라보는 관조 수행은 성격이 다르다는 것이다. 진리를 일구는 의지 수행은 일관해야 하는데, 진리를 바라보는 관조 수행은 순수성이 문제이다. 거울은 깨끗이 닦아 놓아야 진상이 비치듯, 진상이 얼룩져 있다면 그 원인은 거울과도 같은 의식의 오염에서 찾을 수 있다. 그래서 일체 주관을 없앤 것을 無念이라고 한 것이고, 관조된 세계의식[341]이라고 했다. 관조함이 無念이라면 드러나는 것은 순수 진상이다. 투명하고 확연하다. 無念은 고착화된 주관적 안목으로부터 해방될 때 주어진다.

지눌은(보조국사) 번뇌와 망상에서 벗어나 열반과 해탈에 도달하면 "바깥 경계에 빠지지 말고 마음을 거두어들여 반조해야 한다(不取外相 攝心內照)."[342]라고 했다. 통찰과 깨달음은 의식의 해방으로 의식을 확장한 루트를 통해야 실현된다.[343] 수행은 진리 세계를 비추는 의식의 순수성과 투명성을 확보하는 것인데, 이것을 방해하는 것이 미혹된 妄念이다. 그래서 수행은 妄念을 기필코 없애고자 한 것이다. 깨달음은 무엇인가? 통찰은 어떻게 해서 주어지는가? 어떻게 해서 淨心이 진상을 꿰뚫는가? 그것은 우리의 의식이 최상의 투명성을 확보한 상태, 즉 無念에 이르렀기 때문이다. 갈고 닦은 순수 의식으로 세계의식과 일치된 순간, 창조에 대한 진리 정부가 폭발적으로 유입된다. 진리의 관조, 반조, 無念은 최상의 지각 현상과 의식 상태에 도달할 수 있는 수행 경지이다. 관조된 자세로 세계를 보면 결국은 진리 자체로 운위되신 하나님을 뵈리라.

---

341) 『길을 위하여(Ⅲ)』, 졸저, 인쇄본, 1990, p.서문.
342) 『정신 치료와 수도 – 정신 분석과 선을 중심으로』, 윤호균 저, 성심여자대학 논문집, 제23집, 1991, p.117.
343) 위의 논문, p.117.

제7장 수행의 원리성

1. 원리 인출 과제

수행은 행하는 것이고 바라는 바를 얻고자 하는 것인데, 물리 현상도 아닌 수행 작용에 무슨 원리 같은 것이 있는가라는 반문이 있을지 모르겠다. 하지만 다양한 방법이 동원되었는데도 증과를 이룬 원리성을 포착하지 못한 것은 제 수행론이 진리론으로서 완성되지 못한 이유이기도 하다. 원리를 내세우지 못한 것은 수행이 원리 운운할 대상이 아니어서가 아니다. 여건이 불미하여 완결되지 못한 과제였기 때문일 뿐……. 세계를 보기 위해서 우리는 언젠가는 원리를 보아야 하며, 이것은 무형의 형이상학적인 작용 대상체라고 해도 예외가 없다. 구원은 투여된 신념과 의지 작용으로부터 도출되는 것인데, 결과만을 통해서 필연성을 내세워서는 호소력이 없다. 핵심 원리는 정신 속에서 작용한 엄연한 현상으로 밝혀내어야 한다. 이것을 이 연구에서는 존재하는 본질이 작용한 변화를 직시하면 해결할 수 있다는 관점에서(수행의 원리 인출 과제를 해결함) 수행론의 완성을 시도하고자 한다.

수행은 行에 기반을 둔 정신적인 覺을 통해 차원적인 앎과 믿음과 구원을 얻는 것일진대,[344) 여기에는 반드시 언급되어야 할 것이

---

344) 『왕양명의 만물일체에 관한 연구』, 권상우 저, 계명대학교대학원 동양철학전공 석사학위논문, 1994, p.50.

있다. 다름 아닌 수행이 어떻게 해서 실행에 기반을 둠으로써 覺이
란 증과를 얻게 되는 것인지에 대한 설명이다. 만인이 그동안 깨달
음이란 작용 현상을 즉각 이해하지 못한 이유도 여기에 있다. 반면
에 원리성을 인출할 수 있다면 세계적 완성을 기할 수 있는 가능성
또한 여기에 있다. 원리는 객관적이어야 하므로 원리성만 인출하면
누구라도 증과 세계에 도달한 과정을 확인할 수 있다. 즉 수행이
만인에게 보편적으로 적용될 수 있는 행위 지침론으로서 정초된다.

원리를 제시하지도 않은 채 절대 진리관을 표방했던 과거 종교
교설들의 형태를 보면 주장은 옳더라도 진리론으로서는 부족한 부
분들이 속속 드러난다. 佛陀는 깨달음의 세계를 표방해서 인류의
지성계에 등단하였는데 아직도 세계는 그 깨달음에 대한 정체를
모른다. 원리적인 해명을 이루지 못했다. 그렇다고 佛陀가 당대에
이 문제를 해결하려고 했었는가 하면 그렇지 못하다. 佛陀 역시 깨
달음을 얻기 위해 매진했던 것일 뿐, 깨달음이란 현상 자체를 원리
화하지는 않았다.345) 그러니까 出家를 결심한 때부터의 일체 과정
이 간과되어 버렸고, 정각 이후는 法을 敎說하기에 바빠 착안되지
못했다. 그렇다면 후세인들은 이 문제를 간파했을 법도 하지만, 세
계의 본질이 분열 도상에 있어 아무런 진전이 없었다. 이 같은 미
비점이 佛法의 곳곳에서 나타난다.

佛陀는 "無明(진리에 대한 무지)으로 인해 고통스러운 삶이 있으
므로 無明을 滅하면 고통도 滅한다(연기 논리)."346)라고 주장했다.
하지만 이것은 관계성을 밝힌 논지일 뿐, 원리는 아니다. 진리가
무엇이기에 이것을 모르면 고통이 오는가? 반대로 알면 고통이 滅

---

345) 『세계창조론 서설』, 졸저, 인쇄본, 1998, p.75.
346) 『불교학 개론 2(교리편)』, 장휘옥 강의, 장승, 1996, p.99.

하는가? 이것을 추적한 십이연기설ー十二緣起說만으로써는 이해가 부족하다.[347) 진리가 무엇인가에 대한 규명이 이루어지지 않았을 뿐 아니라, 도대체 고통을 滅하게 한 작동 원리가 어디에도 없기 때문이다. 알파와 오메가가 결여되었다. 어떻게 진리를 각하면 고통이 滅하고 윤회의 고리가 끊어지는가? 이유를 모른다면 지금 맞이한 멸망의 고통인들 피할 수 있겠는가? 깨닫는 데만 목적을 두었는데, 진리는 사실 대창조를 이룬 바탕 본체로서[348) 자체적으로 생성력을 지니고 있다.

진리를 깨닫는다는 것은 진리가 창조의 근간인만큼 삼라만상에 대해 심대한 영향을 끼친다. 인간이 無明을 벗어나 진리와 合一할 수 있고, 合一함에 대한 원리를 도출할 수 있는 근거도 여기에 있다. 선현들은 진리를 인식하는 것을 넘어서 일치되고자 했으며, 合一됨을 통해 진리와 같은 차원 단계로 진입할 수 있다고 믿었다. 즉 경지를 높이고 차원을 승화시키는 방법을 통해 현 단계에서 끊을 수 없는 인과 고리를 절연시킬 수 있다고 본 것이다. 더 이상 연기성이 작동할 수 없도록 해 버리면 연기의 필연 법칙은 자연적으로 소멸한다. 그래서 수행을 통한 믿음은 진리에 대한 생성 의지를 충일시켜서 존재를 업그레이드시킨다. 믿음의 작용 원리라고 부른다면 이른 감이 있지만, 믿음이거 의지이거 이들은 근본을 이룬 창조력을 발휘한 만큼이나 창조 이후의 뭇 존재에 대해서도 생성력을 주도한다.

"우리는 분명 진리에 대해 신뢰와 정성을 다할진대, 삼라만상 존

---

347) "緣起란 사물은 서로 의지해 生한다는 뜻으로 因緣이라고도 한다. 十二緣起說은 無明ー行ー識ー名色ー六入ー觸ー受ー愛ー取ー有ー生ー老死 순이다." ー위의 책, p.99.
348) 진리는 창조된 바탕 근거임.

립 하나하나의 가치에 대해 숙연한 의미를 일깨울 수 있다."[349] 의
식을 열게 하여 대우주와 교감하고 종국에는 合一한다. 밀알의 길
은 한 길밖에 없다. 고난이 있어야 하고 희생이 있어야 하고 죽어
야 한다. 그리하면 인자가 영광을 얻는다. 부활을 경험한다. 영생을
얻는다. 바침과 희생이 조건화되었는데 여기에는 타당한 근거가 있
었다. 이것을 도출할 수 있어야 한다. 어떻게 인생과 삶의 과정에
추진 원리가 있는가 하겠지만 이것을 추출하면 수행으로 이룰 증
과도 설명할 수 있다. 원인과 증과를 연결하는 메커니즘인 원리는
뭇 존재의 본질 성향을 결정한다. 수행을 쌓고자 한 의지가 바로
본질을 형성하는 요체이다. 그렇다면 침례나 믿음을 통한 구원 교
리는 기독교라는 문화권이 수립한 의식적인 의례일 뿐, 이것은 분
명 증과와 연관된 원리성이 아니다. 어떤 행함도 우리는 그것을 그
렇게 해서 이끈 원인을 원리화할 수 있어야 한다. 이 같은 과제를
해결해야 인류는 바야흐로 열반이든, 깨달음이든, 부활이든, 영생이
든, 무엇이든 획득된 증과 결과를 이치로써 설명할 수 있다. 제 종
교가 주장한 敎說과 무형의 인생 추구 원리를 객관적인 진리의 반
열 위에 세울 수 있다.

2. 축적 원리

　수행은 제 行을 닦는다고 하지만 쌓는다는 뜻도 있다. 쌓는다는
것은 원래 물질에 적용되는 개념인데, 수행에서도 사용하고 있다면

---

349) 『세계통합론』, 졸저, 다짐, 1995, p.31.

어떤 연유에서인가? 알고 보면 공덕도 쌓는다고 하고 믿음도 쌓는다고 한다. 온갖 죄업인들 쌓이지 않겠는가? 문제는 그 형태가 무형이라 한 푼 두 푼 재물을 축적하는 것처럼 확인할 수 없다는 데 있다. 결과와의 관계에 있어서 인과 고리를 밝히기 어렵고, 객관적으로 확인하기도 어렵다. 하지만 생각, 의지, 신념, 진리 인식, 소망, 덕성, 죄업 등이 쌓이는 모습을 확인할 수 있다면? 그에 따른 진리사적 의의는 이루 말로 다 할 수 없으리라. 그런데 수행의 중심축인 축적 원리는 정말 무형의 본질 공력—功力이 고스란히 쌓인다는 사실을 증험한다. 그 같은 축적성이 만인에게 적용될 확고한 것이라면 인간은 보다 가치 있는 뜻과 공의를 위해 인생을 바치고, 제 행위적 상황을 합리적인 이치로써 이끌 수 있다. 어떻게 해서 믿음이 믿은 바대로 이루어지고, 악인이 그가 저지른 죄업 상황을 헤어날 수 없으며, 선인이 그가 쌓은 선업으로 말미암아 영생을 보장받는 것인지를 이해할 수 있다. 수행이 滅道 문명을 막을 구원의 본질을 쌓는다는 것도 알 수 있다.

과연 수행은 구원의 본질을 형성하고 功力을 쌓게 한다는 것을 알 수 있을 것인가? 그래서 살펴보니 수행 자체가 바로 이 같은 축적 원리에 입각해서 알게 모르게 추구된 정열을 헛되지 않도록 해 왔다는 것을 알 수 있다. 즉 인간은 어떤 근본으로 존재하는가에 있어서, 뜻으로 근본을 세우고 끈으로 막으면 정말 의지력이 생성된다(방일하면 인생 삶이 허무로 귀착됨). 근본을 세워 자아와 우주에 대해 성찰의 길을 튼다. 인생은 연륜이 중요한 것이 아니라 근본이 중요하다. 근본을 확립해야 수행으로 이룬 쌓음의 상태를 면밀하게 감지할 수 있고, 상태를 충일하게 해서 성덕—聖德을 쌓는다. 수행을 향한 최선의 인생 본질은 그 쌓음의 단계를 하나하나

인식하는 것이다. 그리하면 일체의 外性을 일신시켜 하늘에 성덕을 쌓는다. 功力은 하늘에 쌓아 두어야 온전하다. 자아와 본성은 항상 하늘과 통할 수 있도록 길이 마련되어 있는데, 그 길을 수행으로 틔우면 하늘에 德을 쌓아 둘 수 있는 저장 창고가 마련된다(무한한 功力 창고).

인간은 인생을 이끄는 과정에서 무엇을 어떻게 쌓을 것인가 하는 것이 중요한 과제인데, 거기에는 가치 있는 德도 있지만 저급한 氣도 있고[350] 죄악도 있다. 功力이 영원하다면 죄악도 역시 영원한 윤회성을 벗어나지 못하리라. 人性은 항상 神性과 접하여 있는데도 교감 루트가 단절되면 쌓일 것은 탐욕으로 더럽혀진 氣뿐이다. 그래서 수행은 피나는 수련으로 人性을 밝힘과 동시에 神性을 밝히는 길도 튼다. 神性이 온 영혼을 감싸고 있어 이것을 수행으로 틔워야 너와 나의 본질 속에 축적될 수 있다.[351]

거룩한 神性을 수행으로 쌓으면 神聖한 하나님의 본성을 인간의 본성(自性) 가운데서 밝혀내고 영접하는 일이 가능해진다. 主의 길을 연다. 하늘에 근본(믿음)을 쌓으면 축적된 근본은 영원하다. 그래서 원리이다. 이 같은 축적성이 원리로서 존재한다는 것 자체가 영화로운 것일진대 애써 우려할 필요는 없다. 그래서 근본은 하늘에 두어야 하니, 그 忍은 오늘에 둘 것이고 그 열매는 영원한 그날에 둘 것이다. 진전되고 환도할 그날을 위해 忍을 버리지 말라. 忍을 쌓고 그 쌓음을 감지하라. 그런데도 그렇게 해서 맺은 열매를 이 生에서 찾을 수 없다면, 정녕 하늘나라에서는 주렁주렁 열려 있을 것이다.[352]

---

350) 『남사고의 마지막 예언』, 박순용 저, 삼한, 1996, p.81.
351) 정신 작용과 자아의 생성으로 의지를 발산시켜서 본질 속에 축적시킴.

원리가 이러할진대, 삶 위에서의 행복과 온갖 쾌락의 충족은 오히려 본질의 생성성을 저해하는 것이 된다. 상급을 후하게 받고 소망을 다 이루면 그로써 본질의 생성은 종식된다. 못다 한 사랑, 못다 한 믿음, 못다 한 아쉬움이 남아 있어야 그것이 하나님께 위로받을 義로 승화되고 다음 生을 이어 갈 에너지의 원천이 된다. 못다 한 것은 저 하늘에서 이어 갈 또 다른 추구 과제가 된다. 아무리 노력했어도 다하지 못한 거기에 믿음의 소중함이 있고, 義로 승화할 고귀한 바탕이 있다. 영광을 바랐다면 길은 이루어질 수 없다. 바람 없는 희구와 헌신 위에 성결이 있다. 아픔과 기다림을 겪어야 영혼을 정화할 생명력이 샘솟는다.

절제와 금욕도 마찬가지이다. 인내해야 정신이 연단되고 고귀한 본질성이 축적된다. 수행 공덕은 대세계의 생명력 위에서 자재하다. 佛陀가 세운 대원과 보살들이 쌓은 功力은 이 시공간 위에서 결코 소멸될 수 없다. 쌓고 쌓아서 종국에는 彌勒佛의 탄강 여건을 순숙시키리라. 믿음은 가장 확고하게 구원을 성사시키는 본질 바탕이다. 길은 이루어지지 못해도 좋지만 믿음만 영원하다면 그것이 세계를 완성할 생성 동력이다. 믿음이 있는 한 세계는 바탕된 본질성을 축적시켜서 일체의 세계를 완성할 근거를 이룬다.

그러므로 수행의 축적성은 무형의 본질 작용과 증과 세계를 설명할 수 있는 이론적 근거이다. 축적 원리를 이해하는 것은 知的으로 크게 어려움이 없다. 업적을 쌓고 지식을 쌓는 것처럼 무언가가 쌓인다는 것이다. 단지 功力은 그 증험 상태가 가시적이지 못한 핸디캡이 있으므로, 이것을 보완해서 말 그대로 원리성으로써 확증할 것이다. 축적 원리는 무형의 본질 작용을 이치로써 통달할 수 있게

352) 『세계통합론』, 앞의 책, p.93.

한다는 점에서 수행을 원리화할 수 있는 핵심 근거이다. 존재하는 본질을 진리권 내로 이끌어 내는 데 있어 중추 역할을 담당한다.

본질의 축적은 정신의 분자적 활동을 충실하게 하며, 선정으로 닦은 의식은 우주적 본질과 질서 구조를 같이한다. 즉 우주의식과 일치해 세계의식을 의지화할 수 있다든지 본질의 충전과 잠재력의 충일로 "우주의 氣를 충동시켜 대우주와의 교감을 민감하게 한다는 등",353) 수행의 제반 작용에 있어서 축적 원리가 적용이 안 되는 이론 전개는 거의 없다. 축적 원리의 인식 형태는 수행으로 도달한 증과 형태 그대로이다. 道力, 神通, 靈力은 "내면적인 수양이 고도의 본질력을 축적시켜서 밖으로 표출시킨 에너지인 것으로 설명된다."354) 축적 원리는 수행의 제 작용 현상을 꿰뚫고 있다는 점에서 지성사에 끼칠 영향이 참으로 지대하리라.

▌3. 양성 원리

수양은 수행과 함께 쌍벽을 이루는 개념으로서 품성과 지덕을 닦는다는 뜻이다. 그리고 '修'에 기를 '養'이 있어 닦아서 기르게 한다, 혹은 자라게 한다, 혹은 길러서 발전하게 한다는 양성 – 養性의 의미가 깔려 있다. 따라서 양성은 수양의 개념 안에 속한다. 닦는다, 쌓는다는 뜻 외에 기른다란 의미가 있는 것도 여기에 있다. 노자는 "몸은 우주적 생명력을 담지하고 있는 주체로서 몸이 지닌

---

353) 위의 책, p.102.

354) 『백제 미륵사상의 연구』, 김정제 저, 원광대학교교육대학원 동양종교학과 불교학전공 문학 석사학위논문, 1995, p.63.

생명력을 키워 나감으로써 우주 자연과 합치된다고 한"355) 양성 성향을 엿보았다. 有爲는 존재(몸)를 전제한 인정점으로부터 모든 것을 養性, 즉 수행으로 키워 나가는 것이다.356) 맹자는 "몸의 실천력을 기르기 위해서는 氣를 기르는 수양을 하라고 하였는데(養氣)",357) 이것은 浩然之氣 개념과도 연관되어 있다.

그런데 서양은 수행의 내적 본질 양성 체제를 다른 각도에서 접근하여 "유기체는 역동적인 상호 관계에 의해 스스로를 조직한다."358) 라고 보았다. 스스로를 조직한다는 것은 창조 능력을 자체 창출할 수 있다고 여긴 進化論的 관점이다. 본래 바탕을 이룬 有爲를 양성한다는 개념과는 출발 관점이 다르다. 우리는 씨를 뿌리고 잘 길러서 거목으로 자라게 할 수는 있지만 천 년을 길러도 씨 자체를 창조할 수는 없다. 양성은 가능하지만 창조는 불가능하다. 그런데도 進化論者들은 "유기체는 그 구성 요소들을 부단히 갱생시키고 재순환시키면서 전체적인 구조를 유지할 수 있는 능력과, 배우고 발전하고 진화하는 과정에서 스스로의 한계를 창조적으로 초월하는 능력을 갖는다."359)라고 했다. 불가능한 것인데 이룰 수 있는 것처럼 각색해 버렸다. 이 커다란 차이와 오류가 어떻게 해서 발생된 것인가? 그 이유는 두 눈을 부릅뜨고서도 내면에서 운위되고 있는 본질이란 존재 특성을 간파하지 못했기 때문이다.

惡人은 진화함으로써 善人이 되는 것이 아니다. 처음 내면에 움

---

355) 『노자 수양론의 연구』, 나우권 저, 고려대학교대학원 철학과 석사학위논문, 1997, p.29.

356) "주체 없는(몸) 수양이란 있을 수 없다." - 위의 논문, p.29.

357) 『공맹의 수양론에 관한 연구』, 유길섭 저, 순천대학교교육대학원 철학교육전공 교육학석사학위논문, 2002, p.64.

358) 『단학 그 이론과 수련법』, 이승헌 저, 한문화, 1994, p.48.

359) 위의 책, p.48.

튼 善한 뜻을 잘 길러야 善人이 되고 위대한 덕성을 가진 성인이 된다. "善한 뜻을 숭상하는 과정은 本性을 기르는 기초이다."360) 善한 본성, 의로운 본성은 길러야 인격으로 大成하는데, 그 과정을 수행이 담당한다. 信行과 수행은 바탕된 義와 氣와 뜻을 양성하는 메커니즘 체제(생성)이다. 인간은 하나님의 창조성(모든 가능성)을 부여받은 빛나는 존재인데도 성인과 악인이 공존하는 것은 수행을 통한 양성 여부에 원인이 있다.

天性을 길러서 존양하기 위해서는 극진한 정성과 지극한 선양행이 있어야 한다. 자녀는 양육하고 인재는 양성하듯 유교에서는 "자기를 극진히 하여 그것을 가지고 남에게 극진히 하는 것이 忠이고, 이것은 仁을 적극적으로 실천하는 방법(忠→恕)"361)이라고 했다. 극진함과 정성은 세계를 충일하게 하는 존재하는 본질성을 양성하는 방법이다. 본질이 충일하면 통하지 않는 것이 없고 선양하지 못할 가치가 없다. 마음을 다하고 뜻을 다하고 정성을 다해 복의 싹을 길러 내어(養) 일체 죄악의 뿌리를 없앤다(修).362) 그것이 수행이고 본질을 현전해서 양성하는 방법이다. 그래서 쉼 없는 정진이 필요하다. 인격은 하루아침에 완성할 수 없으며, 씨앗은 한두 번 물을 주었다고 해서 움트지 않는다. 오늘은 미래에 도래할 영광과 불행을 가름하는 인과 고리의 시발점이다. 정신 차려 수행하고 구원의 싹을 틔워 놓아야 후일에 복된 열매를 얻을 수 있다.

본질은 정성을 투여해서 양성해야 하는 것이라, 도대체 무엇을 어떻게 양성할 수 있을 것인가 하는 것이 관건이다. 기르는 것은

---

360) 『맹자의 인격 수양관』, 라만기 저, 논문, p.32-16.

361) 『공사사상의 발견』, 윤사정 외 저, 민음사, 1992, p.99.

362) 『소태산의 정신수양에 관한 연구』, 김은종 저, 원광대학교대학원 불교학과 석사학위논문, 1996, p.56.

수행을 통한 의지 작용이며 善한 바탕을 양성하는 것이라, 여기에는 수행의 추구 원리가 철저하게 적용된다. 본질을 양성하면 구원의 바탕을 이루고 영원성을 획득하는 계기가 되지만, 그렇게 하기 위해서는 그만한 노력이 필요하다. 움튼 싹을 잘 자라게 하기 위해서는 햇살과 물과 거름을 적절하게 투여해야 하듯, 수행은 원활한 수수-收受(거두어서 받음) 원리에 입각해야 한다. 잘 양성하기 위해서는 잘 수용해야 한다. 自性의 門을 열고 善한 가치를 받아들여 길러야 善人으로서 구원의 꽃을 피운다. 가치를 수용하면 그렇게 인식한 진리가 自性 가운데서 양성된다. 따라서 수행은 제반 원리를 작동시키는 비결이 비장되어 있다기보다는 가치를 인식하고 수용함으로써 내적 본질을 양성시키는 것이 주된 메커니즘이다. 그래서 일단은 의식으로 깨어 있어야 본질력을 고양할 우주의 氣를 수용할 수 있다. 그런 의미에서의 각성은 본성을 일깨워 우주의 메시지를 받아들이게 하는 수용 체제이다. 수행을 통한 진리의 각성은 진리를 일구는 작업인 동시에 수용하는 작업이다. 그리해야 覺→본질→氣力에 이어 생명력을 양성하는 루트로까지 나갈 수 있다. 천지 기운에 동화하고 구원의 본질을 형성하는 것, 선행된 본질의 개선으로 운명의 결정성에 영향을 끼치는 것 등이 수수 작용을 통한 수행의 양성 원리에 속한다.

양성은 수행에 따른 직접적인 영향 형태이다. 복된 氣와 진리와 하나님의 뜻을 어떻게 받아들였는가(受容), 길렀는가에 수행의 작용 원리가 적용된 이치가 숨어 있다. 본성 플러스 알파란 공식의 전개에 있어서 수행의 양성 원리가 적용된 근거를 찾을 수 있을 뿐 아니라, 증과된 결과를 설명할 길도 연다. 그런 만큼 수행은 본성으로 하여금 진리(사물)를 받아들이는 능력을 기르게 하는 것 외

다른 것이 아니다. 천지도 길러져서 된 것이듯, 뜻을 기르고 본성을 기르고 구원의 본질을 기르는 것도 그 형태가 무형이라는 것 외에 수수 원리가 적용되는 것은 동일하다. 善人이 되기 위해서는 善氣를 수용해야 하고 구원되기 위해서는 하나님의 뜻을 받아들여야한다. 받들면 본성이 그와 같은 방향으로 활성화된다. 너와 내가 받들면 하나님과 교감할 길이 트이고, 천국 백성이 될 자격이 길러진다.

믿음으로 하나님의 아들이 되고 합하여 그리스도로 옷 입게 되는 것이 모두 양성 원리에 근거한다. 수행자가 진리를 깨달아 진리와 하나 되고자 한 것, 기독교인이 그리스도와 합하여 하나님의 자녀가 될 권세를 얻는 것은 수수 작용과 양성 원리가 적용된 증과 결과이다. 원리는 무형의 본질 작용을 일관시킨다. 기독교, 불교……. 지상의 어떤 종교라도 그것은 하나님의 모상을 받아들인 형태상에 차이가 있는 것일 뿐, 창조 원리와 주관된 원칙 앞에서는 하나인 진리로서 존재한다. 하늘 아래 사랑을 입지 않은 피조물이 없듯, 인류는 부여받은 사랑의 씨앗을 양성해야 하나님의 자녀가

---

363) 고린도 후서, 6장 16절.
364) 고린도 후서, 6장 17~18절.
365) 갈라디아서, 3장 26~27절.

된다. 滅道 문명을 건질 구원의 사도가 된다. 기르지 않고서는 열매를 맺을 수 없다. 수행의 양성 원리를 보편적인 존재 원리로 수용하면 구원이란 증과 열매를 거둔다. 심판 이후의 후대를 기약할 수 있다.

4. 직관 원리

인간에게는 여러 가지 정신 능력이 있는데 그중에 직관이 있다. 아인슈타인은 "이성과 합리적인 사고로써 발견한 것은 아무것도 없었다."[366]라고 했을 정도로 지식으로 아는 것보다 직관으로 아는 것에 우위의 가치를 두었다. "직관은 지식의 도움 없이 감각 기능으로 사물의 이치를 즉각 꿰뚫어 보는 능력을 가리킨다."[367] 하지만 '감각 기능으로'라고 한 것은 이성과 오감을 통한 서양 認識論에서의 이해인 것이고, 동양은 감각 기능이란 말을 빼 버렸다(의식). 그래서 "불교에서는 사물의 본성을 직관하는 능력을 반야"[368]란 개념으로 따로 설명하기도 했다. 사변적인 직관과 의지적인 직관은 사물을 인식하는 절차 면에서 차원이 다르다. 즉 수행을 쌓아 기른 직관은 사물의 이치를 즉각적으로 이해하는 능력을 포함하고, 경험과 분열성의 제약을 넘어 초월 현상에 대한 인식까지 가능하게 한다. 직관은 봄으로써 인식하는 행위라고 하거니와 수행으로

---

366) 『보병궁 시대는 이미 시작되었다』, 최상렬 엮음, 한솔미디어, 1995, p.230.

367) 위의 책, p.230.

368) 『반야심경의 세계』, 정병조 역, 한국불교연구원, 1999, p.110.

보면 보아서 알게 되고, 알아서 행하게 되며, 행해서 얻게 된다. 空함이 實하여져 수행으로 인한 증과가 직관이란 능력의 부여로 실현된다. 無有를 實有케 함에, 직관의 능력 도야로 인해 발현된다.

先天 문명은 세계의 현상성을 꿰뚫어 볼 수 있는 직관력의 도야 부족으로 세계를 영원한 질서 궤도 위에 올리는 데 실패하고 말았다. 서양 철학이 제공한 인식 시스템은 본질 세계를 꿰뚫기 어려운 한계가 있다. 세계를 직시할 수 있는 시스템의 미비로 창조된 진상을 배제해 버린 그릇된 세계관을 건설하고 말았다. 따라서 이후로 인류가 맞이할 靈性 시대로 진입하기 위해서는 직관적인 메커니즘에 의한 창조 지혜를 파헤칠 수 있어야 한다.[369] 지식은 세계적 현상을 표출시킨 분열의 근거이지만 진리는 직관으로 인출한 존재 본질의 생성 요소이다. 겉으로 드러난 현상 정보로는 아무리 파고들어도 원인 세계를 볼 수 없고 일체 근거가 확보되어야 하는 제약이 있는데, 직관은 본질 뿌리에 대한 생성을 대관함과 함께 알파와 오메가에 대한 판단까지 가능하다. 지식으로 세계를 관망함에 있어서는 기약도 없고 끝도 없는데 직관은 이 같은 한계성을 넘어선다. 그렇다고 이성으로 판단하고 일군 지식들이 무익하다는 것은 아니다. 다만 이들은 직관 이후에 역할을 다하게 되는 추수 작용이라는 데 있다.[370]

서양 문명은 아무리 세월을 바쳤어도 사유만으로써는 사물의 본질을 꿰뚫지 못했는데, 동양이 수행으로 제 본질적 작용성을 꿰뚫는 성과를 거양한 것은[371] 어떤 이유가 있어서인가? 만약 이것을

---

369) 『보병궁 시대는 이미 시작되었다』, 앞의 책, p.230.

370) "최선을 다한 사유 법칙은 인간이 논리적 본성을 따르고자 하는 직관 이후의 최선을 다한 이성 법칙임." -『세계통합론』, 앞의 책, p.49.

371) 『아함경 연구-관조적 사유 체계와 신비적, 신화적 체계를 중심으로』, 이숙 저, 철학・종

밝힐 수 있다면 "제 종교가 초자연적이고 초경험적인 내용을 수용하고 있어서 경험적인 인식으로써는 접근이 불가능한 것으로 판단된 상식"372)을 뒤엎을 수 있다. 수행을 통한 직관 능력의 도야 여부는 서양 문명 전체가 사물의 진상 세계를 볼 수 없었던 만큼이나 이유가 확실하다. 왜 우리는 하나님을 볼 수 없는가? 그런데도 자신이 하나님을 볼 수 있는 눈이 없다는 사실을 모르고 있다(하나님은 눈 뜨고 볼 수 있는 존재가 아님).373) 볼 수 있는 영안(믿음)을 기르지 않아 보지 못한 것인데 존재하지 않는다고 판단해 버린 이 엄청난 오류. 그와 같은 안목으로 구축한 진리 체계가 현상계에 머물고 말 것은 기정사실이다. "직관은 결코 박학다식에서 주어지지 않으며, 진리를 추구하고자 하는 평생을 통한 의식과 고뇌와 고투를 통해 주어질 뿐이다. 직관은 수행을 통해 길러지는 사물 인식의 한 능력이다. 그 능력의 유무를 우리는 반드시 인정할 수 있어야 하며, 그 차이는 본질 세계를 보고 보지 못하는 판단 결과로까지 연결된다. 직관은 본질 세계를 볼 수 있게 하는 높은 정신 차원의 감응 능력이다."374) 2세기에 공론-空論을 창시한 나가르주나(龍樹)는 "궁극적 진리는 오로지 명상이라는 정신적 훈련을 통해 직관적으로 얻을 수 있을 뿐이라고 강조했다."375)376)

수행으로 직관력을 기르면 의식을 깨어 있게 하여 진리에 대한 감지 상태를 예민하게 함과 동시에, 사고되는 의식으로 모든 면에

교전공석사학위논문, 한국정신문화연구원, p.21.

372) 위의 논문, p.21.

373) 『마음닦는 길(수심결 강의)』, 지눌 저, 강건기 강의, 불일출판사, 1991, p.37.

374) 『세계본질론』, 졸저, 청학사, 1997, p.117.

375) 『신의 역사(Ⅰ)』, 카렌 암스트롱 저, 배국원·유지황 역, 동연, 1999, p.159.

376) 세계의 영원성을 인식하는 길은 수행을 통한 직관 능력의 도야로 세계성 형성을 위한 의지를 수련하는 것임.

서 스탠바이된 잠재성의 충실을 기하게 한다. 깨달음을 얻는 방법으로는 화두선이(선불교) 유명한데, 화두선은 세계의 본질적 상황에 근거해서 진리를 인식하고 직관력을 기르는 작용을 동시에 수행한다. 우선 직관성의 성립 근거는 세계의 어디서도 존재하는 본질성이 바탕되어 있고 생성으로 운위되고 있다는 데 있다. 대도무문-大道無門, 즉 진리, 道, 본질은 어디에도 존재하므로 수행을 통하면 그 길을 연결시킬 수 있다. 장애물을 제거하면 볼 수 있고 운위된 상황을 꿰뚫는다. 화두선은 구하고자 한 문제의식을 내면에 잠재시켜 그것과 일치된 세계 질서를 구하는 데 있다. 마치 주파수를 맞추는 것처럼 예민한 감도로 合一 가능한 구조를 찾고자 하는 데서 직시 능력이 활성화된다. 지능은 사유를 동원해서 사물의 현상을 파악하는 능력이지만, 직관은 순간적으로 통찰하는 능력이다. 그러므로 직관은 늘 깨어서 의문을 가져야 각성 門이 열린다.

"구하라 그러면 너희에게 주실 것이요, 찾으라 그러면 찾을 것이요, 門을 두드리라 그러면 너희에게 열릴 것이니, 구하는 이마다 얻을 것이요, 찾는 이가 찾을 것이며, 두드리는 이에게 열릴 것이니라."377)

구하라, 찾으라, 두드리라. 이것이 진리를 구하고 하나님의 뜻을 구하고 직관을 얻기 위한 자세이다. 화두선으로 깨달음을 얻는 것과 믿음으로 구원을 얻는 것은 다르지 않다. 의문도 없고 수행도 없다면 아무것도 주어지지 않는다. 안테나를 세우지 않았는데 무엇을 받아들일 수 있겠는가? 하나님이 가까이 계셔도 구원의 손길은 멀기만 하리라. 누구나 다 成佛할 가능성을 지녔지만 수행한 여부

---

377) 마태복음, 7장 7~8절.

에 따라 아무나 成佛할 수 없다.[378)

직관 작용은 의도적인 수행 자세를 견지한 상태에서 추진되는 것이지만 갹출된 진리까지 의도적으로 인출할 수 있는 것은 아니다. 예측할 수 있는 것이라면 잠재성을 함축한 깨달음으로 승화될 수 없다. "직관은 의도된 생각이 아니며, 어떤 문제에 대하여 늘 생각하고 있는 의식이 본질 속에 잠재해 있다가 다양한 계기를 통하여 표출된 것으로서, 의식 깊숙이 축적된 사유의 본질이 모습을 드러낸 것이라고 할 수 있다."[379) 늘 생각함이 잠재해 있다가 해소할 분출로를 찾는 것으로서, 마치 수도꼭지를 틀면 물이 나오듯 직관 즉시 우주의 의지력을 받아들이는 작용이다. 잠재된 의식의 표출은 본질적인 문제이기도 하지만 열려 있는 의식의 문제이기도 한 것이라, 내외간에 걸쳐 세계의 본질을 드러내는 첨단 역할을 한다.

한편 직관은 내면의 본질을 표출하는 작용과 함께 우주의 본질을 수용하는 역할도 동시에 한다. 그렇게 해서 직관된 낱낱의 정보를 일정한 세월을 두고 종합하면, 그 순간에는 알 수 없었던 우주 본질의 통체성과 통합성 면모를 파악할 수 있다.[380) 현상 세계와는 차원이 다른 진상 세계를 통찰할 수 있게 된다. 예측 불허인 세계가 아닐진대 영혼에 그토록 충격을 던질 열락은 될 수 없으리라. 각고 끝에 門을 열어젖히고 보니 여태껏 보지도 듣지도 못한 진리 세계가 파노라마가 되어 펼쳐진다. 태초 이래로 간직하고서도 볼 수 없었던 우주의 본원 세계이다.[381)

---

378) 『세계본질론』, 앞의 책, p.117.
379) 『세계통합론』, 앞의 책, p.28.
380) 『세계본질론』, 앞의 책, p.115.
381) 세계의 본질을 인식할 수 있는 직관력은 정신 능력의 차원적인 세계성을 의미하며, 이것이 창조주의 대의지력에 접하여 진리의 구조를 밝혀내고 의지력을 수용할 수 있는 진리에 대

직관의 부분적인 인출을 통해서는 전모를 볼 수 없었는데, 과정을 완수하면 본체계가 통체성을 이루고 있다는 사실을 알게 된다. 제 행은 본 모습을 드러내지 못한 상태이기 때문에 무상하고 空한 것으로 판단했지만, 사실 空은 창조의 대실상을 통찰한 것이다. 제행 안에서는 근원된 실체를 찾을 수 없다. 한 행, 한 행 안에서 어떻게 전체 모습을 볼 수 있겠는가? 제 행은 늘 변화하여 머무름이 없다.382) 하지만 空을 제 행을 있게 한 근원된 실체로서 파악한 것은 언젠가는 직관으로 형상화될 가능성을 지닌 창조 세계였다. 수행자들이 꿰뚫고자 한 우주의 궁극 실상은 과연 무엇인가? 만상을 있게 한 원인 세계이고 바탕인 본질 세계가 아닌가? 覺이 창조의 실상인 것이 직관된 진리의 본질로써 확인된다.383)

심리학자인 칼 구스타프 융(Carl Gustay Jung)은 직관의 가능성에 대해, "국부적인 상황을 다루면서도 전체적인 그림을 볼 줄 아는 무의식적인 능력"384)이라고 했다. 직관이 통체적인 구조를 드러내고 있다는 것을 엿본 것이다. 한편 "직관을 가능성에 대한 개방성, 즉 하나의 조각 그림에서 전체를 상상할 수 있는 능력이라고"385) 한 것은, 그가 속한 문화가 아직 전체적인 본체성을 드러낼 방안을 찾아내지 못한 증거이다. 통체성은 관념적으로 그려 낼 수 없다. 의식해야 한다. 관념으로써는 직관의 가치를 알았다 해도 끝내 이해할 수 없는 신비주의로 치부될 뿐이다.

하지만 예술 분야에서의 창작 활동이 정서 활동이고 감정의 세

한 인식의 능력이 된다.

382) 『반야심경의 세계』, 정병조 저, 한국불교연구원, 1999, p.110.

383) "진리는 한 통속을 이룬 본질체로서 존재하고 있음." -『세계통합론』, 앞의 책, p.47.

384) 『직관이 성공을 좌우한다』, 론 슐츠 저, 김라경 역, 학영사, 1996, p.93.

385) 위의 책, p.20.

계에 속한다고 한 견해를 깨뜨리고 개별성에 대한 직관적 관찰이자 인식 활동이라고 한 만큼,[386) 직관은 수행이란 범주를 떠나서라도 사변과 창의성을 주도하는 원리로서 알려져 있다. 잠재된 감정, 잠재된 정서, 잠재된 아이디어가 세계의식과의 합치를 통해 빛나는 것이라, 이 같은 직관성을 일관되게 규합해서 판단할 수 있는 의식의 바탕을 마련하는 것이 수행의 역할이다. 직관의 추진 메커니즘은 제 행에 걸쳐서 의문→추구→목적의식→깨어 있음→관심도→잠재→축적→충일→계기→표출→일치→일관→의지 완수→종합→이성적 통찰→판단 과정을 이루거니와, 이 같은 진행 루트를 통해서 표출시킨 것이 세계 구조이고 본질의 형태이며 통합성을 이룬 작용 원리이다. 본질은 존재의 有함 상태를 지속하기 위해 생성하고 있는데, 이에 직관이 그 뿌리를 드러내면 세계의 창조 실상을 확인할 수 있다. 알고 보면 이미 존재한 것의 표출이고 자각이고 有한 진리에 대한 확인이라, 이것은 하나님이 태초에 천지를 창조하신 사실에 대한 가장 확실한 추적 근거이다.

또한 직관을 원리적으로 표출시킬 수 있는데도 단지 見性을 위한 목적으로 정착시킨 선불교의 경우, 이 같은 중대 문제를 그들이 간과해 버리고 만 이유? 그것은 언어와 문자를 기초로 하고 있는 것이 중국 문명인데, 그들에게는 그들 사이에 가로놓인 의식과의 교통 시스템(한자 문명권) 수단이 큰 장애 요인으로 작용했다. 그래서 늘 언어가 진심 세계를 전달하는 데 있어서 방편일 뿐이라는 생각을 버리지 못했다.

"통발은 물고기를 잡기 위한 것이다. 물고기를 잡으면 통발은 버려야 한

---

386) 『서양사학사』, 이상신 저, 청사, 1984, p.771.

다. 우리 인간의 말이라는 것은 뜻을 전달하기 위한 것이다. 그 뜻을 잡으
면 말은 버려야 한다(장자, 외물 편)."387)

언어와 문자는 뜻을 모두 전달할 수 없어 귀하게 여길 것이 못
된다는 사상이 여실하다.388) 이 같은 "언어적 표상의 부적절성에
대한 견해가 선불교로 하여금 불립문자－不立文字의 전통을 고수
하게 했다."389) 인도의 용수도 언어는 사물의 실재성을 나타내는
데 부적절한 것이라고 보았고, 그가 피력한 空이란 개념은 인간의
언어에 대한 부정적인 면을 드러낸 대표적인 사례이다.390)

하지만 같은 날씨라도 체감하는 데 있어서는 개인차가 있듯, 인
도나 중국은 그들이 처한 언어적, 문화적 특성 때문에 그와 같은
생각을 가진 것일 뿐, 한국말과 한글을 가진 한민족에게 있어서까
지 동일한 여건인 것은 아니다. 직관은 생각과 의식과 진리와의 일
치를 추구하지만, 나아가서는 인간이 사용하는 문자와 언어가 지닌
의미 구조와도 즉시 일치 상황을 지향한다. 언어는 본질 구조와 일
치할 수 있는 통로가 있다. 의식은 통체인 본질 상태로서 운위되는
것이라, 명상과 공부를 통하면 언어가 지닌 의미를 일시에 통달하
기도 한다. 언어와 문자적 의미가 의식과 일치되면 즉각 진리가 인
출된다. 독서나 공부를 통해서도 진리를 판단하는 작용 역할이 여
기에 있다. 수단은 어디까지나 수단인 것을 벗어날 수 없으므로 끝
내 버려야 할 것이라고 하지만, 우리의 말과 글은 존재하고 있는
의식과의 커뮤니케이션에 있어서 의미와 의지와 생각을 세계적 본

---

387) 『금강경 강해』, 김용옥 저, 통나무, 2003, p.216.
388) 『장자의 언어관에서 바라본 수양론적 귀결』, 김만겸 저, 영남대 철학논총, 제8집, p.368－6.
389) 『종교경험으로서의 깨달음－선불교를 중심으로』, 강은애 저, 논문, p.57.
390) 위의 논문, p.57.

질과 일치시킬 수 있는 대영성 수단이다. 표의 문자는 의미를 새기는 사고 절차를 일일이 거쳐야 하는 것이지만, 소리와 의미를 발성 구조에 맞게 일치시키고 세계의 생성 바탕에 근거해서 디자인한 한글은 생성하는 우주 질서와 호흡을 같이하는, 생각함 자체로 우주 본질과 직통할 수 있는 의식의 대고속도로이다. 하나님과도 대화할 수 있는 창조 언어이고 靈性 문자이다. 장차 도래할 성령의 시대에 있어 온 인류가 상용해야 할 수행상의 대표 언어이다. 세계를 초월할 수 있는 루트가 트여야 한다는 요구에 대해 직관 원리는 이것을 충족시킬 수 있는 최고 원리이다.

▍5. 각성 원리

불교는 깨달음을 얻는 것을 궁극의 지향점으로 삼는다. 번뇌를 끊어 해탈을 증득하고 소지-所知를 끊어 대보리를 얻는다. 정서적으로나 지적으로나 어느 면에 있어서도 걸림 없는 자유인이 되고자 한다.[391] 깨달음은 잘 알다시피 佛陀가 고통에 찌든 중생들을 구제하기 위해 제시한 이상적인 삶의 추구 목표이다. 부처를 믿고 제시한 수행 방법으로 정진하면 얻어질 결과가 깨달음이다.

> "나는 궁극의 진리와 깨달음으로 들어가는 비법을 가지고 있다. 이 비법은 모습 없는 모습의 신비한 門을 여는 열쇠이며 …… 이 비법을 마하가섭에게 전하노라."[392] "나는 이 法으로 스스로 무상정등정각을 얻었으니,

---

391) 『대승기신론에 나타난 수행론 연구』, 이준호 저, 고려대학교교육대학원 철학교육석사학위논문, 2000, p.1.

이른바 四禪과 四念・四意斷・四如意足・五根・五力・七覺意・八正道이다."393)

이를 三十七修道法이라고도 하며, 이 法이 무상정등정각을 이루는 관건인 것을 역설했다.394) 아함에 있어서 석존은 이와 같은 독자적인 수행법의 실행을 통해 무상정등정각을 성취하였다고 했다. 하지만 그 정각의 내용이 무엇인가를 구체적으로 밝히고 있지는 않다. 열반의 경지를 접목시켜 볼 수도 있지만 열반은 번뇌가 소멸한 경지 정도로 설하고 있다.395) 수행법을 살펴보아도 성취했다고 한 무상정등정각은 합리적인 지력이 미치길 거부한 채 고고한 베일을 덮고 있다. 도대체 깨달음의 세계란? 무상정등정각이란? 부처가 열반에 든 지가 언제인데 아직까지 正覺의 비밀을 밝혀내지 못하고 있다니! 마치 하나님의 살아 계심과 계시 원리가 모호한 것처럼……. 불교는 세계적으로 선교된 고등 종교인데도 진리 면에서는 보편화되어 있지 못하다. 法의 세계 원리화 위상에 있어 覺의 요해 문제가 걸림돌이 되고 있는데도 佛者들은 수행법을 계율화하고 覺의 경지를 이상화하는 데만 몰두했다.

교설된 바에 의하면 깨달음에 이르는 길은 참으로 힘들고 어려운 고행이라, 요즘 같으면 사법고시나 행정고시를 준비하는 것처럼 누구나 도전할 수 있는 동네 뒷동산이 아니다. 당연히 깨달음을 얻는다는 것은 이상일 뿐, 범부들은 어제나 오늘이나 生死유전이라는 실존적 고통 속을 헤매고 있다.396) 이런 상태로는 더 이상 답보 상

---

392) 『指月錄』, 1권 11, 1868 중간본 - 『선의 황금시대』, 오경웅 저, 류시화 역, 경서원, 1986, p.19.
393) 『장아함경』 권 2, 행경 중, 고려대장경 17, 834b. - 『아함경 연구』, 앞의 논문, p.47.
394) 『잡아함경』 권 10(263경), 고려대장경 18, 799c - 800b - 위의 논문, p.47.
395) 『초기불교의 교화방법론 연구』, 김영헌 저, 불교대학원 논총, 제5집, p.89 - 3.

태를 벗어날 수 없다. 그러나 지금이 어느 때인가? 종말이 도래한 때라, 끝까지 해결책을 찾지 못한다면 파멸이 있을 뿐이다. 이전에는 그대로 머물러 있어도 되었지만 이제는 전진해 나가야 한다. 모두 도달할 수 있는 길로 해부하고, 이것을 발판으로 성령의 시대를 열어야 한다. 원리화해야 성령으로 역사하실 하나님의 시대가 열린다. 깨달아야 진리를 얻듯, 원리를 깨달으면 하나님을 안다.

무상정등정각이 참으로 요해되어야 할 때를 맞이하여 핵심이 된 지혜가 어디로부터 주어질 것인가 하는 것은 귀추가 주목된다. 결자해지라 했듯, 매듭은 그 매듭을 지은 자가 풀어야 한다. 누가? 2,500년 전에 숙제를 남기고 간 佛陀가 비밀 키를 지닌 장본인이다. 末世로 규정된 이때에 彌勒佛이 탄강하시므로 해결해야 할 대인류사적 과제이다. 무상정등정각을 요해해서 원리화하는 것, 이것이 바로 彌勒佛이 이 땅에 탄강하시어 성사시켜야 할 진리적 사명이다. 覺을 요해할 수 있다는 것은 그 이상의 세계를 극복한 차원 경지에 있어야만 조망함이 가능한 자격성을 증명한다. 탄강된 彌勒佛이 부처라는 사실을 증거할 확실한 방법은 깨달은 正覺 세계를 요해하는 것뿐이다. 그리고 이것은 이 땅에 강림하신 창조주 하나님과 동일한 입장이라, 先天에서는 달리 역사되었지만 이제는 통합되어야 할 때이다. 더 이상의 여지가 남아 있지 않은 이 시점에서 (종말) 彌勒佛의 탄강 과제와 창조주 하나님의 섭리 완결 과제는 일치되어야 한다.

그래서 佛陀의 각성 세계를 다시 살펴보니, 佛陀는 모든 것을 성취한 절대 인격체인데도 불구하고 진리 면에서는 오히려 그 한계성을 분명히 했다. 자인한 것처럼 佛陀는 다만 길을 가리킨 자에

---

396) 『대승기신론에 나타난 수행론 연구』, 앞의 논문, p.1.

불과하다. 깨달음을 얻는 길을 펼친 것일 뿐, 깨달음이란 작용 자체를 원리로 요해한 法을 구체화하지는 못했다. 세계가 그러하듯 法은 단숨에 완성될 수 없다. 세계가 완숙되어야 하고 완숙되기 위해서는 분열해야 한다. 그런 의미에서 佛陀는 세계로 하여금 내면의 본성 세계, 그러니까 대우주의 핵심 본질을 분열시키기 위한 중대 계기를 마련한 것이다. 만약 그때 佛陀가 각성의 길을 창의적으로 제시하지 못했더라면 인류는 오늘날 彌勒佛의 탄강 역사는 물론이고 창조주 하나님의 강림 영광을 함께 맞이할 수 없다. 그래서 창조 본질(法)을 분열시키기 위한 줄기찬 과제를 보살들이 떠맡게 되었다.

그러므로 때가 되면 언젠가는 인류사의 과제들이 해결되지 않겠는가? 佛陀는 요즘처럼 공부를 열심히 해서 정각을 얻거나 박사학위를 취득한 것이 아니다. 바치면 결코 헛되지 않을 진리의 길을 개척했다. 그렇게 해서 일군 法이 멸망에 처한 인류를 구원하고 강림하신 하나님을 증거할 보배로운 진리로서 뒷받침되는 것일진대, 이처럼 위대하고 소중한 공덕은 다시없다. 세월을 두고 길이 찬양해야 할 공과이자, 세월을 다해 정립해야 할 영원한 과제이다. 佛陀의 각성 가치는 시공간을 초월해서 거의 절대적이다. 그래서 후세인들이 덧붙여서 더욱 창의적으로 발전시키고자 했던 것이 제반 수행법이다.

소승불교는 처음 佛陀가 그러했던 것처럼 出家主義였다. 出家하여 엄격히 계율을 지키는 수행을 통해 해탈을 얻고자 했다.[397][398]

---

397) 『대승불교개설』, 정승석 역, 김영사, 1989, p.20.
398) 수행은 예나 지금이나 "우주의 법칙을 깨달을 수 있는 유일한 길임." - 『태을주』, 증산도 팜플렛자료, p.6.

즉 "삼매－三昧는 사량분별－思量分別의 경지를 넘어서 있는 깨달음의 세계를 증득하는 방법인데",399) 禪을 통해서도 道를 증득하고자 했다. 불교는 道를 法으로서 형태지었으며 禪과 道, 즉 수행의 방법과 그렇게 해서 얻은 道(法)를 불가분리 관계에 놓았다. 그런데 문제는 수행 방법과 증과 결과에 있어서, 그렇게 도달하기까지의 과정을 간과해 버려 어떤 작용이 있어서 깨달음을 얻게 되었는지, 혹은 깨달음에 이르게 된 것인지를 추출할 근거를 잃어버리고 말았다. 이 같은 문제를 해결하기 위해서 이 연구는 부득불 선각들의 증득 경지를 소급해서 분석하고, 세계와 인간 본성에 대한 정확한 이해에 입각해야 했다.

알다시피 佛陀는 깨달음을 얻기 위한 분명한 문제의식과 동기를 가지고 出家를 결행했었다. 6년이란 구도 절차가 있었다는 것은 이후 佛陀가 증득한 깨달음의 비밀을 아는 데 있어서 중대한 디딤돌이다. 스승을 찾아 전통적인 수행법을 답습하면서 갖은 고행을 감수하였는데도 정작 깨달음을 얻은 것은 그 같은 수행법을 버린 이후인 中道 수행이다. 기록된 바로는 이 같은 佛陀의 구도행각이 설화 형식으로 전해지고 있다. 즉 깨달음을 얻었다는 증언이 있게 되었고, 잠시 열락을 만끽한 후 설법을 결심해서 초전 법륜을 펼친 이래 열반에 들 때까지 팔만 사천 법문을 교설하셨다(부처, 즉 깨달은 자로서 인정됨). 그런데도 전해지는 것은 그 같은 각성 사실에 대한 선언일 뿐, 도대체 佛陀가 6년 동안 무엇을 어떻게 했던 것인가에 대한 과정이 구체화된 것은 없다. 길의 출발과 과정과 결과를 종합해야 대수행법을 완성할 것인데, 이에 대한 정보가 없다니! 각성 작용을 원리화하기 위해서는 과정 속에서 모색된 수많은

---

399) 『화엄경의 수행도 체계 연구』, 권탄준 저, 불교학보, 논문, p.422－22.

사색과 발원된 의문 구조가 깨달음을 통해 해소되었다는 것을 입증할 수 있어야 한다.

후인들은 깨달음이 돈오적이냐 점수적이냐를 놓고 논란을 벌였지만, 알고 보면 각성도 원인 행위에 대한 확고한 결과성 해득 외 아무것도 아니다. 의문 없는 해오는 없다. 깨달음은 순간에 주어지는데(돈오),[400] 쌓음 없는(점수) 각성 또한 있을 수 없다. 깨달음은 이룬 그대로, 곧 심은 대로이다. 관건은 무엇을 어떻게 모색했고, 구하고자 했고, 얼마나 지극하게 쏟았는가 하는 것이다. 깨달음은 이 같은 과정과 생각과 바친 정열이 본질을 순숙시켜 총화를 이룬 해오 결과이다.

대기만성이란 말이 있듯이, 큰 의문을 가지고 가치 있는 義를 일구면서 고군분투, 용맹 정진하면 그것이 총화, 종합, 승화되어 드러날 경지 세계는 이루 말로 표현할 수 없다(투여한 의지가 증과를 이룸). 깨달음은 유일한 공간, 침범할 수 없는 절대 세계이다. 깨달음은 佛陀가 펼친 연기 법칙을 직접 진리로써 확인하는 절차이다. 무형의 작용성을 이치로써 확인하는 것인 만큼, 그것은 분명 이해하는 것이 아니라 직관으로 통달해야 한다. 깨달음은 형이상학적인 작용성을 무형의 이치로써 실인하는 강력한 의식의 전환 절차이다. 정각은 바른 깨달음이라, 이전에는 풀지 못한 의문을 일시에 풀어 헤친 것이다. 여기서 절대적인 통찰 안목이 개오된다(刻印).

하지만 바른 자세와 바른 생각을 가지고 본성을 바른 질서 궤도 위에 세우지 못하면 바른 이치를 깨달을 수 없다. "수칼이 국맛을 모르는 것처럼"[401] 원리적으로 의문을 잠적시키지 않아 진리를 깨

---

400) 『비전 정통달마선법』, 강운 저, 태일출판사, 1997, p.26.
401) 『법구경』, 김달진 역해, 현암사, 1973, p.71.

우칠 수 없다. 正覺을 얻을 수 없다. 그것이 각성 원리이다. 하나님의 뜻을 구하기 위해서는 하나님에 대해 일체의 의문을 잠재시켜야 한다. 직지인심－直指人心이라, 기도와 간구로 영성어린 직관력을 도야해야 한다. 믿음을 바쳐 하나님의 섭리가 밝혀질 때를 기다려야 한다. 바친 만큼 응답받는 것이 하나님의 살아 계심에 대한 체험覺이다. 覺은 찰나적이지만 그 한순간을 위해서 바쳐야 하는 의문과 정열은 끝이 없다. 그렇기 때문에 주어진 깨달음은 세상 무엇과도 바꿀 수 없는 생명성, 진리성, 실체성, 본체성을 보장한다. 영원한 신념을 얻는다. 쌓아 올린 모든 것이 자신의 존재 안에 고스란히 축적되어 있다. 진시황 때 축성된 만리장성이 지금까지 보존되었듯, 길을 추구한 생각 하나가 기억 가운데서 사라진 지가 언제인데 自性이 성숙될 때를 기다리고 있었다니! 그래서 깨달음은 수행으로 함축한 잠재력의 충일이 일정한 시기, 분출로를 찾아 압축된 사고 에너지를 폭발시키는 것과도 같다. 의식 가운데서 팽배된 힘이고 형성된 세계성이 집약된 빛이다. 고난으로 쌓은 정신적 의혹이 우연하게 표출된 것 같지만 이면에는 보다 심원한 생성 작용이 있었다. 당연히 인식이 전환됨과 동시에 확고부동한 신념이 형성된다.

이 같은 각성 원리를 佛陀가 걸은 구도 행각에 그대로 대입하며, 수행으로 일군 일체의 원론적인 의문이 佛陀가 깨달은 무상정등정각 가운데서 풀린다. 인생과 우주에 대해 품은 온갖 의문들이 깨달음에 이르게 한 여건을 성숙시킨 것이다. 그리하여 어둠의 장애를 넘어 깊고 고요한 명상 중 빛나는 새벽 별을 본 순간, 큰 깨침을 얻고 부처가 되었다.402) 한순간 우주와 하나 된 氣의 合一 상황이

---

402) 『세계창조론 서설』, 앞의 책, p.75.

다. 잠재된 의식과 생명력이 일시에 부활된다. 본질력의 대통합 능력이다. 직관은 진리를 부분적으로 인식한 상태이고 깨달음은 이것을 일시에 꿰뚫은 형태이다. 그래서 깨달음은 세계가 하나인 본체계로서 거대한 전체성을 이룬 구조성을 체인한 것이 된다. 나아가서는 하나인 창조 원리로부터 만상이 창조된 작동 원리성에 대한 놀라운 직시이기도 하다. 그런데도 정작 이 같은 작용 원리를 해제하는 데 있어서 동원된 논리성을 정리하는 것은 단순하다. 진리가 하나인 것은 하나인 본체로부터 천지만물이 창조되었기 때문이고, 본체는 만개되었어도(창조) 하나이기 때문에 무수한 진리가 하나인 원리와 의지와 뜻으로 일관된다. 깨달음을 구하는 과정에서는 풀리지 않는 의혹들이 온갖 고뇌를 낳았지만, 결국은 통섭된다. 그래서 각성 원리는 수행의 축적, 형성(양성), 직관 원리를 아울러 종합하는 역할을 이룬다. 각성은 추구가 있어서 뭇 의문을 잠재시켰고, 깨달음이 있어서 지난 과정을 통합할 수 있다. 이후라야 우리는 이성을 동원하여 정연한 논리성을 구축할 수 있는 것일진대, 각성 원리는 인류가 지닌 모든 정신 능력을 동원한다. 佛陀가 깨달음을 구하고자 했던 것은 사실상 그 너머에 하나님의 창조 세계가 운위되고 있었기 때문이다. 알고 보니 그곳은 반드시 인류가 정열을 바쳐 도달해야 할 곳이었고, 거해야 할 태모 세계였다.

제8장 수행의 방법성

수행의 방법성

1. 수행법의 목적관

문턱이 높으면 드나들기가 불편하다. 담벽이 높으면 안을 들여다 볼 수 없다. 수행이 인류가 맞이한 종말 상황에서 반드시 수용하지 않을 수 없는 구원의 푯대로서 세워졌는데도 그 방법이 고답적이라면 온 인류가 넘나들 수 있는 門으로서 수용될 수 없다. 손쉽게 실행하기 위해서는 원리적인 면을 정립하는 것도 중요하지만 방법은 삶과 함께 직접 드나들게 하는 것이다. 그러므로 수행법은 보편적인 삶과 유리될 수 없는 삶 안에서 창출해야 할 그 무엇이다. 어려운 절차를 필요로 한다거나 삶 따로, 수행 따로여서는 안 된다. 그런데도 그동안 특별한 절차가 요구되는 것처럼 보인 것은 제 수행법이 너무 고고한 목적관에 휩싸여 있어서였다.

"어느 수행법이든지 최종적으로는 깨달음의 실상에 접근하리란"[403] 목적관에서 제각각 길을 모색했다. 목적이 고고한 만큼이나 수행법 역시 평범한 삶과 격리된 조건을 요구했다. 佛陀가 그러했듯, 그를 추종한 불도인들에게 있어 出家와 독처는 수행자로서의 기본 조건이었다. 이 같은 조건을 갖추어야 수행의 방법론을 거론할 수 있다. 佛陀가 보리수 아래서 깨달음을 얻은 그대로 불상들은

---

403) 『불조직지심체요결과 위빠사나 수행법 비교』, 성기서 저, 호서문화 논총, 제14집, 1998, p.126.

좌정해 있는 모습들이 대부분인데, 수행법은 "특히 선정적인 방법이 유력하였음과, 그 방법도 다종다양한 설이 있었다."404) 사선-四禪과 사념처관-四念處觀 등. 그중에서도 八正道는 제 행을 바르게 한다는 점에서 수행의 근본 골격을 형성했다.405) 그런데 이같은 수행법이 나중에는 일거수일투족에 대해 계율성을 부여한 형태로 변했다. 이것이 "원시 불교나 소승 불교시대에는 戒·定·慧 三學으로 체계화되었고, 대승 불교 시대에는 육바라밀-六波羅密의 수행법으로 계승되었다."406) 또한 중국에 전해져서는 선불교로서 발전하였으며, "禪은 일체의 관념이나 지식주의를 부정하여 인간의 自性을 밝히고자 하였다. 수행 중심의 종파로서 직접적인 체험을 중요하게 여겼다."407) 禪을 중국에 처음 전한 달마 대사는 9년 동안 면벽하는 등 기이한 행적들을 전하고 있거니와, 중국에서는 독특한 禪風이 일어나 범상치 않은 정신 차원을 개척한 인물들이 많이 배출되었다.

수행법이 체제와 방법과 목적 면에서 연면한 계승과 모색 과정을 거친 이상, 오늘은 오늘날에 있어 적합한 수행법을 모색할 수 있어야 하지 않겠는가? 전에는 제 수행법과 목적관이 특정한 사명을 가진 수행자들에게만 한정되었지만, 이제는 개방될 수 있어야 한다. 그러기 위해서는 수행 목적이 선택적인 가치관이 아니라 누구라도 수용할 수 있는 당위 목적관으로서 제시되어야 한다. 만생의 구원을 위해 삶의 중심축으로서 받들 수 있는 그 무엇이어야 한다. 하지만 전승된 수행법들도 나름대로는 특성이 있어, 보다 높은

404) 『선종사상사』, 김동화 저, 보연각, 1985, p.32.
405) 八正道: 正見, 正思, 正語, 正業, 正命, 正精進, 正念. 正定.
406) 『심구조상에서 본 불성』, 심성연구반 저, 원불교학 연구, 논문, p.21.
407) 『종교체험으로서의 깨달음』, 강은애 저, 논문, p.52.

목적관을 세워 통괄하지 않으면 인류가 추종할 리 만무하다. 그러므로 이 연구에서는 제 수행법이 이 같은 목적을 이루기 위해 나름대로 추진되었다는 것을 밝혀야 한다. 하지만 문제는 전통적인 수행법들이 각자의 특성을 드러내는 데는 기여하였을지라도 역시 인류 전체의 구원 목적성을 달성하고자 하는데 있어서는 한계성이 농후했다. 그런데도 이 연구에서는 제 행, 제 길, 제 門이 자체 한계를 지닌 상태에서도 하나님에게로 이르고자 한 노력이 있었다는 것을 밝히고자 한다. 무엇으로서도 전면적인 길은 제시하지 못했지만, 이제는 무엇을 통하더라도(지식, 진리, 본체, 지혜, 믿음, 학문, 신앙, 철학, 믿음……) 길을 통괄할 수 있다.

그러므로 제 수행법은 하나님에게 이르는 길을 엶에 있어서 만세 전부터 각자 길을 예비하고 있었다는 관점에서 방법성을 개관할 수 있다. 목적을 달성하는 데 있어[408] 부족한 점이 있기는 하지만, 세계를 완성하는 데 있어서는 필요 불가결한 요소들이고 인류가 지닌 정신적 자산이다. 방법은 여러 가지이지만 제 행을 통해 이루고자 한 목적 門은 하나이다. 그래서 수행의 원리성과 공통성을 밝혀서 제 행을 규합하리라. 신앙인과 수도인들이 "수도·명상·참선·기도·행공을 통하여 진리를 구하고 구원을 얻고자 했는데",[409] 이 같은 방법들은 한결같이 하나님에게 이르는 길과 통한다. 제 수행법이 특성과 한계를 지니면서도 하나님에게 이르는 길을 개척하고 세계를 완성할 섭리사적 소임을 다하였다는 사실을 알면 하나님에게 도달할 門이 활짝 열린다. 佛陀는 고행을 감수한 결과 깨달음을 얻어 최상의 진리를 증득했다(무상정등정각). 佛陀

---

408) 만인에게 보편적인 수행의 門을 열어젖히고자 하는 목적관.
409) 『세계본질론』, 졸저, 청학사, 1997, p.60.

가 제시한 깨달음에 이르는 길도 수행이었듯, 이 연구는 수행으로 하나님에게 이르는 길을 밝히는 것이 생애를 통해 구현해야 할 목적이다.

여러 수행법을 개괄하면 참선, 기도, 계율, 참회, 간경, 염불, 보살도, 팔정도, 조식, 진언 등이 있는데, 정확하게 어느 하나만 정통이고 절대적인 것이라고 할 수 없다.[410] 중요한 것은 제 법을 하나로 통하게 하여 하나님에게 이를 발판으로 삼는 것이다. 여태까지는 깨달음에 이르는 단계에 머물렀다면 이제부터는 그 이상의 목표를 넘어서는 단계까지 전진시켜야 한다. 우리는 무엇을 쌓건 심은 대로 거둔다. 수행으로 쌓은 것은 거짓되지 않다.

> "자기의 육체를 위하여 심는 자는 육체로부터 썩어진 것을 거두고, 성령을 위하여 심는 자는 성령으로부터 영생을 거두리라."[411]

그러나 문제는 수행법이 지닌 자체의 한계성이다. "삼세제불 - 三世諸佛은 八正道를 닦아 열반에 이르렀다(『과거현재인과경』)."라고 했다. 마찬가지로 하나님이 강림하셨다면 그 존재됨을 인식할 수 있는 길도 마련할 수 있어야 한다.

기독교에서는 간절한 마음으로 기도하면 성령의 은사에 감동되어 구원을 얻는다고 했는데, 누가 그 하나님을 보았는가? 아무런 조건도 없이 믿음만을 요구했는데도 그것을 따른 자는 소수에 불과했다. 유교에서는 격물치지 - 格物致知하면 활연관통할 수 있다고 했지만, 제시되어 있는 太極論이나 陰陽說, 理氣論 등은 현실

---

410) 『만교수행제법』, 미륵정토사, p.인터넷자료.
411) 갈라디아서, 6장 8절.

의 삶에 비해 격세지감을 느끼게 할 뿐이다. 불교에서는 열심히 수행하면 成佛할 수 있다고 했고, 仙道 수련과 단전호흡과 기공 등 심신을 겸전한 수도법은 득도 – 得道를 이루게 한다고 했다.412) 하지만 그것이 정말 도달할 수 있는 세계인지 구름 잡는 주장들이라, 인류의 지성사에서 구체적으로 각인된 정설은 없다. 득도한다는 것이 어떤 경지를 말하는 것인지, 어떻게 원리적으로 작용한 것인지에 대해서는 언급이 없다. 활연관통해서 이치를 통달한 것이라면 그렇게 실현된 원리성을 추적할 수 있어야 한다.

호흡, 화두, 소리, 암시 언어와 같은 수행법은 어떻게 해서 침묵으로 정신을 집중하는 데 몰두하였는가?413) 그것은 정신력을 활성화함으로써, 혹은 정신 작용을 매개로 해서 하나님과 영교할 길을 틔우기 위해서이다. 중세 사람들은 영적 훈련을 위해 독서, 명상, 기도, 관찰이란 4단계 과정을 거쳤다고 하는데,414) 여기서도 그 수행법을 떠받들고 있는 것은 정신이다. "명상 – 冥想은 내적인 정신 자아의 발견이고 認識論的인 해탈 방법이며, 선정은 외적인 육체적 자아의 실천이고 存在論的인 해탈 방법이라, 정신력을 오로지 한다는 점에서는 공통된다."415) 정신의 수행법이 바탕되어 있다는 것을 알 때, 하나님에게 이르는 길에 있어서도 정신의 세계적인 작용성을 밝힐 수 있다면 수행법의 본질을 꿰뚫을 수 있다.

수행자들은 현 시공의 분열성을 극복하기 위해서 명상과 기도와 참선을 통해 직관력을 도야하였고, 세계와 접한 의식으로 시공간을 초월해 원인, 본질, 통합 세계를 인식하고자 했다. 과학이 현실의

---

412) 『수도에서 득도까지』, 배일우 저, 구도의 길, 1994, p.17, 3.
413) 『7만년 하늘민족의 역사』, 유왕기 저, 세일사, 1989, p.295.
414) 『신학이란 무엇인가』, 헤닝 슈뢰어 편, 정일웅 역, 기독지혜사, p.119.
415) 『인도철학』, 김동암 편, 대승불교전문강원, 1989, p.29.

시공간 대상을 극복하기 위한 방법론이었다면, 수행을 통해 확보한 세계의식은 이미 이것을 초월해 영원무구 하였다. 그만한 작용성이 있어 수행의 명맥이 역사상 끊이지 않았다. 한 法 한 法만으로써는 한계가 있지만 통합하고 나면 하나님에게 이르는 길이 연결된다. 하나님을 인식하는 문제가 무조건 믿는 것만으로는 부족함이 있으므로, 의식과 영혼을 고무하는 수행 메커니즘을 도입해야 길을 열 수 있다. 궁극적인 진리를 인식하는 길은 궁극적인 실체를 인식하는 길이며, 그 위에서 하나님의 창조 본체를 인식하는 길로까지 연결할 수 있다.

수행의 목적을 마음의 단련에 둔다거나(유교) 심신의 겸전 수행에 둔다고 한[416] 차이성은 중요하지 않다. 동양의 수행 정신은 전통적으로 인생의 구원 방도에 있어서 진리를 자각하고 일체가 됨으로써 영원히 살 수 있는 길을 모색한 이유를 밝혀야 한다. 진리와 하나 되는 길을 열었는데 하나님과 하나 될 길인들 열지 못하겠는가? 본질을 체득하고자 한 것이(직관된 의식) 세계의 생명성을 숨결로 느낀 것이라면, 하나님의 본체적 계시 역시 대우주 공간으로부터 수용하지 못할 이유가 없다.

그러므로 수행은 제 행으로 하나님에게 이르는 길을 지침할 뿐만 아니라, 하나님에게 이르는 길을 보위한다. 수행은 하나님의 입장에서는 창조 목적을 실현하기 위한 현실 방법론이었고, 인간의 입장에서는 하나님이 원하신 창조 목적을 실현하기 위한 지고한 사명 수행의 과정이었다. 수행은 창조 본체와 통체 본질을 진리를 통해 인식함으로써 하나님을 살아 있는 지혜로써 접안할 수 있게

---

416) 『소태산의 정신 수양에 관한 연구』, 김은종 저, 원광대학교대학원 불교학과 석사학위논문, 1996, p.76.

한다. 심신을 어떻게 단련할 것인가, 정신을 어떻게 수련할 것인가 하는 목적관에 따라서 수행법을 달리하기는 했지만, 결국은 하나인 본체성을 깨달을 수 있는 방법성과 연관해서 하나님 자체인 우주 본질과 통하는 길을 뒷받침했다. 부분적인 목적관에서는 마치 명멸하는 불꽃처럼 보일 수도 있지만, 통합된 목적관에서는 제 수행법이 꺼져 가는 滅道 문명을 되살릴 구원의 핵심 심지가 되리라.

2. 진리 인출법

진리를 구한다, 진리를 얻는다, 진리를 인출한다는 것은 제 행을 통한 추구 목적이다. 어떻게 하든 목적과 뜻이 진지하다면 진리와 통하지 않을 길은 없다. 진리는 본래 아무 경계가 없는 것인데, 인간이 이것을 판단하고 받아들이는 과정에서 선을 긋게 된 편견이 문제이다. 세상은 온통 진리로 충만되어 있으므로 진리의 무소부재성을 부인할 자는 없다. 그런데도 정작 개개인은 자신이 각인-刻印하고 전습한 것만을 진리라고 여긴다. 어차피 인간은 진리의 전모를 한꺼번에 파악할 수 없는 부분성에 직면해 있는데도, 전부로서 절대시하였다.

창조 요소가 편만해 있는 관계로 나와 세상이 진리로써 구성되어 있다면 이를 있게 한 神的 요소를 세계 안에서 구하고자 한 汎神論이나 理神論은 타당성을 지닌다. 그런데 기독교는 이 같은 사상들을 이단으로 몰아붙였다. 하나님의 유일 절대성에 대해 혼란을 야기한다는 것이 그 이유인데, 이 같은 생각은 결과적으로 기독교의 진리성과 하나님의 창조성을 제약해 버린 결과를 초래했다. 유일성은 뭇 대상 가운데서 하나만을 옳은 것으로 여기는 것인데, 그것보다는 만 가지로 갈래지어진 일체를 하나 되게 할 수 있는 통합력을 강조하는 것이 창조주 하나님에게 걸맞은 권능이다. 하나님은 언제까지나 인간의 제한된 관념 안에서 머물러 계실 수 없는 것이, 하나님의 입장에서 세계를 형상 짓고 현현하셔야 할 때가 있을 것인데, 그것이 진리를 통해 강림하시게 된 본체적 모습이다. 곧 세상 진리를 규합한 法身體로서의 모습이다. 진리를 통합함으로써 오히려 절대 창조성을 유감없이 발휘할 수 있게 된 영광된 모습이다.

진리는 세상 가운데 편만하고 충만해 있어, 이것을 간직한 뭇 존재들이 창조 비밀을 함재하지 않은 것은 하나도 없다. 존재는 태고 이래의 창조 비밀을 담아 놓은 블랙박스이다. 참된 이치와 법칙들은 삼라만상을 이룬 근간이다. "진리는 언제나, 어떠한 경우에도 모든 사람에게 타당하다고 인정되는 인식의 내용이나 명제가 사실에 정확하게 맞아 있는 것, 혹은 논리의 법칙에 모순되어 있지 않은 바른 판단이다."[417] 자칫 관념성으로서 치부될 소지는 있지만, 이치가 그렇게 주어진 사고력으로 올바르게 판단되어야 하는 것만은 틀림없다. 그러나 진리라는 것이 언제까지나 존재의 요소 본질을 떠나 관념상의 궁구에 머물러서는 세계적 진상과 거리가 멀어진다. 觀念論이 지닌 한계성이 여기에 있다. 비록 존재된 상황을 면밀하게 파악했더라도 어제까지 살아 있던 사람이 오늘 죽어 존재할 수 없게 된다면? 존재는 변하고 또 변하는데 변하는 그 상황에 초점을 두면 진리도 같이 변하므로 진리로서의 자격을 잃어버린다. 진리는 영원한 것이며, 영원할 수 있게 하는 요소를 지녀야

---

417) 『새우리말 큰사전』, 신기철·신용철 편저자, 삼성출판사, 1985, p.진리 편.

한다. 진리는 존재로서의 요소를 지님과 동시에 세계적인 요소를 지니고 궁극적으로는 하나님의 존재 요소까지 내포하고 있어야 한다.

유교에서는 만물이 각자 一太極임과 동시에 통체 太極과 통하고 있다고 했다. 진리는 부분적인 요소성이면서 전체성에 대한 정보를 함유한다. 이 같은 특성이 없다면 진리라 해도 유동성을 면할 수 없다. 일시적으로 구상된 가설이나 이론에 머물고 만다. 진리는 어제나 오늘이나 앞으로에 있어서도 변함없을 근원된 그 무엇이다. 제 현상을 판단하기 위해서는 실험하고 관찰해야 하지만, 그렇게 해 일어난 뿌리와 원인을 알기 위해서는 또 다른 방법을 동원해야 한다. 진리 인출에 있어서 수행을 동반해야 하는 이유이다. 현상의 이치를 터득한 앎이 진리가 아니라는 것이 아니다. 유용한 것이 진리라고 할 만큼(프래그머티즘) 진리에 대한 개념 기준을 국소화시킨 이것이 문제이다. 진리는 부분적인 요소이면서도 전체적인 요소를 동시에 함유한다.

진리가 바르게 정의되어야 여기에 걸맞은 진리 인출 방법론을 모색할 수 있다. 과학적인 탐구도 나름대로는 하나님의 창조 세계를 규명하는 데 일익을 담당했지만, 자체만으로써는 세계의 근원을 밝히는 데 한계가 있었다는 점에서 선현들은 수행이란 방법론을 별도로 채택했다. 지금은 서양이 개척한 학문 탐구 방법이 보편화되어 있다 보니까 수행(수양)을 한 시대를 풍미하다 퇴색해 버린 유물 정도로 여기지만, 근원을 보고 창조 세계를 보기 위해서는 언젠가 다시 두드려야 할 門이었다. 그 門, 그 진리, 그 "청정한 지혜는 묘하고 둥글어서 자체가 본래 비고 고요한 것이라, 세상 법으로 구할 것이 아니다."[418] 진리와 지혜는 겉으로 드러나 있는 이치가

---

418) 『불조직지심체 요결과 위빠사나 수행법 비교』, 앞의 논문, p.133.

아니다. 누구도 판단은 할 수 있으되, 뭇 존재와 현상의 뒤에 숨어 있어 인출 가능한 적합한 방법론을 따로 모색해야 한다.

세상 안목으로는 며칠을 궁리하고 계산을 했는데 상황이 바뀌니 일시에 어긋나 버린다. 판단할 수 있는 것은 볼 수 있는 것뿐이다. 드러난 것은 한 치의 오차도 없이 계산할 수 있지만, 정작 세상은 그렇지 않은 부분이 더 많다.

진리란 무엇인가? 진리는 세계를 영원히 생성할 수 있게 하는 근간 뿌리가 있다. 진리는 세계 본질의 부분적인 인출로써 생성하는 시공간 내에서 생명성을 가지며, 존재하는 본체계 안에서 살아 있다. 물고기는 물속에 있어야 생명체다운 역동성을 발휘한다. 진리가 당면한 상황도 마찬가지이다. 통상 경전은 진리를 담고 있다고 하지만 사실은 물(시공)을 떠난 물고기와 다름없다. 우주 생성의 역동성 가운데 있지 못하다. 그러나 수행은 추구된 의식으로 시공의 생성 질서와 직접 교감할 수 있다는 점에서 예로부터 진리를 인출하는 데 있어 살아 숨 쉬는 방법론이었다. "진리를 인출하기 위해서는 왜 생각이 머무는 의식계 전체를 대우주의 운행계 속에 침투시켜야 하는가(시공의 생성 변화를 감지함)?"[419] 그것은 진리가 현상의 이면에서 생성을 모토로 하기 때문이다. 진리를 일구는 것은 우주의 본질을 인출하는 것이라, 외계와 자아에 대해 끊임없는 물음과 의문을 던져야 하고, "청정하고 원만한 밝은 지혜를 얻는 공덕까지 쌓아야 한다."[420]

지혜는 본질 가운데 있으며 진리는 지혜로써 인출된다. 보는 것만을 보아서는 어리석음을 면하지 못한다. 가려진 것까지 볼 수 있

419) 『세계본질론』, 앞의 책, p.79.
420) 『법보단경의 선사상 연구』, 정진홍 저, 불교대학원 논총, 제1집, p.161.

어야 하므로 그것을 보기 위해서는 지혜를 발휘해야 한다. 그래서 요가에서는 "브라흐만이나 아트만을 아는 진지-眞知를 얻기 위해서 고도로 발달한 신비 수행을 행하기도 했다."[421] 우주 내로 정신력을 침투시키기 위한 방법적 모색이다. "의지까지 동원하였으므로 무궁한 생성 세계를 넘나들었을 것은 당연하다(세계 진입)."[422] 본질을 파악해서 적합한 방법론을 적용하면 결과는 예측한 그대로 이루어진다. 수행으로 의식을 갈고 닦으면 그 의식은 우주의식에 접한다. 그리하여 생성하는 진리를 의지적으로 인출한다. 수행은 우주 가운데서 운위되고 있는 생성하는 진리를 인출하는 최적 방법론이다. 통찰과 배양시킨 혜안으로써 空과 色이 결국 다르지 아니한 근원 세계라는 것을 판별할 수 있다. 사물과 달리 무수한 생성을 이룬 결과가 그러하다 함이니, 그곳에 보이지 않는 것들의 이치를 관하게 하는 지혜가 있다.

세계의 근원을 이룬 뿌리는 존재하는 차원이 다르면서도 결국은 같은 이치로 가늠되고 합해서 귀일한다(色卽是空). 생성하는 과정에서는 차원을 달리했다 하더라도, 다하고 나면 하나일 뿐이다(분열→통합). 제반 논리 절차와 온갖 분열성을 초월할진대, 진리가 시공간을 초월해 계신 하나님의 존재 작용이라는 것은 근거 없는 단언이 아니다. 창조주 하나님이 바로 그 같은 생성 세계를 통합한 진리의 근원자로서 강림하셨다는 사실을 결론지어야 할 때이다. 그렇게 하면 종말적 심판과 인류가 맞이할 새로운 문명 차원인 영성시대개막을 앞당길 수 있으리라.

---

421) 요가의 신비수행(六支): 調息, 制感, 靜慮, 執持, 思擇, 等持. -『인도철학』, 앞의 책, p.81.
422) 『세계창조론 서설』졸저, 인쇄본, 1998, p.139.

3. 본질 체득법

인류가 개척한 진리 탐구법 중에서 가장 개연화되어 있고 세계
적으로 확산되어 있는 방법은 서양이 知를 목표로 하여 인간의 사
고력을 활성화한 사물 탐구법이다. 知的 전통에 있어서 세계의 궁
극성을 추구한 것은 서양도 마찬가지여서 모든 학문이 철학으로부
터 비롯되었다고 할 정도로 무형의 형이상학적인 근원을 탐구하였
는데, 그것은 동양의 추구 성향과 대비된다. 묘하게도 서양은 외적
인 자연 현상을 탐구한 쪽으로,[423] 그리고 동양은 내적인 존재의
본질을 탐구한 쪽으로 역할을 분담한 양상이다. 근원과 궁극성을
추구한 것은 마찬가지이지만 서양의 철학은 사물의 본질을, 그리고
동양의 수행은 우주의 본질을 파고든 차이가 있다. 당연히 외적인
대상을 탐구하기 위해서는 오감과 사고력을 활성화해야 했고, 내적
본질을 파고들기 위해서는 제삼의 인식 능력인 의식을 활성화해야
했다. 그래서 서양은 제 현상의 질서를 분석하고 이치로써 체계화
시키기 위해 이성을 동원하였고, 동양은 온몸을 우주의 운행 의지
와 合一시키기 위해 직관력을 양성했다.[424]

탐구하고자 한 대상이 다르면 진리를 추구하는 성향과 방법도
달라야 한다. 풀을 베기 위해서는 낫을 들어야 하지만 흙을 파기
위해서는 삽을 쥐어야 한다. 사물은 반드시 분열된 현상을 통해 드
러나는 것이라, 그 질서성과 규칙성을 판단하기 위해서는 경험, 분

---

423) "대화법, 방법적 회의, 선험적 방법론, 후설의 현상학적 방법, 귀납법, 연역법 등. 이들 방법
들은 드러난 현상의 질서성과 법칙성 내지 원리성을 밝혀내고자 한 세계 규명 방법론이다."
—『세계본질론』, 앞의 책, pp.60-61.

424) 서양 학문과 동양 수행은 앞으로 대등한 입장에 선 진리 탐구법이 될 것임.

석, 논리적 사고를 동원해야 한다. 그러나 내적인 본질 작용은 아무리 의식을 곤두세워도 空하기만 하다. 대상이 空한 본질이라 직각을 통해 접근해야 했다.[425] 그래서 의식을 컨트롤하는 수행이 내적 본질을 탐구하는 방법론으로 정형화되었다. 인과와 상보의 관계로 복잡하게 얽힌 현상계에 비해 본질은 의식으로 즉각 체득된다. 의식을 고도화하는 것이 무형의 존재 구조를 밝히는 첩경이다.

불교의 육바라밀(보시·지계·인욕·정진·선정·지혜)은 육신을 가진 인간이 의식을 정화하고 집중해 대우주의 본질을 인식하려 한 방법론이다. 의식력을 함양하려고 한 것이 주된 목적이다.[426] 동양인들이 바치고자 했던 生의 목적, 즉 수행으로 진리를 일구고 깨달음을 얻고자 한 것은 우주의 본질을 체득하고자 한 일련의 방법적 모색이다. 세계에 내재하는 궁극성에 대해 앎을 체득하고자 했다. 지식을 섭렵하는 것은 밑도 끝도 없이 변화만 거듭하는 현상계의 테두리를 겉돌게 되는 것이지만, 수행은 내적 세계의 생성 특성을 직시할 수 있게 되어 천지가 창조된 본질적인 면모를 대관할 수 있다. 세계를 알기 위해서는 그 궁극성을 판단할 수 있는 시공의 생성 경과를 들 수 있겠는데, 그 시공적 본질을 파악할 수 있게 하는 것이 제반 수행적 노력이다. 생성의 경과를 지켜보기 위해서는 수행적 방법론이 주효하다.

그런데도 세계의 知的 상황은 서양 문명의 지배 구조가 그러한 것처럼, 사물의 본성을 탐구하고자 한 목적이 일괄 적용되고 있는 것이 현실이다. 대상이 다르면 방법도 달라야 한다는 기본 원칙을 무시한 知的 무지이다. 결과적으로 "파악할 수 있는 외적 대상만을

---

425) 『선과 종교철학』, 아베 마사오 저, 변선환 엮음, 대원정사, 1996, p.236.
426) 『종교의 대도』, 이동방 저, 동방사, 1988, p.216.

탐구의 대상으로 삼게 되어 본질 세계와 창조 진리가 도외시되어 버렸다."427) 키에르케고르 같은 실존 철학자는 서양 문명의 이 같은 허점을 비판하여 실존적 사고방식, 즉 실제의 상황을 내부로부터 파악하는 사고방식을 역설했다. 의지가 이성보다 선행한다고 생각한 그는 인간에 관해서 지나치게 과학적이어서는 안 된다고 했다. 과학은 일반적인 사실들을 연구하기 때문에 사물들을 외부에서 다룰 수밖에 없다.428) 이 같은 특성들을 지적하였는데도 특별한 대안책을 마련하지 못한 것은429) 인류 문명이 종말을 맞이할 수밖에 없는 중요 요인이다. 그래서 수습되어야 할 것은 내적 본질 세계를 탐구하는 방법론이 별도로 세계의 지성사에서 진리 탐구 조건으로서 준비되는 것이다.

외적 대상을 탐구한 과학은 선택적이지만 내적 본질을 탐구하는 수행은 필수이다. 수행은 동양에서 이미 정형화된 길인데도, 오늘날 무형의 본질 세계를 탐구하고 형상화시키는 방법론으로서 부각된다는 것은 인식사에 있어 새로운 지평을 여는 것이다.430) 이전에는 알아도 안 것이 아니고 보아도 보지 못한 한계가 있었으므로, 수행이 내적 본질 세계를 탐구하는 방법이라는 관점론에 입각하게 되면 동양이 그동안 고수했던 추구 세계를 이해할 수 있는 길을 튼다. 道는 왜 일반 사물을 인식하는 방법과 달라야 하는지, 道를 체득하는 데 있어 어떻게 지각, 감각, 의식의 탁성이 방해물이 되는

---

427) 『세계본질론』, 앞의 책, p.26.

428) 『서양의 지혜』, B. 러셀 저, 이명숙·곽강제 역, 서광사, 1990, p.373.

429) 經驗論과 機械論的 인간관이 주류를 이루던 시대에는 과학적 방법의 틀로써만 현상을 분석하고 이해하기에 급급해 본질을 추구하는 것 자체를 사변적이고 궤변적인 것으로 치부함. ─『심리학이란 무엇인가』, 오세진·최창호 공저, 학지사, 1995, p.28.

430) 위의 책, p.33.

것인지에 대해[431] 이유를 알 수 있다. 先天에서는 이것을 미처 분간하지 못해 본질이란 존재성이 안중에도 없었고, 사물을 인식하는 방법론으로서 일괄 적용하여 오묘한 작용 세계가 진리 밖으로 내던져졌다.

道는 본질 작용에 대한 이치를 인식한 개념이며 이미 현 상황을 초월해 있는 실체라, 직접 체득하는 것 외는 달리 방법이 없다.[432] 수행이 본질 체득법으로서 직각 내지 직관력을 활성화한 이유이기도 하다. 묘연한 道의 세계가 본질의 작용성을 형상화시킨 방법론의 규명으로 확연해졌다. 통찰과 영감과 지혜는 이 같은 세계를 탐구하기 위해 수행으로 도야한 초월 인식 능력이다. 실험 방법은 서양적인 것이고 지혜적 통찰은 동양적이라는 것이 아니다. 세계적 특성에 따른 방법론상의 차이일 뿐이다. 이론적, 논리적, 분석적, 합리적인 접근은 사물의 본질을 규명하기 위해서 그리고 전체적, 종합적, 직관적 접근은 만물의 근원된 본질 작용 세계를 파악하기 위한 방법론상의 특성이다.[433]

본질계는 분명한 특성을 지닌 만큼, 현상계를 규명하는 탐구 절차를 통해서는 드러날 수 없다. 눈으로 관찰되는 삼라만상 객관의 세계는 이성이 최대한 능력을 발휘할 수 있지만 그 이면에는 결국 본질계가 뒷받침되고 있는 것이라, 직관은 무궁한 생성 본질과 창조 세계를 파악하는 방법으로서 부각된다. 세계의 본질성을 드러낼 유일의 수단이 수행으로 기른 직관에 있고, 그렇게 해서 형상화된 진리를 종합하면 세계의 진심 본질이 마침내 천고의 비밀스런 모

---

431) 『백서 도덕경(노자를 읽는다)』, 박희준 평석, 까치, 1991, p.13.
432) 위의 책, p.195.
433) 『교육사 · 교육철학연구』, 손인수 저, 문음사, 1992, p.32.

습을 나타낸다. "직관된 하나하나의 의식 상태가 사실은 거대한 본질 생성의 근원된 바탕 위에 있다는 사실을 확인하게 됨으로써, 직관은 바로 그러한 본질의 생성과 직결되어 있다는 것을 알게 되고, 양성된 본질에 의해 세계의 창조성이 끊임없는 분열을 거듭해 만상의 有를 형성했다는 것을 통관할 수 있다."434) 이것은 참으로 세계의 생성 작용을 진리로써 증명하는 중요한 근거이다. 직관은 어떻게 하여 보이지 않는 무형의 작용 세계를 형상화하고 그에 대한 원리까지 인식하게 하는가? 한순간 포착된 직관적 신념이 어떻게 진리로써 확인될 수 있는 것인가? 직관된 인식을 진리로써 입증할 수 있는 방법은? 경과를 통하여, 결과를 통하여, 죽음, 희생, 아니면 하나님의 계시로? 본질은 직관으로 통찰되지만 이것이 진리인 것을 확인할 수 있기 위해서는 본질의 분열이 완료된 시기를 기다려야 한다. 생성을 다해 바탕 본체를 드러내어야 비로소 인출된 낱낱의 직관이 전체적인 바탕 위에서 진리인 것을 확인할 수 있다. 즉 연관된 고리가 확연해져 무형의 작용 본질이 전후 관계에 있어서 어떤 영향을 미친 것인지 밝혀낼 수 있다. 말 그대로 한순간 의식된 직관이 거대한 생성 본질의 뿌리 위에 있었다는 것을 명백하게 한다. 개별성을 넘어선 근원 뿌리를 본다. 통합적인 바탕체라고 할까? 하나님이 거하신 세계적인 본체성 형태이다. 그 같은 시공의 생성 바탕 위에 하나님이 존재하고 계신다.

그런데도 세계는 진리를 무수하게 양산만 하였고 산재되어 있게 해 자체로서는 진리적인 증명이 불가능했다. 당연히 믿음을 요하였고, 신념으로 추구하고 지켜야 하는 상황 설정을 불가피하게 했다. 하지만 진리를 양산한 바탕인 대우주의 생성 시공이 분열을 완료

---

434) 『세계통합론』, 졸저, 다짐, 1995, p.뒤표지글.

한 때가 이르면 진상이 극명해진다. 진리가 진리인 것을 증명할 수 있기 위해서는 결국 창조된 뿌리 본체를 드러내어야 한다는 뜻이다. 하나님이 세계를 섭렵해서 언젠가는 진리를 규명, 심판, 통합할 수 있는 권능을 발휘할 근거도 여기에 있다. 세계의 진리가 창조로 말미암았고 삼라만상이 창조에 근거하게 된 것인 한, 생성의 대계를 밝히고 알파와 오메가를 함유한 뿌리를 드러내지 못할 것은 없다. 하나님이 세계를 통합하고 제 진리 세계를 요해하실 수 있다는 것은, 그렇게 주관된 본질의 생성 대계를 밝힐 수 있음으로써이다. 본체가 천지를 창조한 바탕이고 뭇 존재성의 근거이며 진리 세계의 뿌리인 관계로, 직관을 통해 세계를 규명하는 것은 진리로서 하나님의 창조 세계로 나아갈 수 있는 직결로를 트는 것이다. 그런데도 지금까지는 세계 본질의 분열 파편인 지식만을 섭렵한 결과, 그 같은 부분 정보로써는 궁극적인 원인 세계에 대한 파악이 안 되었다. 본질 세계는 깨달음이 주는 바 차원적인 통찰 방법에 의거해야 하는 것이라, 수행으로 본질성을 직관해야 했다. 그렇지 못하면 진리가 정초될 수 없다. 진리 세계, 본질 세계, 창조 세계를 파고들 수 없다. 직관은 참으로 세계의 본질을 드러낼 수 있는 핵심 방법이라, 형상화된 진리를 종합하면 세계의 진심 본질과 구조를 밝힐 수 있다. 무형의 본질 실체를 객관적인 원리성으로 체계 짓고,[435] 시공간상에서의 확실한 존재 실체로 부각시킬 수 있다.

---

435) 『세계본질론』, 앞의 책, p.91.

4. 명상 선정법

禪은 불교에서 널리 퍼져 있는 수행의 형태이며,[436) 자신을 닦는 참선 - 參禪을 수행법 중 가장 높이 평가하고 있다. 전통적으로 선사 - 禪師들은 이 참선 방법을 통해 道를 얻고 인격을 완성했다.[437) 禪은 부처님 당시에도 실행된 마음을 닦는 수행법의 하나로서 정신을 집중시켜 깊은 명상 - 瞑想을 통해 진리를 깨닫고자 한 방법이다.[438) 佛陀는 인도의 고대 종교와 힌두의 요기, 선인들의 해탈 영생을 위한 수도법 등을 기반으로 해서[439) 집중 좌선 - 坐禪(참선, 선정법)을 통해 보리수 아래서 正覺을 얻은 것으로 사료된다.[440)

그런데 달마가 중국에 전한 선법은 반향을 달리해서 참다운 성품을 깨닫기 위해 모든 분별을 떠나는 것[441)을 목적으로 삼았다. 이 후 중국의 선종은 5가 7종(五家 七宗)이란 다양한 禪의 종파를 낳았으며, 그 중심에 있는 육조 혜능(六祖 慧能: 638∼713)은 禪을 대중화하여 황금기를 연 최고 인물이었다.[442) 禪은 진리 인출과 본

---

436) 『화엄불교의 세계』, 프란시스 쿡 저, 문찬주 역, 불교시대사, 1994, p.15.

437) 참선의 방법: 止觀參禪, 默照禪, 看話禪. - 『자신을 닦는 수행법 참선』, 미륵정토사, p.인터넷자료.

438) 『고등학교 종교(불교) 상』, 불교교육연합회 편찬, 대원정사, 1993, p.85.

439) 『7만년 하늘민족의 역사』, 앞의 책, p.249.

440) "出家 이후 聖道까지의 사실을 종합해 보면 석존 吾道의 실천 道法은 시종일관 선정법이었다는 결론이 나타난다." - 『선종사상사』, 앞의 책, p.93.

441) 『고등학교 종교(불교) 상』, 앞의 책, p.85.
"선종의 禪은 단순히 인도 불교의 선정을 계승한 것이 아니라 중국 사상에 의하여 배양되고 발달한 것으로, 인도적 사유와 중국적 사유가 합쳐진 사상이라는 점에서 동양 사상의 위대한 정수가 발휘되고 있다." - 『중국사상사』, 카마타 시게 외 7인 저, 정순일 역, 민족사, 1991, pp.82 - 83.

442) 『육조단경에서의 견성의 의미』, 이월호 저, 백련불교논집, 제9집, p.78.

질 체득법과 다르게 일정한 行法 + 사고법을 결합한 수행법이다. "선종에서는 신체를 가지고 하는 瞑想法인 좌선 行法을 초기부터 비교적 상세하게 확립해서 전승해 오고 있으며"443) 佛陀를 비롯해서 뭇 선인들을 吾道 세계로 인도한 길이라, 오늘날에 있어서도 만생을 구원할 방도로서, 혹은 하나님에게 이를 행법으로서 거듭날 수 있어야 한다. 현대에까지 전승되어 왔다는 점에서 그 섭리적 의미를 찾아내어야 하고, 중후한 작용성과 원리성까지 밝혀 창조된 세계의 생명성을 관할 수 있어야 한다. 보전하고 답습만 해서는 만인과 통교할 수 있는 구원의 門이 될 수 없다. 참선이 궁극적으로 무엇을 추구한 것이고, 그 도달지가 어디인가를 알아야 만인은 모든 것을 수긍한 관점에서 가치를 구현할 수 있다.

좌선은 앉아서 하는 좌법 자체에 어떤 깨달음과 통하는 비법이 있는 것은 아니다. 하지만 우주와 통하고자 하는 정신과 의식을 가장 안정되게 떠받들어 준다.444) 교신을 위해서는 안테나를 세우듯, 坐法은 눕거나 서거나 걷거나 뛰는 것과 같은 행위 가운데서도 가장 안정된 자세로 정신을 집중할 수 있게 하는 行法이다. 수행은 몸과 마음가짐이 중요한데, 번듯하게 누워서 성현의 말씀을 묵상하거나 고상한 진리를 생각할 수는 없다. 그래서 禪을 수행하는 것을 참선이라 하고, 참선의 대표 격에 앉아서 닦는 좌선이 있게 된다. 정신력을 소우주로서 떠받치는 지극한 자세라, 일체를 한 일념의 세계로 몰입시킨다. 온 영혼을 몰입시키고자 함에 절대 안정성을 보장하여 세계를 심화시킨다. 禪은 닦는다고도 하는데, 그렇게 해

---

443) 『백서 도덕경』, 앞의 책, p.196.
444) 일반적으로 "정좌는 정신을 가라앉혀 올바른 생각과 도리를 모으기 위해 취하는 자세임." -『주돈이가 들려주는 태극이야기』, 이명수 저, 자음과 모음, 2008, p.66.

서 도달하게 된 존재 상태가 바로 선나바라밀(선정)이라, "진리를 올바로 사유하고 조용히 생각하여 마음을 한곳에 모으는 일을"[445] 충실하게 한다. "의학적으로도 좌선은 자율 신경의 작용을 정리하고 대뇌피질의 긴장을 완화시켜서 마음을 안정시키고 건강을 유지하는 데 도움을 주는 최고의 요법이라고 인정하였다."[446] 따라서 좌법은 몸과 마음을 일치시키는 行法으로서 그 목적은 정신에 있다.

> "근본을 닦으려면 어떤 法으로써 닦아야 합니까?" "오직 좌선하여 선정을 하면 얻을 수 있느니라." 『선문경－禪門經』에 이르기를, "부처님의 성스러운 지혜인 일체종지를 구하려고 하면 선정이 요긴한 것이니, 만약 선정이 없으면 망상이 시끄럽게 일어나서 그 善根을 무너뜨린다."고 하였느니라.[447]

원불교가 정신 수양으로서 강조한 심신겸수－心身兼修는 『정전』의 좌선법인데, 여기서 소태산은 "좌선이라 함은 마음에 있어서 망념을 쉬고 眞性을 나타내는 공부이다."[448]라고 했다. 이 연구에서도 身 없는 修는 있을 수 없다고 했다. 수행은 어떤 형태로든 심신겸수 상태를 충족시킬 수 있어야 영성, 영혼, 의지, 뜻, 자아, 마음, 정신을 일체화할 수 있다. 이 같은 요구를 모두 충족시키는 것이 곧 좌선법이라고 할까? "마음의 진정한 통찰을 통해 마음이 자신의 주인이 되도록 마음 자체를 수련하는 것이다. 그리하여 禪은 좌선

---

445) 『새우리말 큰사전』, 앞의 사전, p.선나바라밀 편.
446) 『법화경과 신약성서』, 민희식 저, 불일출판사, 1987, p.189.
447) 『돈오입도요문론 강설』, 대주혜해 저, 성철 강설, 백련선서간행회 편집, 장경각, 불기 2534, p.23.
448) 『정전』, 제3수행 편, 제4장 좌선법, 「좌선의 요지」.

이란 行法을 통해 존재하는 것의 근원을 꿰뚫어 볼 수 있도록 마음의 눈을 연다."449) "맑고 밝은 정신을 닦는 공부, 자신의 본래 정신으로 돌아가고자 하는 것이다."450)

그러나 "見性을 하려면 오랫동안 좌선을 해야 한다."451)고만 고집한다면 이것은 잘못이다. 마음을 쉴 새 없이 닦아서 마침내 망념을 없애면 비로소 見性한다? 그런데 육조 스님은 정작 몸뚱이 좌선은 중시하지 않았다. 육조 스님은 신수가 항상 대중에게 이르기를, "마음을 머물러 고요함을 관하여 눕지 말고 항상 앉아 지어 가라."고 가르친다는 말을 듣고 말씀하셨다. "마음을 머물러 고요함을 관하는 것은 병이요 禪이 아니다(『덕이본 육조단경』)." "좌선 수행을 아무리 오래 해도 기왓장을 갈아 거울을 만들 수 없듯이 부처가 될 수 없다. 중요한 것은 본래 아무 흠 없이 깨끗한 자기 마음의 본성을 깨닫는 것이며, 갈고 닦는 일이 아니다."452)

이것은 좌선 行法에 있어서 주객의 전도를 우려한 시사이다. 좌선의 목적은 얼마나 오랫동안 앉아 있었는가, 망념을 제거했는가, 정신을 집중시켰는가에 있지 않다. 마음의 절대 안정은 그 다음 목적을 성취하기 위한 단계적 절차이다. 안정 상태를 충실하게 지속했다고 해서 그것이 見性을 보장하지는 않는다. 그렇다면? 실질적이 목적 행위이 진리를 관해야 한다. 참선은 부단한 닦음으로 진리를 관하는 것이 목적이다. 이 같은 목적을 달성하기 위해 시간과 정열을 바치고 정신을 집중해야 한다. 선정을 통하여 관을 진전시키고, 볼 수 없었던 것을 볼 수 있게 해야 한다. 한순간에 모든 것

---

449) 『법보단경의 선사상 연구』, 앞의 논문, p.158-2.
450) 『禪이란 무엇인가(원불교 좌선의 원리와 실제)』, 구산·정귀원 편저, 동남풍, 1998, p.5.
451) 『육도단경에서의 견성의 의미』, 앞의 논문, p.88.
452) 『보살 예수』, 길희성 저, 현암사, 2004, p.223.

을 통달하리란 생각은 그 자체가 망념이고 어리석은 욕심이다. 깨달음은 수행으로 잠재시킨 의문과 생각들을 순간순간적으로 폭발시키고 해소하는 지혜 획득 작용이라고 했다. 우주의 실상을 그저 한꺼번에 관할 수 있다고 생각한다면 그 자체가 제거되어야 할 망념이다. 모든 선과를 일으킬 원인 씨는 뿌리지도 않았는데(의문의 씨앗, 생각의 씨 뿌림) 어디서 깨달음의 열매를 얻을 수 있겠는가?

한편 진리 세계를 관하기 위해서는 먼저 진리 세계를 볼 수 있는 생각을 일으켜야 하는데, 그 같은 생각을 체계적으로 일으켜 우주 실상을 관하고자 한 수행의 방편에는 일찍이 인류가 전승시킨 바 있는 瞑想이란 추구 원리가 있다. 瞑想은 의식을 일정한 대상 체계를 향해 집중시켜 내면의 모습을 보고자 한 전문적 行法이다. 이 같은 집중을 통해 "瞑想者는 자신을 열어젖혀 깊은 내면을 파악하기도 하고(내향적 瞑想), 타자 안에서 존재의 참뜻을 찾아 타자에게 자신을 合一시키고, 또는 그것을 자기 속으로 받아들이기도 한다."453) 그래서 "瞑想은 자신을 온전히 알아 가는 과정, 즉 내면적인 모습과 외부적인 것에 대해 반응하는 방식을 알아 가는 과정이다."454) 일상 가운데서의 존재 체제는 통상 외부를 향해 감각 기관이 열려 있지만 瞑想을 하면 내면세계를 볼 수 있고, 생각의 세세한 변화 상태를 인지하여 평상시 보지 못한 또 다른 세계가 있다는 것을 확신하게 될 것이 틀림없다. 생각함을 통하여(冥想) 얼마만큼 진심 세계를 관할 수 있을지는 귀추가 주목되는 바이거니와, 좌선으로 도달하고자 한 목적도 瞑想의 추구 목적과 일치한다. 좌선의 핵심이 瞑想에 있다. 좌선법과 명상법은 생각을 통해 제 실상

---

453) 『명상의 세계』, 정태혁 저, 정신세계사, 1994. p.165.
454) 『실제적인 명상법』, 브라마 쿠마리스 저, 세계영성대학 한국라자요가센터, 1998, p.3.

을 관하고자 하는 목적 면에서 일치한다. 각자의 行法을 보완하면서 일치해야 오류를 막을 수 있다.[455] 그러므로 좌선을 통해 신체적인 한계성과 고행을 감내하면서도 "空의 瞑想을 실현할 수 있을 때",[456] 의식을 空의 상태로 空과 일치시켜 空이라는 우주 차원으로 진입할 수 있다. 창조의 근원된 본질 세계, 원인 세계, 차원 세계를 관할 수 있다. 성령의 역사를 실감한다. 관함으로써 증득한다.[457] "禪은 본체에 대한 돈오 - 頓悟와 自性을 직관하게 한다."[458] "존재 전체의 본질성에 대한 깨우침과 참본성의 자각"[459]은 명상법보다 관하고자 한 초점을 보다 명백히 했던 중국 禪師들의 수행 캐치프레이즈였다.

"禪은 일상적인 의미에서는 종교가 아니다. 禪은 기도의 대상인 神이나 의식적인 예배를 갖고 있지 않으며, 죽은 자들이 받게 되는 피안에서의 장래도 없다."[460] 다만 진실한 진심 세계를 관하고자 하고 실체를 실감하고자 한다. 그리하면 설명이 따로 필요 없을 정도로 일체의 의혹을 제한다. 믿어라 하지 않아도 믿고, 따르라 하지 않아도 영원히 추종할 것이다. 그 같은 신념을 증득하고 그 같은 세계를 관한 경지를 일컬어 見性成佛이라고 했다. "자신의 성품을 보고 부처를 이루는 것이 禪의 목적이다."[461] 참선을 통해 성

---

455) 좌선이 行法 자체를 목적화하고 명상이 몸이라는 존재 실상을 무시한 채 생각만을 내세우면 현실과 동떨어진 공상이 되어 버림.

456) 『만화 반야심경』, 김용진 그림, 학문사, 1993, p.329.

457) 명상은 생각을 일으키고 집중시켜서 조망하고자 한 일종의 과정적 行法이며, 좌선은 그렇게 해서 무엇을 보고 구하고 이룰 것인가에 대한 증득 목표를 확실하게 해 둠.

458) 『불조직지심체 요결과 위빠사나 수행법 비교』, 앞의 논문, p.132.

459) 『선의 황금시대』, 오경웅 저, 류시화 역, 경서원, 1986, p.20.

460) 『불타와 그리스도』, 구스타프 멘쉬 저, 변선환 역, 종로서적, 1987, p.255.

461) 『자신을 닦는 수행법 참선』, p.앞의 인터넷자료.

품을 관하게 되면 어떤 세계를 볼 수 있는가? 참선의 구극 경지는 본성을 관하는 즉시 우주의 본체를 관할 수 있다는 데 있다. 성품 가운데는 천지 만상이 창조된 실상과 비밀이 고스란히 간직되어 있다. 참으로 진실 무망한 참실재인 自性, 본성, 성품을 볼 수 있다면, 그 이면에 계신 하나님을 보는 것은 생각 하나의 차이뿐이다. 좌선은 見性을 통해 참본성을 봄으로써 그 가운데 함재해 있는 창조 진리를 일구어 하나님을 볼 수 있게 하는 직통로이다. 禪의 입장에서는 좌선→見性→神의 세계로까지 나아가 멸망에 처한 인류를 구원하는 길이 되고, 하나님 입장에서는 좌선→본성→진리→창조성→초월 본체성으로 나아가 하나님에게로 도달할 수 있는 行法으로서 완성된다. 단계적이기는 하지만 본성 자각 루트가 神과 통하게 되어 있어, 어떡하든 禪은 이전이나 이후라도 神에 이르는 길을 함재하고 있다.

하지만 禪師들은 참선함을 일생을 통한 과업으로 여겼다고 해도 과언이 아닌데 어떻게 하나님을 보았다는 말은 없고, 깨달음을 희구하는 만생들도 여건은 마찬가지였는데 어떻게 하나님에게로 이르는 길을 발견하지 못했는가? 그래서 밝혀야 할 것은 선정만으로써는 하나님을 관할 수 없는 진리를 관해야 하고, 진리를 통해서 하나님의 존재성을 판단할 수 있는 안목을 제시하는 것이다. 선정의 고유 목적은 진리를 일구는 것이며, 일구어진 진리 구조를 통해서 하나님을 보는 것이다. 見性은 원만 구득한 自性을 증득하는 것이라, 禪은 하나님에게 이르기 위해 한 걸음 더 다가선 디딤돌인 것이 틀림없다. 自性 가운데는 이미 갖추어진 창조 지혜가 함재해 있거니와, 이것은 일구어 내기만 하면 진리가 된다. 그래서 선정은 진리를 일구어 내는 텃밭 자체라고 해도 과언이 아니다.

"지혜가 없는 곳에는 선정이 없고 선정이 없는 곳에 지혜는 생기지 않으
니, 선정과 지혜를 갖춘 이에게는 니르바나가 가까우니라(佛陀)."462)

정혜쌍수－定慧雙修, 즉 선정과 지혜가 둘이 아닌 관계라, 선정
과 지혜를 겸할 것을 가르쳤다.463) 선정이라는 개념 자체가 "마음
을 조용히 가라앉히고 진리를 탐구하여 직관하는 일이거니와",464)
空의 瞑想은 "고요함과 더불어 지혜를 닦는 것이 특색이다."465) 최
대한 진리를 일구는 데 열중하면 선정은 자연적으로 하나님에게로
이르는 길을 튼다. 진리는 명상 선정법으로부터 하나님에게로 통하
게 하는 길이다.

만약 선정은 이루었는데 진리가 없다면? 그래서 佛陀가 교설한
法은 覺이 이룬 증과체라, 法이 곧 수행으로 일구어 낸 진리이다.
그래서 法과 覺과 修는 하나인 작용 메커니즘으로 연결된다. 좌선
으로 선정에 들면 진리를 인식하는 길과 연결되고, 진리는 하나님
의 본체성과 통한다. 진리, 즉 하나님이다. 만상의 본질을 자각하고
자 하는 노력은 고스란히 하나님의 존재 본체를 자각하고자 하는
노력과 같다. 禪은 불교적으로 하나님이란 궁극 본체를 인식하기
위한 모색로였던 것이라, 禪의 차원성 획득은 대우주의 본체 세계
와 교감할 수 있는 기반이었다. 禪은 진리를 일구는 방법론에 있어
서 지울 수 없는 一家를 이루었을 뿐 아니라, 향후로는 하나님에게
로 이르는 방법적 체계로서 구체화되리라.

---

462) 『법구경』, 372.

463) 『불조직지심체 요결과 위빠사나 수행법 비교』, 앞의 논문, p.132.

464) 『수도에서 득도까지』, 앞의 책, p.71.
　　"선정이란 명상에 의한 정신의 집중과 통일을 말함." 『금강경 강해』, 김용옥 저, 통나무,
　　2003, p.45.

465) 『명상의 세계』, 앞의 책, p.98.

禪은 자칫 학문과 이성을 배격하고 책, 공부, 논리적 사색보다는 극단적인 신체 단련과 정신 통일을 통해 문득 돌발적으로(직관) 道를 알아내려는 것처럼 보이지만, 그것은 서양이 내세운 학문 방법론 때문에 각색된 오해이다. 선정이 직관적인 사색을 통해 우주의 본질과 合一하는 데 목적을 둔 것은 사실상 하나님의 창조 세계를 관할 수 있는 길을 터 닦은 것과 같다. 정말 마음 하나만 열면 하나님에게 이르는 길을 틀 수 있다. 창조의 대실상과 진심 본질을 실감한다. 당연히 선사들이 관한 지혜들은 그렇게 존재된 실상을 증거할 여실한 근거들이다. 이 같은 일이 불가능하다고 생각하는가? 그렇다면 지상에 있는 그 무엇을 통해서도 하나님에게로 이를 가능성은 다시없다. 하나님은 종말에 처한 인류를 구원하시기 위해 일체의 門을 열어젖히고자 하거니와, 명상 선정법은 그 일부 역할이다. 불교인이든 이슬람인이든 그 누구도 그들이 전통적으로 쌓은 진리의 기반 위에서 창조 실상과 직결되는 대구원의 門을 틀 수 있다.

▌5. 영성 함양법

불도인들은 오직 한 가지 목적인 깨달음을 얻거나 見性成佛하기 위해 수행을 하지만, 이제부터 그 목적을 전환시켜야 하는 것은 滅道 문명을 구원하고 만생을 하나님에게로 인도할 길을 트기 위해서이다. 현대 문명은 어떤 측면에서 보더라도 하나님에게로 나아갈 수 있는 길이 차단되어 있다(기독교도 마찬가지임). 그래서 滅道

문명이고 그래서 수행이 요청된다. 선현들은 부족하나마 공부와 인격 수양을 병진하면서 내적 성찰과 심안을 키웠다. 영력을 축적해서 우주와 靈交할 통로를 유지했다. 그런데 지금은 컴퓨터와 첨단 미디어의 등단으로 의식이 온통 감각화되어 버려 심안을 함양할 길이 문명적으로 차단되었다. 이 같은 현대인들에게 靈交로서 각인된 道란 진리 운용 체제를 아무리 설명해도 이해할 리 만무하다. 이 연구는 이 시대의 체제가 낳은 마지막 보루이다. 본인 역시 날 때부터 현대의 기계 문명 속에 함몰되었더라면 무형의 본질 세계와 접할 심안은 틔우지 못했을 것이다. 컴퓨터는 先天의 분열 문명이 낳은 최대의 종속 문화이다. 별다른 대책이 없다면 인류가 하나님과 靈交할 길이 단절되는 것은 시간문제이다. 단절된다는 것은 하나님과 靈交할 심안, 즉 靈性을 잃어버린다는 뜻이다.

　따라서 우리는 수행을 통하여 인류가 잃어버린 靈性을 회복할 수 있는 사명과 역할을 종합적으로 추진해야 한다. 물질문명은 인간의 능력을 온통 감각을 자극하는 방향으로 몰아붙였는데, 수행은 이것을 벗어나 영적 잠재력을 활성화해야 한다. 율곡은 "기국성－氣局性을 극복하고 이통성－理通性을 회복하기 위한 방법으로서 浩然之氣를 기르고 기질을 고쳐 그 본연의 性을 회복"[466]할 것을 주장했다. 靈性이 고갈된 현대인들에게 있어서 서현들이 몸 바쳐 일군 진리 세계는 참으로 심오하기만 하다. 오늘의 한계 국면을 타개할 방법적 지혜를 예비해 놓았다. 기국성의 극복과 이통성의 회복은 현대인이 처한 靈性에 대한 문제의식과 방법론의 모색 노력과 같다. 기국성은 감각에만 몰입되어 있는 인식의 제한성을 극복하는 것이고, 이통성은 만물의 이치 세계와 통교할 靈性을 회복하

---

466) 『율곡의 수양론에 관한 연구』, 이영자 저, 논문, p.2.

는 것이다. 그 방법적 일환으로서 율곡은 浩然之氣를 함양하고 기질을 개선해서 본연의 性을 회복할 것을 주장했으며, 이것은 수양의 절실함과 함께 인간의 영성을 총체적으로 회복하는 데 주안을 둔 것이다.

氣는 인간의 생명력과 연관되어 있다. 핵심을 짚는다면 靈性을 회복하는 방법은 浩然之氣, 곧 기력을 기르는 데 있고, 기력을 기르면 이통성, 즉 靈性을 회복할 수 있다는 프로그램이다. 걸림돌이 있다면 氣를 기른다고 한 氣에 대한 실체를 파악하는 것인데, 氣가 인간의 총체적인 생명 작용과 어떤 상관관계에 있는가만 알면 浩然之氣를 통한 靈性 함양 방법은 요해가 가능하다. "浩然之氣는 우주 자연과 인간을 일관하는 원리, 즉 仁義 도덕을 동반하는 것으로서 지강지대 – 至剛至大하다."[467] 氣는 만물과 몸의 바탕인 신체로부터 생명력, 정신, 마음, 영혼에 이르기까지 깃들어 있지 않은 곳이 없다. 흔히 氣는 물질적인 개념과 같다고 여기지만, 氣는 물질을 이룬 바탕 질료인 동시에 정신을 이룬 바탕 근거이기도 하다. 우리는 드러난 현상만 보고 정신과 물질을 구분하지만, 氣는 그 이전에 하나님의 뜻을 창조를 위해 통합 본체로서 변모시킨 질료 바탕이다. 하나님의 존재 뜻과 의지와 본질이 창조를 위한 바탕체로서 氣質化된 것이다. 따라서 氣는 무엇이든 차원적으로 化될 수 있도록 스탠바이된 상태이며, 만물로 化되어서는(창조) 만물을 이룬 질료의 바탕이 되었다. 그러므로 삼라만상 존재가 물질로써 되었건, 이치로써 되었건, 에너지, 마음, 정신으로써 되었건, 氣라는 실체성은 어디에도 뒷받침되어 있다. 결국 만물 창조에 있어 氣가 바탕되지 않은 것은 하나도 없다.

467) 『맹자의 호연지기에 관한 연구』, 노일준 저, 광주개방대학 논문집, 제3집, 1986, p.29 – 7.

그러고 보면 서양의 학문 체제는 드러난 현상계를 탐구 영역으로 설정한 특성을 지녔는데, 동양의 氣的 관점은 무형의 형이상학적인 작용 형태에까지 인식의 영역을 미치고 있다는 점에서 "학문과 지혜의 패러다임을 변경시킬 중요한 테마이다."468) 생명적인 현상은 물론이고 마음의 작용인 믿음, 의, 용기, 기력 등, 의지적 변화에도 엄연한 실체 작용으로서 형상화시키는 것이 가능하다. 이것은 진리, 가치성, 도덕적 義, 마음 작용, 생각 하나하나를 氣가 뒷받침하고 있어서이다. "유월-俞樾은 氣를 함양하는 데 있어서 반드시 의리-義理를 따라야 한다고 했다."469) 의리는 마음 씀의 뒤에서 본질적인 氣를 함축시키는 작용을 한다. 氣의 함양은 우주와 교감할 靈性 바탕을 마련하는 것이거니와, 믿음을 바치면 그 믿음이 義를 쌓게 되어 義가 하나님께로 나아갈 영적 기대를 축성시킨다. 바친 믿음이 義를 생성시킨다는 것은 그 믿음의 이면에서 작용된 氣의 충일 결과이다. 義的 본질이 氣로 인해 靈性化되었다. 마음이 본질화되었다고 할까? 어떤 변화가 있었다는 것은 바침의 과정에서 그것을 뒷받침한 氣가 충일해 축적된 때문이다. 浩然之氣는 "의로운 행위의 반복에 의해 생긴다(맹자)."470) 믿음을 바치면 하늘을 우러러 한 점 부끄럼 없이 나아갈 수 있는 영적 義가 생긴다. 떳떳함과 꿋꿋함 그리고 자신감은 믿음을 바침으로써 형성된 氣力의 충일화에 대한 존재적 감(느낌)이다. 믿음을 가지면 담대함과 용기가 생기는 이유이다. 고귀한 가치를 바치면 그것이 고스란히 靈性化된다. 靈性化는 하나님에게로 나아갈 수 있는 인간 존재

---

468) 『氣와 인간과학』, 유아사 야스오 편자, 손병규 역, 여강출판사, 1992, p.16.

469) 『맹자의 호연지기에 관한 연구』, 앞의 논문, p.29-7.

470) 『맹자의 수양론(浩然之氣의 양성론을 중심으로)』, 성태용 저, 태동고전연구, 제11집, 논문, p.176.

의 본질적 기대이다. 浩然之氣를 기르는 것과 靈的 義를 쌓는 것
은 氣力의 본질화 측면에서 동일한 작용이다.

맹자는 집의-集義를 말했는데, 集義는 "옳은 행위를 오랫동안
쌓아서 생긴 것이다. 그것은 단순한 혈기가 아니다. 도덕적 의지와
관계있는 氣로서, 부단한 도덕적 수양을 통해 얻게 된 氣이다."471)
옳은 행위가 쌓이는 작용은 믿음으로 靈性을 함양한 氣的 작용 근
거와 같다. 義가 모여서 된(執義) 浩然之氣는 理와 義에 연결되어
서 강한 힘을 발생시킨다. 그렇다면 理와 義는 무엇인가? 하나님이
천지 만상을 있게 한 본질적인 요소들이 아닌가? 無로부터 천지만
물을 理(진리)로써 창조하시고, 보잘것없는 생명을 義로써 기르셨
나니, 그렇게 말미암은 인간이 이 같은 창조의 근원된 理義와 일치
될 수 있다면 떳떳함으로 충일한 靈性 바탕, 즉 浩然之氣가 集義
될 것은 틀림없다. 행위가 부당하면 근본에 위배된 허탈이 있지만,
합리적이고 도리에 부합하면 득의발양-得意發陽하여 정정당당하
게 관철할 수 있는 의기가 생긴다. 이것이 진정한 大勇이고 氣로
충만한 浩然之氣이다. 마음이 의리에 부합하면 생각 하나하나에서
의로운 본질적 氣가 충일해 만상을 향해 떳떳함을 이룬다. 만상과
대등한 관계에서 대우주와 교감할 수 있는 靈性的 바탕이 마련된
다. 하물며 창조주이신 하나님께 모든 초점을 맞춘다면 氣의 集義
작용에 의해 믿음은 더욱 담대하고도 담대하여지리라. "氣됨이 지
극히 크고 강하여 정직함으로 잘 기르고 해침이 없으면 천지의 사
이에 꽉 차게 된다(浩然之氣)."472) 믿음을 바치고 바치면 義氣가

---

471) 『철학의 발견』, EBS 교육방송 기획·제작·방송, 삼화출판사, 1993, p.191.

472) 『맹자』, 공손축 상. -『공맹의 수양론에 관한 연구』, 유길섭 저, 순천대학교 교육대학원 철
학교육전공 교육학석사학위논문, 2002, p.54.

하늘에 가득 차 하나님의 뜻을 움직인다. 그 떳떳함, 그 충일함이 곧 하나님과 靈交할 靈性 바탕이다.

浩然之氣가 무엇이냐에 대한 제자 공손축－公孫丑의 질문에 대해 맹자는 그 대강을, "사람이 도덕성을 확신하고 도덕을 실천하고자 하는 의욕이 충만했을 때 마음에 생기는 흐뭇하고도 힘찬 기분"[473]이라고 했다. 율곡은 선조대왕에게 올린 편지에서 "오늘 하나의 착한 義를 쌓고 내일 또 착한 義를 쌓아 義가 몸에 배어 위로는 하늘에 부끄럽지 않고 아래로 굽어보아 땅에 부끄럽지 않아야 浩然之氣가 충만하게 되옵니다."[474]라고 했다. 氣가 충만한 상태는 흐뭇하고 힘찬 기분이나 부끄럽지 않은 마음의 상태로서 느끼는 것이지만, 그 같은 감과 기분 뒤에는 氣의 集義 작용이 대동되어 있다. 마음의 충일이 氣力의 충일이 되고 氣力의 충일이 靈性의 충일로까지 연결되어 마음 하나, 생각 하나, 행위 하나하나에서 하나님께로 나아갈 靈性的 기대가 쌓인다. 서계(박태무)는 "부귀귀천에 흔들리지 않는 광명정대한 심성을 함양하는 일용의 공부야말로 호걸 영웅다운 남아의 진정한 사업이다."[475]라고 했다. 따라서 인류는 한시바삐 죄악에 찌든 도덕적 타락상(영적 무지)을 벗어나 하나님과 함께할 광명정대한 靈性을 함양하기 위해 개인적, 사회적, 역사적 차원에서 일대 혁신을 이루어야 한다.

이를 위해서 인류는 본격적으로 氣的 작용 세계에 다가서야 하며, 제 세계관에 대한 氣的 해명을 시도해야 한다. 氣는 만물의 바탕성으로서 만물을 이루고 변화시키는 질적 근거로서 작용하고 있

---

473) 『세계철학대사전』, 교육출판공사, 1980, p.1263.
474) 『국민윤리』, 최창규 저, 동아출판사, 1975, p.30.
475) 『서계 박태무의 수양론에 대하여』, 정경주 저, 남명학연구, 제15집, 2003, p.122－16.

거니와, 이것을 함양하기 위해 선현들은 그 방법을 다양하게 모색
했다. 그중에서도 인도에서 발달한 요가에서는 호흡의 조절을 통해
마음을 안정시켜 삼매에 도달하고자 했다(하타요가). 인도인은 호
흡, 즉 프라나를 우주에 충만한 에너지이자 인간 생명의 원천이라
고 여겼다.476) 단지 호흡을 통한 요가의 작용력에 대해 세계 작용
적인 이해를 뒷받침하지 못해 신비화되어 버린 감이 있지만, 사실
은 창조의 본질에 의거한 氣的 작용이었다. 신체든 물질이든 공기,
에너지, 우주, 호흡 간에도 氣는 작용하고 있다. 그중에서도 요가
수행을 통한 호흡 조절은 수행자의 의지력과 생각을 집중적으로
투입시킨다. 그래서 우주의 충만한 프라나(생명력, 氣)가 호흡 간에
이루어진 생각의 집중을 통해 본질 내에 축적된다. 호흡은 공기 가
운데 있는 산소를 주로 받아들이는 것이라, 이것을 어떤 신비한 에
너지나 氣를 얻기 위한 행위로까지 여길 필요는 없다. 정말 중요한
것은 호흡을 매개로 해서 마음을 바친 정신력과 의지력에 비밀의
열쇠가 쥐어져 있다. 생각을 호흡을 통해 집중시키면 생각은 다시
호흡을 통해 존재하는 본질성을 氣로 집적시킨다. 생각이 氣力의
충일 방향을 터 주어야 우주의 본체 본질과 合一될 길을 열 수 있
다. 氣力은 충일되어도 氣를 義氣化하고 믿음화하고 靈性化하지
못한다면 궁극성에 도달할 수 없다. 요가 수행의 가치도 창조 본의
에 부합했을 때만 대수행력을 완성할 수 있다.

한편 중국에서는 氣라는 구체적인 실체 개념을 통하여 "氣를 몸
안으로 받아들이고 오랫동안 머물게 하는 것을 修道라고 여길 정
도로 호흡을 강조하였다(調息)."477) 마치 氣가 비장된 에너지의 원

---

476) 『고전 요가의 이해와 실천』, 어니스트 우드 저, 임승택 편역, 규장각, 1997, p.112.
477) "調息에는 胎息, 閉氣, 行氣, 服氣, 吐納 등의 호흡법이 있다." -『선수행법의 역사와 실

천인 것처럼 여겨지기도 하는데, 정말 그렇게 생각했던 증거로서 도교에서는 여러 가지 신비한 술법들을 시행했다(煉丹術,[478] 장생술 등). 생체적인 변화에 대해 기대를 걸었던 것이라고나 할까? 하지만 氣를 받아들이는 통로로서 호흡을 중요시한 것은 호흡이 중요해서라기보다는 外氣를 수용하는 行法이 된다는 점에서, 우주의 氣와 하나님의 靈性을 받들 수용 자세로서 손색이 없다.

靈性은 "신령스럽고 총명한 품성 또는 성질"[479]로서 수행을 통한 蓄氣로서 하나님과 靈交된다. 이것은 분명 성령의 역사와 임재와 하나님이 내 영혼 위에 머무심과 동일한 작용이다. 靈性은 무조건 蓄氣하고 닦는다고 해서 얻어지는 것이 아니다. 쌓고 충일시켜서 교통해야 신령한 뜻과 지혜와 氣를 받아들일 수 있다. 앞에서는 믿음을 바쳐 義를 쌓는 것이 氣的 본질의 축적으로 靈性을 함양시키는 방법이라고 했지만, 이제는 氣를 수용해서 靈性的 직관력을 기르는 것도 동일한 결과를 낳는 방법이다. 형상도체─形上道體를 직각한다는 것은 그렇게 운위하고 있는 氣力을 수용한다는 말과도 같아, 수양 공부는 반드시 직각 능력을 도야하는 것이어야 한다.[480]

靈性은 얼마만큼 만유로부터 의미 있는 뜻과 氣力을 받아들이는가, 혹은 직관적으로 인식하고 통찰하는가에 대한 척도이다. 불교에서는 "生滅 변화하면서 존재하고 있는 삼라만상 일체 모습이 그대로 진여법성─眞如法性의 理가 나타난 것이라, 현실 세계가 바로 법신불─法身佛의 모습"[481]이라고 했다. 편만한 法身體로서의

____

천에 관한 연구』, 박동기 저, 원광대학교대학원 불교학과 철학·박사학위논문, 1992, p.167.

478) 煉丹: 體氣를 丹田에 모아 몸과 마음을 수양하는 일.

479) 『새우리말 큰사전』, 앞의 사전, p.영성 편.

480) 『노자 수양론의 연구』, 나우권 저, 고려대학교대학원 철학과 석사학위논문, 1997, p.8.

氣를 얼마만큼 직관력으로 판별하는가 하는 것이 관건이다. 진리를 깨닫는 것이 신령한 본질체를 수용하는 靈性 함양의 길이다. 하나님의 창조 목적과 의지와 뜻을 靈性으로 꿰뚫을 수 있다는 데 대해서는 어폐가 없다. 성령의 임하심을 체험하는 것도 결국은 하나님의 임재 뜻을 깨달음으로써이고 진리로서 각인하는 것인 만큼, 우리는 언제라도 하나님의 뜻을 통찰할 수 있는 靈性的 바탕을 갖추고 있어야 한다.

또 한 가지 氣의 수용 자세를 체계화한 行法으로서는 단전호흡이 있는데, 이것은 "인간 생명의 본질인 천지 기운을 직접 느끼는 修鍊法이다."482) "단전호흡으로 수행력과 의지력을 함양하는 것은 말 그대로 천지 기운을 수용할 수 있는 靈性과 氣的 본질을 충일시키는 것이다."483)

그리고 기공 ─ 氣功은 고대로부터 중국에서 심신을 병진시켜 수신, 수련, 단련하고자 한 行法이다. 기공은 "심신의 훈련을 통하여 인간의 내부에 있는 창조적 능력을 개발하고 증진함과 아울러, 참된 본성을 인식하고 인간과 세계의 관계를 높은 경지로 재조명함"484)을 목적으로 했다. 수행은 항상 몸을 기반으로 하고 있어 인간은 修身을 떠날 수 없는 만큼, 수행은 영육 또는 심신을 不二로 보아 쌍전하는 것을 이상으로 삼았다.485) 修는 身의 기초 위에서만 정신적인 覺이 있을 수 있다고 했듯, 심신 겸전의 修鍊法은 언제라도 정신을 순일케 한다. 심신은 일체라, 육체적 수련은 그대로

---

481) 『화엄경의 수행도 체계 연구』, 권준 저, 불교학보, 논문, p.20.
482) 『단학 그 이론과 수련법』, 이승헌 저, 한문화, 1994, p.28.
483) 『세계창조론 서설』, 졸저, 인쇄본, 1998, p.185.
484) 『기와 인간과학』, 앞의 책, p.17.
485) 『선수행법의 역사와 실천에 관한 연구』, 앞의 논문, p.167.

정신, 의지, 기질, 품성을 함양한다. 소정의 인내행, 고행, 義를 지킨 고난이 삶 자체를 靈性化하여 삶 전체를 성인의 반열 위에 서게 한다. 아무리 위대한 사상가라도 사고된 知性만으로써는 靈性의 함양자가 될 수 없다.

"선불교에서 밝힌 깨달음의 知는 고된 심신의 수련 行法을 병진한 결과 각성된 실천적 體驗知이다."[486] 고도한 체험지는 심신의 수련을 통하여 얻은 진리 인식 능력이다(직관). 氣力의 충일 상태, 우주와 靈交할 신령한 靈性의 길을 트는 것이다. 심신과 생각과 궁극적인 가치관으로 氣通, 理通, 精神通의 길을 열진대, 인류는 무엇보다도 본성의 靈性化를 통해서 신령스런 성령의 시대를 맞이하리라. 일체 가능성은 인류가 쌓아 올린 제 수행법 가운데 함재되어 있다. 그러므로 이 연구는 그들 수행법을 일관함으로써 메말라 버린 滅道 문명을 다시 소생시키리라.

6. 길의 추구법

뿌리 없는 나무가 없듯, 모태 없는 자식은 없다. 이 연구도 이렇게 수놓을 수 있게 된 데는 반드시 근거가 있는 것이라, 그것이 만세 전부터 이미 예비된 것이라고도 할 길의 추구법이다. 길은 본인의 생애 전반에 걸쳐 결코 의도한 것이 아닌데, 살펴보니 일관된 뜻이 생애 전체를 장악하고 있었다. 길은 본인이 젊은 날 어쩔 수 없이 겪어야 한 방황과 배회의 날들 속에서 모종의 가치를 모색하

---

486) 『기와 인간과학』, 앞의 책, p.17.

고자 한 자각으로부터 출발되었다. 본성적으로 원했던 바이기도 한 것이라, 구도(길은 어디에 있는가), 혹은 진리를 추구하는 삶, 혹은 형이상학적인 문제들에 대해서 고심한 사색을 선호하게 되었다. 이렇게 해서 본인은 소용돌이치는 삶의 유혹 가운데서도 자아를 발견하고 인생의 방향을 지침하여 귀한 사명을 얻을 수 있게 된 生의 추진 기반을 터 닦았다.[487]

본인은 학창 시절 운동을 시작했던 관계로 미비한 환경에서 나름대로 부족한 지식욕을 채우게 한 것은 독서를 통한 추구법이었다. 사색적인 성향으로 무언가를 구하기 위해 매달릴 것은 독서밖에 없었다. 무지한 자로서 생각을 넓힐 수 있다는 것, 세계를 이해할 수 있는 안목을 열 수 있다는 것은 중요하다. 그래서 의욕적인 자세로 사고방식을 개선하고 사고영역을 확충하기 위해 독서에 매진했다. 그 결과 독서가 사고된 의식과 성장하는 본성에 대해 어떤 영향을 끼치는 것인지를 간파할 수 있게 되었다. 즉 독서로 지식을 얻고 세계를 이해하는 것은 기본적인 진리탐구 방법이라, 중요한 것은 그 같은 이해를 가능하게 한 사고 자체이다. 사고와 연관한 의식이 분화하여 모종의 작용을 이룬 것이다. 독서는 신념을 키우고 사고의 보편성을 확보하는 역할을 하지만, 그 이면에는 자체의 존재 본질을 일깨우는 영감 표출의 매개체 역할도 있다. 의식을 분화시키는 작용은 물론이고 잠재력을 일깨우기 때문에 사고로써 영혼의 모습까지 볼 수 있는 가능성을 인지했다. 비록 그 순간에는 이해할 수 없었더라도 일단 포착한 것은 의식 깊숙한 곳에 침잠되어 있다가 일정한 시기, 성숙된 여건 위에서 새로운 세계 이해를 위한 인식의 틀로서 개화되므로, 이것은 분명 대창조성의 비밀까지

---

487) 이때부터 사색한 생각들을 독백의 형태로서 기록하는 습관을 가지게 됨.

도 캐낼 수 있는 가능성이었다.[488] 끊임없이 문제를 발견하고 의식을 잠재시킨 추구 과정이 진리를 움트게 하였으며, 그렇게 해서 맺은 결실들이 차곡차곡 세계 이해를 위한 발판을 이루었다. 독서는 가장 손쉽게 진리와 세계와 하나님의 문제를 파고들 수 있는 전 생애를 통해 추구할 수 있는 수행 방편이다.

한편 본인이 生의 추구 과제로서 독서를 한 것은 젊은 날의 고뇌를 헤쳐 나가는 과정에서 발견한 길의 가치를 인식하고 의지를 다지게 한 내적 극복 목표이기도 하였다.

> 길은 나의 타락과 고통과 내 마음의 사악을 막아 주는 피난처이니, 사람은 그가 지닌 소망으로 인해 멸하지 않으리라. 내게 방황이 있은 것은 어쩔 수 없는 잘못이다. 그러나 이제 의지를 수련함은 본성을 회복해서 다시는 하나님 앞에 잘못을 저지르지 않는 것으로 용서를 빌기 위해서이다. 하나님, 이 자식이 끝없는 길을 떠나나이다. 이 욕망의 세계를 떠나 하나의 인간 완성과 의지의 실현을 위해 정진하겠나이다. 자유로운 정신세계를 확보하고, 내게 적합한 세계를 구축하며, 세상의 유혹으로부터 떠나고자 하나이다. 하나님, 저를 지켜 주시고 인도하여 주소서!

길을 허물어지지 않게 하고, 세상 유혹으로부터 본성을 쇠멸시키지 않게 하기 위해 노력하는 과정을 통해 자아는 연단되었고 영성화되었다. 이 같은 인간적인 고뇌와 사색 덕분에 본인은 길의 가치를 공고히 하고 자체 추진 과정을 원리적으로 판단할 수 있었다.

> 길은 주어진 본질의 추구를 통하여 세계를 판단할 수 있는 최선을 다한 세계 인식이다. 내가 독백함은 의지를 수련하기 위함이며, 길을 감은 영원한 가치를 인식하기 위함이다. 이 길이 보다 영원하게 충동될 수 있는 것

---

488) 『세계통합론』, 졸저, 다짐, 1995, p.30.

은 길이 안고 있는 끊임없는 문제 속에 있다. 나는 이 시대만을 보고 길을 판단하지 않았으며, 이 시대만의 영광을 위하여 고뇌하지 않았다. 길은 최고의 인생적 판단이며 생명을 건 결론이다. 세상은 아무도 길을 이해하지 못하고 있지만 이 시대가 다하기 전에 구원의 길을 찾으리라. 길은 영원한 의지의 수련을 목표로 하고 있다. 묵상과 영감으로 기록되는 길은 우주의 본질을 밝히는 본질이다. 생성하는 우주의 질서를 깨어 있는 영혼의 간구를 통해 지혜로 전환시킨 의지의 수용 과정이다.

길은 항상 독백을 통하여 일체의 추구 의지를 표명하였다. 길을 버리고픈 유혹이 엄습할 때마다 더욱 내면으로 침잠하여 나아갈 바 사명을 일깨우고 자세를 가다듬었다.

나는 길을 통하여 영원한 사색의 심연과 공간 속으로 잠적하여, 주어진 정신력으로 심정을 주도하고 의식을 통합하리라. 길을 통해 끝내 하나님의 모든 것을 드러내고 세계 속에 안주하리라. 나는 영원한 영혼의 자유자로서 신념을 견지할 것이니, 내가 일어설 수 없다면 영원한 독백의 혼으로서 사라지리라. 하늘이 버려도 나는 인간 된 도리와 믿음을 다하리라. 평생을 정진하는 수양인으로서 하늘의 이치를 영원한 지상에서의 세계관으로 구축하고, 세계를 알고 세계를 위해 정진하여 종국에 모든 세계를 통합하는 것이 지상 최대의 목표이다. 길을 통하여 나는 이 같은 사명을 자각하고 일깨워야 한다.

부단한 성찰로써 사명을 자각하고 진리를 일구는 것은 그 자체가 무궁한 본질력을 잠재시키고 생명력을 충천시켜서 무형의 시공 본질을 직시할 수 있는 세계적 안목을[489] 배양케 한다. 그리고 이 같은 추구 기반이 있었기 때문에 일정한 시점에서 하나님의 계시 본질을 수용하는 성령의 역사를 맞이할 수 있게 되었다. 길은 다름 아닌 하나님의 神的 본질을 드러내기 위해 역사된 추구 방법론이

---

489) 대우주의 생명성과 질서성을 감지하는 직관적 靈性.

다. 한 인간의 존재된 의식과 뜻이 세계의식과 상호 合一되어 간 과정이라, 그렇게 해서 하나님의 존재 본질을 규명할 수 있도록 인도된 진리 통찰 방법이다. 길은 결코 한 개인만의 구원을 위해 역사되지 않았나니, 천지 가운데 단 하나뿐인 유일한 길로서 역사되었더라도 길은 만인, 만생, 만유의 구원을 위해 일체 은혜의 역사가 공유되리라. 장차 맞이할 구원의 은혜를 위하여, 하나님은 길을 위하여, 길은 인류를 위하여…….490)

---

490) 결국 하나님은 만생의 구원을 위해 길을 인도하고 역사하신 것임.

제9장

수행의 행위성

1. 계율 수행

수행의 방법이 아무리 탁월하고 심오한 원리성을 내포했더라도
행위적인 실천이 없으면 무익하기만 하다. 앞 장에서는 제 수행법
을 통해 하나님에게로 이를 진리적인 길을 트고자 했다면(간접적)
이제는 하나님에게로 직접 나갈 수 있는 길을 트고자 한다. 어느
한 가지 行만이 정통이고 유일한 것은 없다. 인류가 어디서 무엇을
행했건 거기에는 하나님과 통하는 길이 있다. 그래서 이 연구는 그
길을 통합하고자 하며, 만행을 통합함으로써 하나님에게 이를 수행
의 원리를 보편화시키고자 한다.

계율 수행은 여러 종교에서 실천한 전통적인 수행의 형태이다.
그중 불교는 만교수행제법 – 萬敎修行諸法 중 계율을 특히 앞세워
"최상의 공덕과 깨달음과 경계를 증득해 成佛에 이르고자 했다."[491]
흔히 계율이라고 하면 재가자는 최소한 5계,[492] 사미승은 10계, 비
구승은 250계, 비구니승은 348계를 지켜야 한다.[493] 실로 번쇄하기
짝이 없는 것처럼 보이고, 이것을 다 지켜야 할진대 과연 몇 명이

---

491) 『만교수행제법』, 미륵정토사, p.인터넷자료.
492) 戒 : 해야 할 일과 하지 말아야 할 일을 분별하여 수행자들이 마음에 안정을 유지하며 생활
　　할 수 있는 지침.
　五戒 : 중생을 죽이지 말 것, 훔치지 말 것, 음행하지 말 것, 거짓말하지 말 것, 술 마시지
　　말 것.
493) 『보살예수』, 길희성 저, 현암사, 2004, p.134.

나 成佛할 것인가? 하지만 계율도 그 본질이 佛道 성취를 위한 수단이라는 것을 안다면,[494] 계율을 통한 수행을 어떻게 새롭게 할 수 있을 것인가에 대한 여지가 생긴다. 348계를 지켜야 成佛할 수 있는 것이라면 그 같은 방법은 결코 보편적일 수 없다. 목적 門을 개조해서 넓히든지 아니면 다시 모색해야 한다.

그러나 본인도 계율만 지킬 수 있다면 길을 갈 수 있으리라고 생각했을 정도로 인간은 반드시 금해야 할 行이 있으며, 지켜야 正道를 이룰 수 있다. "무릇 道를 닦고자 한다면 三業 가운데서 먼저 재물과 色(異性) 두 가지를 끊어야 한다."[495] 그렇지 않으면 수행할 자격이 없다. 가장 기본이 되는 5계만 하더라도 살인하지 말고, 도적질하지 말고, 간음하지 말며……. 금계를 어기면서 수행을 지탱할 수는 없다. 금계를 호지－護持하지 않는다면 어떻게 佛性을 볼 수 있겠는가? 佛性을 다 갖추었더라도 핵심은 지계－持戒를 한 연후에 볼 수 있다. 이 같은 경우 금계의 호지는 정법 실현에 직결된다.[496] 아무리 세상이 변해도 금계의 근본마저 변할 수는 없다. 수행의 근본은 끊임없이 보함이고 기름이다. 그런데 이것을 범하고 해치면서 보할 수는 없고 짓밟으면서 기를 수는 없다. 계율을 통해 행동을 정제해야 하는 것은 여러 가지 목적을 동시에 병행할 수 없기 때문이며, 제 가치 가운데서도 수행의 가치를 드높이기 위해서이다. 물질은 삶을 풍족하게 하지만 정신력의 집중은 저해한다. 다 풍요로우면 좋겠지만 동시 만족은 욕심어린 바람일 뿐이다. 금계를 호지했을 때 보다 고귀한 가치를 이루게 된다. 계율을 위한

---

494) 『한국근대민중불교의 이념과 전개』, 한종만 편, 한길사, 1980, p.306.
495) 『정심계관법 역주』, 도선율사 저, 도원지운 역주, 토방, 1997, p.18.
496) 『대승불교개설』, 정승석 역, 김영사, 1989, p.224.

호지가 아니다. 참된 수행을 하고자 할진대, 세상 위에서 주어지는 삶의 여건들을 자진해서 수용해야 하는 것이 계율을 지키는 진정한 존재 의미이다. 분별해야 증과를 이룰 수 있다. 계율은 일체의 장애를 걷어 내게 하는 방편이다.

그러므로 계율은 어디까지나 목적성을 간파할 수 있는 수행력을 갖추는 것이 긴요하다. 유교에서는 君子는 자고로 혼자 있을 때를 삼간다고 했고, 창세기에서는 독처하는 것이 좋지 않다고 했다. 그런데 불교에서는 승려들에 한해서 出家를 정형화했을 뿐 아니라, 가톨릭에서도 신부는 결혼하지 않는다. 하지만 이 같은 전통이 절대 목적을 이룰 수 있는 유일한 길이라고 생각해서는 안 된다. 독처행은 그 개인에 한해서 특별한 사명 의식의 발로가 있었기 때문이다. 부름을 입은 자들이 하나님의 뜻을 위하여 만행을 버리고 선택하게 되는 고귀한 희생행이다. 만인이 지키는 근본적인 금계를 호지하는 것과는 성격이 다르다. 따라서 수행의 보편화를 지향해야 하는 앞으로에 있어서 계율상의 혼돈을 정제하고, 수행에 있어 합리성을 모색하는 것은 이 연구가 해결해야 할 과제이다. "道라는 것은 모든 사물에 미치는 것이나 결국은 마음의 근원으로 돌아가는 것이다(『大乘起信論疏』序)."고 주장했던 원효는 음주하고 결혼하였으며, 노래와 춤도 즐겼다. 그런데도 누가 그를 방탕한 생활을 하였다고 질타했던가? 깨달음은 계율만 지킨다고 해서 얻는 것이 아니다.[497] 수행의 주체성을 확립해야 한다. 계율이 절대적으로 금계적인 것은 아니란 뜻이다.

수행의 모태이기도 한 율법은 그 사회를 지배하는 법률적인 요소들이 계율이란 그릇 형태 속에 담긴 경우가 많았다(유태교). 고대

---

497) 『조선철학사 연구』, 편집부 엮음, 광주, 1988, p.24.

에 있어서는 종교가 가지는 사회적 역할이 거의 독점적이었다는 것이 인정되는데(神政 일치), 특히 유일신인 하나님을 믿은 이스라엘 민족은 인간사에 관한 법률적인 성격의 규칙조차 새로운 계율이나 神의 계시에 의한 통제 형태로서 선포하였다. 공동체에 필요불가결한 질서 체계로써 사회를 통제, 계도, 유지하는 역할을 담당했다. 하지만 율법이 민족이나 사회를 통합하는 역할을 했더라도 문제는 오늘날에 있어서도 그대로 지켜야 할 만큼 절대적인 것인가 하는 것이다. 계율의 금계 사항과 목적적인 가치를 분간할 수 있는 그것이 수행인데, 물불을 가릴 줄 몰라서는 안 된다.

이슬람 문화권이 사회와 문화의 세속화를 거부하였다는 것이 한때는 장점일 수 있었더라도 지금은 장애물로 작용한다. 이슬람은 하나님의 계시에 입각해서 인간 삶의 행위를 구체적인 율법으로 규정했는데(결혼, 이혼, 상속, 음식, 농사, 송사, 전쟁, 경제생활, 축제 등), 그 정도가 너무 지나쳐 인간의 자유와 합리적인 자율성의 여지를 협소하게 만들었다. 언뜻 보면 삶 전체를 성스럽고 정형화된 종교적 의례로 치장하도록 명하는 것처럼 보이지만, 이렇게 구체성을 띤 율법은 당연히 제약성을 함께 지닌다.[498] 계율이 일상 생활사의 세세한 분야까지 규제하는 것이라면, 이것은 계율이라기보다는 법률에 더 가깝다. 법률이라면 차라리 시대가 변천함에 따라 사회의 전체적인 합의에 의해 바꿀 수도 있겠는데, 神의 권위로 포장한 율법은 천년만년이 지나도 요지부동이다. 율법은 각각의 공동체들이 지닌 질서 유지와 생활 문화가 정제되어서 반영된 것이라, 세계적인 보편성이 없다. 한쪽에서는 절대적으로 금기된 사항인데 다른 곳에서는 일상 생활화되어 있는 경우가 허다하다. 이렇

---

498) 『보살예수』, 앞의 책, p.42.

게 되면 이슬람은 영원히 이슬람밖에 안 된다.

계율로 인해서 버릴 것도 제대로 버리지 못하고 지켜야 할 것도 제대로 지키지 못하는 상황에 직면해 있을진대, 계율의 세계관적 본질을 정확히 꿰뚫어 고답적인 숨고를 터야 한다. 계율이 지켜져야 한다면 왜 지켜져야 하는 것이고, 필요하다면 왜 필요한 것인지에 대한 이유를 알아야 한다. 계율은 영혼을 구원하는 역할을 충실히 하는 한에서 증과를 얻기 위한 필수 조건이 되어야 한다. 증과와 직결되어야 만행 가운데서의 목적 가치가 분명해진다.

예나 지금이나 계율적 조건은 증과를 얻기 위한 과정행으로서 중요시된다. 아함경에서 佛陀가 이르시길, "그대들이 철저한 계행을 지키면서 마음을 온전히 다스리면 그때는 初禪에 들고 2禪, 3禪, 4禪에 들어가고, 滅盡定에 들어가서 我를 滅盡하고 아라한도를 성취한다."499)라고 했다. 아라한도는 조그마한 행동에도 세심하게 주의해서 惡을 피하고 善을 行하는 조건계를 지켰을 때 주어진다. 이것은 佛陀가 직접 경험한 바에 의한 조건 구술이다. 나아가서 대승 불교에서는 成佛＝6바라밀이란 것이 수행의 기본 조건이었다.500) 아라한도(소승)나 成佛(대승)은 깨달음을 목적으로 한다는 점에서는 상통하지만, 아라한도에 비해 成佛의 조건계는 成佛이란 증과 목적이 그러하듯 일목요연하다. 그렇다면 소승→대승으로부터 통승 루트로 연결되어야 하는 현 단계에 도달해서는? 조건계가 더욱 통합된 형태로 나아가야 한다는 사실을 알 수 있다.

이스라엘이 지킨 율법적 전통 아래서 예수가 제시한 계명도 마찬가지였다.

---

499) 『원통불법의 요체』, 청화선사 법어집(2), 성륜각, 1995, p.94.
500) 『대승불교 개설』, 앞의 책, p.7.

이것은 전통적으로 수지된 많은 율법의 핵심을 꿰뚫어서 두 가지로 요약한 것이다. 계율은 제 종교를 통틀어 반드시 조건적인 동시에 통합성을 지향했다. 그렇다면 멸망에 처한 인류를 구원하기 위해 제시되어야 할 오늘날에 있어서도 계율 형태의 방향은 마찬가지이다. 하나님은 먼저 구원의 푯대를 세우시고 그 푯대를 향해 나아오는 자를 심판 때 분별하겠다고 하셨거니와, 그것은 만고불변한 구원을 위한 통합적 조건이다.

조건이 증과됨과 직결되어 있다는 것을 곳곳에서 확인할 수 있는데, 계율이 무조건 조건계 형태로서 주어진다는 사실을 비판해서는 안 된다. 물론 조건보다 더 좋은 계는 무조건계이다. 하나님이

---

501) 마태복음, 22장 36∼37절.
502) 마태복음, 19장 17절.
503) 로마서, 10장 9절.
504) 요한복음, 12장 1절.
505) 사사기, 13장 3∼4절.

만인을 아무 조건 없이 구원하고자 하신다면 이보다 좋은 것은 없으리라. 하지만 정말 조건이 없으면 만인 중 한 사람도 구원될 수 없다. 조건이 무조건이면 구원도 무구원이다. 조건이 구체적으로 표명되어야 인류가 확실하게 그 길을 찾아 나설 수 있다. 조건은 실질적으로 인류를 구원의 門으로 인도하는 기준 푯대이다. 세상사 가운데서는 조건을 내세운다는 것이 미덕이 아닐 수도 있겠지만, 하나님이 세우신 구원의 푯대 조건은 차원이 다르다. 확실하게 통합적인 증과 권능을 표명한 조건계일수록 하나님이 사랑을 집중시킨 결정체가 된다. 여기서 과거의 계명들이 넘어서지 못했던 난제들마저 해결할 수 있다면 거의 완전에 가까워지리라. 통상 계명의 이율배반적인 난제는 반드시 지켜져야 하는 것인데도 실상은 제대로 실천하지 못하고, 지키려 해도 숱한 어려움이 뒤따른 데 있다. 세계관적 본질이 미처 파악되지 못한 상태에서의 계율 결정 상황이다. 이런 계율일수록 금기 투성이다. 그렇게 나열만 해서 도대체 인간을 무엇이 되게 하려는가? 모두 목석으로 만들려는가?

심리학의 학문적 목적은 "보다 적극적으로 인간의 심리와 행동을 통제하려는 데 있다."506) 그러나 본성인 본능을 어떻게 통제할 수 있는가? 본능과 직결된 금기적 계율성도 예외가 아니다. 본능을 통제하에 두고자 하는 것은 인간 본성의 세계관적 작용성을 모르기 때문에 자행된 무익한 노력이다. 그렇다면? 제 행에 대한 금기적 계율은 선행을 통한 수행으로 분쇄할 수 있어야 한다. 인간은 선하면서 악하거나, 선한 일을 하면서 동시에 악한 일을 저지를 수는 없다. 소극적이고 형식적인 금계－禁戒를 강요할 것이 아니라, 본구－本具한 자아를 완성하고 佛道(진리)를 하나하나 성취해 나

---

506) 『심리학이란 무엇인가』, 오세진·최창호 공저, 학지사, 1995, p.27.

가려는 방향에서, 惡을 그치는 계율행이 아니라(止惡) 善을 짓는
(作善) 계율행으로 방향을 전환해야 한다. 수행의 門을 활짝 열어
젖혀 나가는 것이 최선이자 최상의 계율행이다.507) 특히 계율 수행
은 타율적인 만큼 고통과 어려움이 뒤따르는데, 앞으로 세워져야
할 구원을 위한 지침으로서의 계는 자발적인 노력과 추구하는 것
자체로서 모든 선과가508) 하나님에게 도달되는 생애 중에서 가장
기쁘고 행복이 만끽되는 수행이 되어야 한다. 하나님의 뜻을 깨우
친 그것으로 스스로를 향해 내려지는 명령, 그러니까 자신이 자신
에게 내리는 자율적인 戒의 형태가 되어야 한다.

그렇다면 종말을 맞이한 오늘날에 있어서 하나님은 지금까지 지
켜온 제 계율성에 대해 어떤 뜻을 가지고 계실 것인가? 물론 수행
으로 푯대를 세우셨다는 것은 당연히 계율의 건재성만큼은 절감해
서였겠지만, 이 뜻은 보다 확실하게 확인해야 한다. 어떻게 종말이
도래했고 그 대비책이 무엇인지 진단한 근거를 찾아내어야 한다.
그래도 세상에는 믿음을 가진 자들이 있는데, 그들이 함께하고 있
는 세상을 한꺼번에 심판하실 것인가? 그러나 모든 것의 중심을 보
고 계시는 하나님에게 있어서는 覺者와 비覺者 간에 대차가 없다.
성도와 불신자가 분별이 되지 않는다. 세상과 교회가 별다른 구별
이 없다. 믿는 사람과 믿지 않는 사람이 아무 차이가 없다는 이 충
격적인 관점. 교회 충실히 나가고 구원된 삶을 산다고 하는 신앙인
들이 어쩌면 그렇게 세속적일 수 있는가? 은혜 입은 자와 성도는
반드시 구별된 생활을 해야 한다. 항시 깨어서 하나님과 영적 교제
를 터야 한다. 그것이 심판과 구원을 위한 기준 증표이다. 신앙 체

---

507) 『한국근대민중불교의 이념과 전개』, 앞의 책, p.307.
508) 『불교철학의 이해를 위하여』, 불교신문사 편자, 대학문화사, 1984, p.209.

제를 혁신시키지 않을 수 없는 율법의 계시 필요성에 대한 역설이다. 하나님은 세상 멸망에 대비하여 쾌락과 구별된 계율적 정결을 요구하셨다. 그리해야 하나님은 심판 시 구원할 자를 확실하게 구원하실 수 있다. 그래서 이 연구는 末世에 이 같은 뜻을 지침하고자 한 것이 일관된 저술 기조이다.

뜻이 이러할진대, 그렇다면 과연 어떤 戒를 받들어야 일체 중심을 보고 계신 하나님 앞에서 구별된 수행자로서 구원된 영광을 입을 수 있는가? 어떤 戒와 行을 받드는 것이 의롭다 함을 입을 고귀한 가치인가? 보안 보살이 부처님께 "末世 중생들은 어떻게 사유하며 주지 – 住持하여야 합니까?"라고 묻자 부처님께서 말씀하시길, "末世 중생들이 如來의 깨끗한 원각을 구하고자 하려면 먼저 사마타행 – 奢麻他行에 의하여 금계를 굳게 가지고, 대중의 처소에서 항상 이러한 관념을 가지라."[509] 즉 증과를 얻기 위해서는 먼저 부처님의 마음을 읽어야 한다고 했다. 부처님으로부터 戒를 받아 그 戒를 지킴을 통해서 대수행을 쌓고 완성된 증과를 얻는 것이다. 마찬가지로 하나님이 단행하고자 하시는 심판 역사로부터 구원되기 위해서도 인류는 살아 계신 하나님의 뜻을 받들어야 한다.

역사적으로 새로운 계명이 선포된 때는 항상 인류가 맞이한 시대가 범상치 않은 소용돌이 속에 있었다. 그래서 계시의 선포 형태는 구시대적인 발상을 뛰어넘어 지극히 돈오적 – 頓悟的인 것이었다. 바로 그 같은 예의 선구자가 세례자 요한이다. 그 발상! 즉 사람이 한번 강물에 들어갔다 나오면 죄업이 씻기고 새사람이 된다는 것은 구원의 門을 획기적으로 개방시킨 전환 기점이다. 당시는 율법의 약속과 철저한 지킴이 요구되었고, 관례적으로 특수층들의

<hr>

509) 『원각경 역해』, 한정섭·송은진 공저, 불교통신대학, 1988, p.18.

구원만 고집되고 있었는데 요한은 억압받는 자, 가난한 자, 곤궁한 자, 애통하는 자도 구원받을 수 있는 길을 개방시켰다. 세례라는 제식적 행위는 유태교의 엄격한 율법주의에 대한 최대의 반동이다.[510] 이 같은 발상이 있어 이후 예수를 主로서 시인하게 하였고, 믿으면 죄사함을 받고 구원을 얻는다는 즉시 구원관의 바탕을 이루었다.

하지만 다른 측면에서는 2,000년이 지난 지금, 오히려 믿는 자와 불신자가 구별이 없을 만큼 율법성이 근본적으로 해이해져 버리게 한 원인이기도 하다. 그렇다고 해서 이 시대가 다시 유태교와 같은 율법주의로 되돌아갈 발상을 내세울 수는 없으리라. 중요한 것은 역사적 선례가 그러했듯, 그와 같은 때가 다시 도래하리라는 것과 계명을 선포하기 위해서는 그만한 권위와 섭리사가 뒷받침되어야 하는데, 이 절차를 이 연구가 마련했다. "사도 바울은 기독교의 메시지를 유태교의 율법으로부터 분리시켜 기독교 신앙이 세계적으로 전파될 수 있는 초석을 마련하였듯",[511] 오늘날 세계의 마지막 남은 자들까지 구원의 표적으로 삼기 위해서는 계명의 門을 더욱 획기적으로 개방해야 한다. 계율 속에서보다는 그 계율을 극복한 자유 속에서 진정한 믿음은 존재하며, 믿음은 계율이 아닌 믿음 자체로서 수호되어야 한다. 허물어진 맹세는 철회되어야 하고, 지켜질 수 없게 된 계율은 파기되어 마땅하다. 새로운 질서를 수립하기 위해서는 불가피한 의지 단안 과정이다.

지금까지 율법을 지켜서 충실한 역사를 이루었다면, 이제는 새 율법을 맞이해야 더 큰 역사를 이룰 수 있다. 역사의 진행 방향은

---

510) 『금강경 강해』, 김용옥 저, 통나무, 2003, p.134, 136.

511) 『보살예수』, 앞의 책, p.44.

가없을 뿐 아니라 생성과 통합을 거듭한다. 하나님은 세상 역사를 주관하시는 권한자이시다. 구 율법은 파기할 수도 있고 동일한 권능으로써 새 율법을 세울 수도 있다. 하지만 그렇게 되기 위해서는 그만한 성업과 증험 역사가 요구되는 것이므로 자칫 혁명적이고 頓悟的으로 보일 수도 있다. 온통 율법에 찌든 자들이 한번 들어갔다 나오면 전혀 새사람이 되게 할 권능, 그 뒤에는 반드시 차원적인 성령의 역사가 함께한다. 이 연구에서 밝히고자 하는 계명의 발상 형태도 상황은 마찬가지이다. 이전에는 굳게 지켜졌더라도 명목만 남은 비합리적인 계율들이 있다면, 그것은 보다 나은 구원의 자유성을 확보하기 위해 폐기되어야 한다. 아직도 고등 종교들은 그 지역의 문화와 역사를 장악하고 있는 상태라, 새로운 역사가 없다면 수천 년 지속된 타율적 계율로부터 헤어날 수 없으리라.

그래서 이 연구는 그 권한을 새로운 구원 원리의 정립을 통해 제시하고자 한다. 폐기할 것은 폐기하고 하나님의 구원 약속이 뒷받침된 새 계명을 밝히는 것, 그것이 다름 아닌 '길을 지킴'이다. '길을 지켜라.' 이것은 오늘날에도 살아 계신 하나님이 인류의 남은 자들을 마저 구원하시기 위해 세우신 새 계명 지침이다. 종말에 대처해서 이 연구가 내세울 수 있는 최선을 다한 계율 형태이다. 길은 하나님이 인류를 위해 내리신 계시이기 이전에 인간이 깨달음으로 자신에게 내려야 하는 의지 통제 명령이다. 길을 지킨다는 것은 여태껏 그 의미를 개연화시킨 바 천부의 본성을 지키는 것이고, 세계의 본질을 수호하는 것이며, 부여된 고귀한 구원 사명을 각성하는 통합 계율이다. 인류는 장차 새로운 믿음과 자기완성과 구원의 시대를 열 수행적 사명을 자각하는 것이 불가피한데, 길을 지키는 것은 이 같은 요구를 충족시킨다. 길을 지키는 것은 곧 모든 것을 위하는 것이고, 위함은 사랑하는 것, 사랑은 목적하는 것, 목적은 결과를 이루는 것, 결과는 구원을 얻는 것이다. 길의 지킴 대상은 이 땅에 창조된 모든 것이다. 道, 본성, 진리, 뜻, 본질, 창조성을 수행으로 지킨다, 수호한다, 버리지 않는다. 그 의미는 참으로 인류의 종말을 대비하는 데 있다. 양산된 계율을 길 하나로 통합함으로써 진정한 자유를 얻으리라.

그래서 살펴보면 성현들은 길의 계명 선포 이전에 이 같은 구원을 위한 많은 메시지를 남겼는데, 그 의미들이 바로 길의 자율적 지킴 계명에 의해 통합된다. "눈 밝은 장부는 계행－戒行이 청정하여 일신의 지보－至寶이며 大道의 근본인 精을 굳게 지켜야 한다."512) 精을 지키는 것은 수행의 근본 자리인 "일원－一圓의 본성을 지키는 것"513)과 상통하고(소태산), 창조성을 밝히는 것과 직결된다. 道를 알고 道를 지키면 성품과 삶이 우주의 순리에 안치되니, 시대가 바뀌고 道가 땅에 떨어지더라도 길을 지킨 가치는 영원하기만 하다. 세계를 위해 본질을 간직하라. 이것은 자체 지닌 창조성을 보전하기 위해 지켜야 하는 당위성 계율이다. 인간이 귀한 것은 하나님이 주신 그 천부의 본성을 굳게 지키는 데 있다. 길을 지키는 것은 세계적 본질을 수호할 수 있는 대근간이다. 길 하나를 지키면 만행이 계율화된다. 의혹하지 않는 한 방황은 없으며, 길을 지키면 세계는 영원하다.

길은 모든 것과 통하고 모든 진리와 통하고 하나님과도 통하는 구원의 길이다. 다만 한 가지 제약 조건은 아무리 귀한 증과라도 아낌없이 나누었을 때 하나님이 내리신 계명이 완성될 수 있다. 온

---

512) 『비전 정통달마선법』, 강운 저, 태일출판사, 1997, p.32.
513) 『심구조상에서 본 불성』, 심성연구반 저, 원불교학 연구, 논문, p.23.

전히 하나 된다. 특히 물질만능주의가 팽배된 현대사회일수록 더욱 나눔의 계율성이 절실하다.[514] 어렵게 수행해서 얻은 것인 만큼, 나누는 데는 더 큰 어려움이 있으리라. 그렇기 때문에 그것을 이겨 내는 것이(나눔) 계율행을 수행하는 것이다. 지켜서 끝내 얻은 것은 온 인류에게 끝내 나누기 위해서이다. 그렇게 해야 의롭다 함을 입을 하늘나라 백성이 된다. 나누지 못할 것이라면 아예 처음부터 그 같은 계명을 받들 필요가 없다. 그래서 은혜 입은 구원의 사도들은 나눔을 절대 사명으로서 수행해야 한다. 증득한 묘법들을 요해해서 가르침에 다함이 없어야 하며, 세상 구제를 병행해서 추진해야 한다. 참으로 천국이 있고 무간지옥이 있다는 사실을 깨달은 영혼은 만생을 향해 간절히 淨心의 세계를 요청해야 한다. 부귀를 가진 자 권력을 가진 자 재능을 가진 자 모두 마찬가지이니, 이것이 이 땅에 강림하신 하나님의 핵심이 된 계명 강령－綱領이다.

2. 정진 수행

옛날에는 일생을 일컬어 육십 평생이라고 했다. 지금은 더 연장이 되었지만 그래봐야 백 살 미만이다. 정열을 쏟을 수 있는 나이를 80세로 놓고 보더라도 이 안에서 인간이 이루고 가는 것은 천차만별이다. 공수래공수거－空手來空手去, 초로인생－草露人生을 뇌까리지 않더라도, 인생을 돌이키면 쓸쓸함과 적막감만 감돈다. 재벌 총수나 촌부나 하루를 보내는 시간은 같다. 먹는 나이 막을

---

514)『민중신학 이야기』, 안병무 저, 한국신학연구소, 1988, p.163.

수 없고 가는 세월 붙잡을 수 없다. 평생 동안인데 그 안에 무엇인들 못 이루랴 생각하지만, 젊어서는 인생이 영원한 것인 줄로만 알고 정열을 허비하다가 늙어서는 시간이 모자라 허덕인다. 불로장생을 꿈꾸고(진시황) 세계의 절반을 말발굽 아래 두었던 영웅도 있었지만(칭기즈칸), 때가 되면 눈을 감고 말았다. 인간은 태어나 만 가지 일을 이루지만, 죽음을 맞이하는 인생 허무는 해결하지 못한다. 윤회, 부활, 재림, 환생, 피안의 세계가 있다고 주장하지만, 현실 인식과는 너무 거리가 멀다. 인간은 다른 일은 이루지 못하더라도 한 가지는 해결할 수 있어야 하는데, 어떡하든 받아들이지 않을 수 없는 인생의 허무 문제이다. 죽음은 막을 수 없더라도 이 生에서 쌓은 것이 있다면 저 生에 가서 기대할 것이 있지 않겠는가? 가는 세월을 그냥 흘러 보내면 허무로 귀착될 것은 기정사실이지만, 그렇게 하지 않고 대체시키는 방법, 그것이 바로 인생을 항구적으로 보존시킬 정진 수행이다.

인간이 어디서라도 정진할 수 있다면 그처럼 바람직한 삶의 태도도 없다. 그런데도 정진 수행이 매사에 걸쳐 일반적이지 못한 것은 정진함이 쉬운 것이 아니기 때문이다. 하지만 인류는 이제 정말 만 가지 일을 제쳐 두고서라도 정진 수행 하나만큼은 크게 받들어서 만생을 구원할 터전을 이루어야 한다. 그렇게 하기 위해서는 반드시 선행되어야 하는 조건이 있는데, 다름 아닌 인간을 어떻게 볼 것인가, 단명하게 볼 것인가 영구한 생명체로 볼 것인가 하는 관점의 결정 문제이다. 어떻게 보건 현실의 콩이 팥으로 변할 리는 없겠지만, 일단 단명하게 보면 정진행은 무익한 행위가 된다. 적어도 이 生에서의 용맹 정진은 주어진 인생이 죽음 이후에도 영구하다고 여겼을 때만 추진될 수 있는 생명 에너지의 저장 행위이다. 德

을 쌓든 학문을 닦든 적용되는 원리는 동일하다. 정진은 결코 목적 없이 추진될 수 없다. 십 리를 걸을 자와 천 리를 걸을 자는 길을 떠나는 마음 자세가 다르다. 영생을 살 자와 한 生만을 살 자, 그들이 취할 삶의 자세는 다를 수밖에 없다. 보다 영원한 세계관에 대한 신뢰가 없다면(확신), 우리는 삶의 도정에서 도무지 영생을 불태울 에너지를 창출할 수 없다. 따라서 정진 수행이 요청되더라도 철저한 대책이 없는 자를 무조건 권유할 수는 없다. 生滅 현상을 초월한 영생관을 제시해야 한다. 인간이 하나님의 뜻을 받들어야 하는 것도 이 같은 세계관을 구축하기 위한 밑그림이다. 현 生에서는 실감하기 어렵더라도 천국은 있다. 증험 문제는 차후 과제로 돌리더라도 현 生에서 영생을 희구하면서 천국 세계를 유추할 수 있는 길은 있다. 그 길이 바로 정진 수행이다.

인생을 보다 긍정적이고 희망적이며 영속적인 것으로 보아 가치를 일구는가, 아니면 아무 소용이 없다고 단정하는가에 따라서 도달될 결과는 전혀 다르다. 무엇을 남기고 싶으면 그만큼 삶을 철저하게 관리해야 한다. 나와 인생은 어차피 허무하고 무가치한 삶의 한가운데서 의미 있는 무언가를 구축해 나가는 것이다. 生은 순간이며, 生死는 바로 이 삶의 현장 가운데서 교차된다. 존재함의 기반은 절대적이지 않다. 길을 지키지 않으면 어제라도 허물어질 수 있다.

"좋은 음식으로 길러도 이 몸은 무너질 것이고, 부드러운 옷으로 보호해도 목숨에는 반드시 끝이 있다. 수행이 없는 빈 몸은 길러도 이익이 없고, 덧없는 목숨은 아껴봐야 보전하지 못한다. …… 백 년이 잠깐인데 어찌 배우지 아니하며, 일생이 얼마라고 닦지 않고 방종하랴(원효)."515)

정진에로의 안타까움……. 정진은 삶의 본질을 완전하게 장악해야 한다. 짧은 것이 하루 햇살인데 날이 샌 줄도 모르고 누워 있다면?

때가 짧다는 것을 알아야 오히려 부지런히 갈고 닦아서 피안에 도달할 수 있다.

이것저것 다 가지고 다 이루려고 한다면 아무것도 이루지 못한다. 만 가지 욕심을 버리고 오직 한 가지 소중한 영원성을 획득하라. 정진의 목적은 인생의 바로 그 한정됨을 인식하는 데서부터 구체화된다. 늘 이루어도 이루기가 어려운데 욕망을 자제치 못하고 정진이 없는 인생 삶에 있어서랴! 허무는 정진함이 없기 때문이기 이전에 무지함에 따른 영향이 더욱 크다. 정진이 없는 것은 허무로 귀착될 인생 본질에 대해 무감각한 것이라고 봄이 옳다. 정좌함으로 생활 속의 자세를 확립하고 正道로서 진리를 모색하는 것은 얼마나 통달된 깨어 있는 삶인가? "정진은 올바른 삶의 방향을 향해 흔들림 없이 매진하는 것이다."518) 바름을 알아야 바름을 향해서 인생을 바르게 세우고, 佛道를 알아야 구부림 없이 佛道를 실천한

---

515) 『6월의 문화인물, 원효』, 한국문화예술진흥원 편, 문화체육부, 1993, pp.3 - 4.
516) 위의 책, p.4.
517) 위의 책, p.4.
518) 『금강경 강해』, 앞의 책, p.45.

다. 목표를 세워야 열심히 달려갈 수 있고, 가치를 깨우쳐야 노력해서 성취할 수 있다. 그런데 누가 그 같은 지침을 주었는가? 가치를 지적했는가? 어떻게 정진할 것인가? 그 길을 이 연구가 제시하고자 한다. 인류는 더 이상 방황하지 말고 구원의 푯대를 향해 나아가라. 수행하라. 정진하라.

정진은 다하는 것, 끝내 소멸하고야 말 본성을 적극적으로 대처해서 맞바꾸는 작업이다. 더 이상 멸할 것이 없게 해서 허무를 극복하는 것이다. 지성과 의무를 다하면 허무가 재촉되는 것이 아니라 하나님을 아는 구원의 은혜를 입는다. 오히려 다함이 없으니까 남음이 넘쳐서 은혜를 모르고 하나님의 자녀가 될 자격을 얻지 못한다. 남음이 없어야 하므로 그것을 적극적으로 드러내는 방법, 그것이 정진 수행이다. 정진의 뜻이 전도되는데, 참으로 수행도를 완성하고자 하면 시간이 모자란다. 무엇을 위해서 정진하든지 어차피 시간은 모자라게 되어 있으므로, 다함이 없게 하는 그것이 정진행이다. 그런데 정열을 아끼고 의지를 아끼고 시간을 아껴 둔다면? 고스란히 후회와 앙금을 남기는 원인이다. 하나님이 주신 선물을 포장조차 뜯어 보지 않다니! "범부－凡夫라서 본래 갖추어져 있는 청정한 성품을 발견하지 못하는 것"519)이 아니다. 쏟고 쏟아서 끝을 보아야 하는데 남겨둔 방일함이 잘못이다. 부여받은 선물이 얼마나 보배로운 것인가 하면 일구고 일구어도 끝이 없다. 무궁무진하여 아무리 파고들어도 가없다(진리). 그래서 다함없는 정진이다.

인간은 소멸하지 않기 위해 정진한다(정진은 소멸을 극복함). 그런데 정진행을 중단해 버리면 어떻게 되는가? 아무리 정진했어도 이 순간 정진이 없으면 소용이 없다. 아침에 닦은 치아도 저녁이

---

519) 『대승보살도』, 안덕암 저, 삼장원, 1981, p.258.

되면 더러워져 있다. 수행자는 수행자로서 정진할 과제가 있고, 覺者는 覺者로서 정진할 목표가 있다. 그래서 가장 완성된 行은 정진하다가 죽음을 맞이하는 것이다. 어차피 정진은 끝이 없는 것이므로, 정진하다가 죽으면 그것이 완성된 수행이다. 허무할 것이 없다. 정진 가운데서 다 이루었다.

일국의 왕자로 태어나 오직 求法과 전등 – 傳燈을 발원하며(정진의 목표) 끊임없는 수행과 학문과 강학 – 講學으로 일생을 살았던 대각국사 – 大覺國師 의천(義天: 1055~1101). 구법을 위해서 밀항을 주저하지 않았고, 학문을 위해서 침식을 잊고 촌음을 아꼈다. 그가 이룩한 수행과 학문은 신분과 무관하다.[520] 11세에 出家하여 47세에 입적할 때까지 그의 삶은 참된 정진의 本을 보인 구도자이다. 이룰 것을 다 이룬 완성자이다. 짧은 생애 동안 그렇게 굵직한 업적을 이룬 인물이 드물다. 그의 활동과 업적은 우리나라를 넘어서 동아시아 전체에 영향을 끼쳤다. 고려의 대표적인 고승으로서 혹은 탁월한 불교학자로서 평가받았다.[521] 정진행의 열매는 이런 것이다. 상상을 초월한 능력이 발휘된다. 인간으로서 한계를 극복한 승리자이고 지고한 가치의 실현자이다. 동일하게 삶을 산 인간들 중에서 이토록 큰 차이가 벌어지다니!

또 한 분 정진행의 사표인 "원효는 대학자였다. 천부적인 재능과 불같은 정열과 냉철한 비판안과 정확한 논리, 뛰어난 문장력을 갖춘 위대한 학자로서, 100여 부 240권의 저서를 남긴 세계적인 대저술가이다. 불교 사상을 새롭게 종합하고 독창적인 사상을 천명해서 古今의 오류를 바로잡았다. 원효는 환속한 거사이기 이전에 용

---

520) 수행과 학문은 돈과 권력으로 살 수 없음.

521) 『11월의 문화 인물, 의천』, 한국문화예술진흥원, 문화관광부, 2001, p.11.

맹으로 정진한 수행자이다.

> "절하는 무릎이 얼음과 같아도 불 생각 말고, 주린 창자 끊어지는 듯해도
> 먹을 것 찾지 말라."

　수행에 몰두하는 원효의 모습. 자료를 모으고 정리하는 일, 수많은 독서와 끝없는 사색, 체계적인 구성과 논리적인 전개, 온 정력을 집중한 의지력, 뜬눈으로 지새운 용맹의 나날들, 모든 것을 가능하게 한 강한 체력의 뒷받침……"522) 그렇게 몰두했어도 수행의 도를 완수하고자 하는 데 있어서는 오히려 시간이 모자랐으리라. 정진은 허무를 보람으로 化하게 하는 마력의 메커니즘이다. 흘러가는 세월을 붙들 장사는 없다. 단지 방편은 세월 자체를 정진의 재료로 삼는 것뿐이다. 정진행은 흐르는 세월을 實有로 전환시키는 유일한 길이다.

　인류는 시시각각 갈고 닦아 見性하고 돈수 – 頓修하라.523) 배우고 익히고 궁리하고 사색해서 구원의 푯대를 향해 나아가라. "너무 조르거나 너무 늦추어도 깨달음은 얻을 수 없다."524) 일체 증과에 연연하지 않아야(묵묵함) 완성을 이룬다. 추구하다 가는 삶이 아름다운 行이니, 수행자는 정진함과 함께 이미 영원한 우주의 생명 궤도 속으로 진입해 버렸다.

　수행의 정진 이유와 해답은 명백한 것이다. 왜 정진 없는 삶은 허무를 낳는가? 반대로 정진하면 영원한 생명을 획득하는가? 그것

---

522) 『6월의 문화인물, 원효』, 앞의 책, p.2, 10.

523) 『육조단경에서의 견성의 의미』, 앞의 논문, p.91.

524) 『깨달음의 교육의 탈현대적 의미』, 홍승표 저, 계명대학교사회과학연구소 사회과학 논총, 권 19, 제2호, 2000, p.6.

은 바탕된 창조 본질이 생성하기 때문이다. 생명성과 호흡, 각성이 생성 질서를 따라잡아야 영원한 질서 궤도 위에 선다. 시시각각 변하고 변하는데 그 변화를 따라잡지 못하면 세계적 질서와 괴리된다. 그래서 시시각각 頓修가 필요하다. 놓쳐서 안 될 진리, 간과해서 안 될 지혜이다. 그렇게 정진해야 우주의 무궁한 생성 과정을 지킬 수 있다. 그래서 수행자는 정진만을 일삼는 生의 공간을 확보하기 위해 독처와 出家를 단행했으며, 특별히 정신 무장을 갖추었다.[525] 인간 된 욕심과 세속의 영광을 버리고 일체를 헌화함으로써 정진행의 화신이요 진리의 공복이 되었다. 영원한 것은 우주라, 한 生을 다 바친다고 해서 어떻게 그 끝을 볼 수 있겠는가? 그래서 그들은 못다 한 믿음의 本으로서 진리에 대한 귀감으로서 바람 없이 산화했다. 여기에 함 없는 생명성이 보장되어 있다. 다할 수 없고 영원히 추구해야 할 목표이기 때문에 우리는 다시 원효의 정진행을 살피고 佛陀가 얻은 깨달음의 의미를 되새기고 있다.

정진행으로 끝없는 생성 세계를 추구하면 그로부터 얻게 될 결과는? 바로 천만년 운위된 우주의 생성 면모이다. 어떻게 해서 생성으로 영원한 세계를 이룬 것인지 창조된 실상을 간파한다. 규칙적인 순환과 무궁한 생성은 창조된 세계를 영원하게 하는 요인이다.[526] 지금의 진리에 대한 인식은 현존재가 확보한(우주의 생성 질서를 지켜본) 정진의 결과이다. 佛陀가 열반에 들면서 제일 안타까워하고 염려한 것도 이것이다. 佛陀는 우주의 생성 상황을 정진을 다해 통찰했지만, 그래도 다 일구지 못한 진리를 자신이 떠나고 나면 누가 이을 수 있을 것인가? 법계를 완성할 것인가? 범인은 핏

---

525) 우주의 생성 질서를 통찰하기 위해서는 그 같은 세계에 접할 수 있는 삶의 공간이 필요함.
526) 『세계통합론』, 졸저, 다짐, 1995, p.66.

줄이 끊어질 것을 염려하는데 佛陀는 정진행의 대가 끊어질 것을
우려했다.

"그러므로 비구들이여 방일하지 말라. 나는 방일하지 않음으로써 스스로
正覺을 이루었다. 한량없는 온갖 착함도 또한 방일하지 않음으로 말미암
아 되는 것이다. 일체 만물에 영원히 존재하는 것은 없다. 이것이 여래의
최후 말씀이다."527)

生者必滅이란 역설적인 의미로 방일하지 말라고 한 佛陀의 최
후 진언은, 그렇게 산 자체의 일생 삶을 그대로 증언한다. 절실한
정진의 숨결이 지금도 느껴진다. 必滅은 그가 수행으로 해결하고자
했던 최대 화두이다. 그래서 정진행이 필요하다. 그 간절한 바람처
럼 인류는 기필코 우주의 생성이 다하는 날까지 무한한 정진행을
지속해야 한다. 온 인류가 동참해서 대를 이어 지혜를 모아야 한다.
그리해야 진리를 보고 궁극적인 실상을 보고 그 위에 계신 하나님
을 뵈리라.

3. 서원 수행

서원 – 誓願은 맹세하여 소원을 세운다는 뜻이다. 불교에서는 보
살이 수행의 목적인 원망 – 願望을 밝히고 그 달성을 맹세하던 일
이며,528) 구약 시대에는 하나님에게 어떤 은혜를 빌고 그 보답으로

---

527) 『장아함경』, 역경위원회 역자, 동국역경원, 1985, p.103.
528) 보살의 공통된 원인 사홍서원, 아미타의 48원, 석가의 500대원 등.

하나님에게 어떤 행위, 곧 헌물을 바칠 것을 맹세하던 일이다.529) 본인도 삶의 과정에서 늘 길을 지키고 길을 완수할 수 있을 것을 염원하였고, 그렇게 해서 완성한 길을 하나님께 바칠 수 있길 서원 하였다. 길을 버리고자 했을 때는 헤아릴 수 없는 방황과 고통이 따랐지만, 귀환하였을 때는 한량없는 은혜와 안정과 임재된 뜻이 있었다. 알고 보니 길을 지키고자 한 의지 표명은 자체로서 발원된 서원인 동시에 하나님으로부터 구속된 뜻이었다. 그래서 그것은 피할 수 없는 사명으로 각인되었고, 정말 완수해야 할 인생 숙업이 되었다.

그런데 이 같은 뜻의 전달과 교감 인식은 어떤 계기를 통해 주어지는 것인가? 돌이켜 보면 무특정한 대상에 대한 상념 – 想念인 독백이 그 효시였다. 막연한 생각이랄까? 꿈과 소원을 담은 염원이랄까? 믿음에 대한 대상이 명확하게 초점 잡힌 상태가 아니었는데, 이것이 나중에 모종의 모티브 역할을 했다는 것은 願, 기도, 想念에530) 대한 중대한 원리성을 시사한다. 생각은 아무 근거가 없는 관념물이 아니다. 엄연히 존재하고 있는 본질성을 뒷받침한 의지의 표출이다. 계시는 그렇게 표현된 단어적인 의미이기 이전에 그렇게 역사하신 하나님의 존재 의지가 스며 있다. 어떤 사명이 부여된 것이라면 그것은 부여자와 받든 자 간의 상호 작용으로써 밝혀져야 한다. 그래서 염원 내지 서원이 어떻게 해서 세계적인 작용을 이룬 것인지에 대한 문제를 밝힐 수 있다면, 계시 본질은 물론이고 세계에 대한 기도의 의미에 대하여, 그리고 특별한 사명자들이 주장한 의식 상태를 해명할 수 있다.

---

529) 『새우리말 큰사전』, 신기철·신용철 편저자, 삼성출판사, 1985, p.서원 편.
530) 마음속에 품는 여러 가지 생각.

길의 사명은 옛날의 샤만처럼 주관적인 신비 체험만으로 인지된 것이 아니다. "기도와 호소가 어떤 우연한 일치를 가져오거나 노력을 집중적으로 표현하였을 때 얻은 성과에 대해서 그것을 정령의 힘에 의한 것으로 믿거나 신앙의 효험으로서 생각하지만",531) 그것은 기도나 호소에 대한 무형의 작용력을 미처 간파하지 못한 것이다. 기도와 염원은 마음의 쏠음 상태인데, 이것은 인간의 존재 의지를 분열시킨 가장 현실감 있는 작용 결과를 낳는다. 그것을 알 수 있는 것은? 독백된 서원력이 고스란히 의식화되고 의지화되어 일정한 시기에 절대 의식화된 증험 결과를 통해서이다. 위대한 인물들은 한결같이 기도, 서원, 명상을 통해 자아를 확대해 나갔을 뿐 아니라, 그것은 정말 그와 같은 방향으로 존재된 의식을 분열시킨 것이다. 보다 넓은 정신세계, 무궁한 영적 세계를 확충해서 자아의 면모를 일신시켰다. 잘못을 참회하고 本을 따르고자 한 것도 이상적인 존재 세계에 자신을 일치시키고자 한 노력 행위이다.532) '큰바위 얼굴 이야기'처럼 바람, 願을 세움, 간절한 기도는 생각만으로 그치는 것이 아니라 정말 우리를 그와 같은 방향으로 인도한다. 그래서 믿음어린 추구가 어느덧 구체화되어 나타난다. 願과 기도한 자신과 일체가 된다. 主를 찬미하며 새긴 결과 그렇게 바친 믿음이 그분을 향해 열려져 그분 가까이 다가서고, 그분 역시 소리없이 다가와 계신다. 부처님과 보살을 부르면(염불) 빠르게 빠르게 그 세계로 다가간다. 절대자의 명호를 부르는 신앙으로 정말 절대자에게로 인도된다.533)

---

531) 『종교는 무엇인가』, 최광열 저, 학우사, 1980, p.38.
532) 『명상의 세계』, 정태혁 저, 정신세계사, 1994, p.61.
533) 위의 책, p.61.

자고로 기독교의 사제, 불교의 고승대덕, 위대한 샤만들을 망라해서, 기도와 서원 행위는 거의 보편화된 신앙 수단이자 높은 수준의 수행법이었다.[534] 단지 얼마나 토속적이고 기복적이냐, 혹은 중보적인가에 따라 차이가 있을 뿐, 생각을 표현해서 전달하고자 한 방법 면에서는 대차가 없다. 어떤 방법이든 핵심은 생각을 어떻게 정비, 정돈, 극복해서 차원적으로 상달시킬 수 있는가 하는 것이다. 이에 체계적인 수련과 頓悟的인 깨달음이 요구된다. 보다 큰 자각이 보다 큰 大願을 이루는 것이기에, 그만한 진리의 자각은 그와 같은 근원 세계를 개척한다. 願을 확장하고 구체화하여 체계를 이루는 데 투여되는 과정 자체가 수행이라, 독백도 좋고 염원도 좋고 간구(기도)도 좋지만, 願의 통합적인 관리를 위해서는 서원이 주효하다. 서원은 수행과 병행하면서도 실천할 목표와 과제를 구체적으로 설정한다는 점에서 하나님에게 義를 상달시키고 그에 따라 증과 세계를 확인할 수 있는 확실한 방법이다. 서원은 무엇을 위해 뜻과 정열과 인생을 바치겠다고 한 세계를 향한 서언이자 존재 의지의 표명 절차이다. 그리고 기도는 요목화한 뜻을 하나님께 상달하는 방법이다. 그런데 문제는 뜻을 전달하는 방법이 초점 잡혀 있지 못하고 절차도 중구난방인 데 있었다. 그래서 정립해 나가야 할 것은 하나인 언어와 기도와 입을 통해서 간구 의지를 결집시키는 것이다. 그 같은 역사를 성사시킨다는 것 자체가 참회와 용서로 구원을 희구하는 서원 의지의 표명이다.

역사의 과정 단계에서 발전되어 온 주술→주문→기도→교리는 인간의 상념을 진리와 교감시키고 하늘에 대해 뜻을 전달하고자 한 방법이었다.[535] 하지만 인류가 오늘날 심판을 선고받은 상황에

534) 『7만년 하늘민족의 역사』, 유왕기 저, 세일사, 1989, p.215.

서는 제각각 행했던 방법으로써는 하나님의 뜻을 변화시키기 어렵다. 통합된 뜻을 상달할 수 있어야 하지만 그 방법은 특별하지 않다. 전체 인류의 뜻을 결집해서 그것을 누군가가 대표해서 서원하는 형태인데, 그 방법은 역시 기도뿐이다. 방법은 단순한 것이지만 문제는 절차상이다. 절차를 밟는 과정에서 인류는 엄청난 파란과 전무후무한 역사를 겪어야 하리라. 인류의 뜻을 결집시킬 통합 역사는 하루아침에 이루어지지 않는다. 동의, 동참이 있어야 하고 상달될 그날까지 모든 것을 참고 기다릴 수 있는 믿음을 견지해야 한다. 간구함과 기도함에 있어 중단이 있어서는 안 된다. 찬양, 감사, 고백, 간구, 중보, 예배를 넘어서[536] 하나님이 오늘날 밝히신 새로운 뜻을 위해 헌신할 수 있어야 한다.[537] 靈性的 기대를 마련해야 한다.

"구하기 전에 있어야 할 것을 다 아시는"[538] 하나님이시지만, 내가 직접 일으켜야 하고 직접 세워야 간과치 않으시리라. 기도는 하나님이 정하신 것을 인간이 확인하는 절차이기 이전에[539] 하나님이 먼저 인류를 보장하시려는 필요 불가결한 행위이다. 그런데 기도가 없다면? 당연히 보장도 없다. 기도는 주체이다. 이루어 주시려는 거기에 절대 창조주로서의 사랑이 있다. 하나님이 아신다는 것은 상달할 願에 대한 본질을 이미 꿰뚫고 계시다는 뜻이다. 그러므로 "참된 기도는 자신이 원하는 것을 구하는 것이 아니라, 하나님께서

---

535) 위의 책, p.214.

536) "아름답고 거룩한 것으로 여호와께 경배할지어다." – 역대상, 16장 29절.

537) 『무한한 기도의 능력』, J. O. 샌드스 저, 정동섭 역, 요단출판사, 1983, p.17.

538) 위의 책, p.역자 서문.

539) "하나님께서 장차 일어날 일을 미리 예정하셨다면 우리의 기도가 무슨 변화를 가져올 수 있다는 말입니까?" – 위의 책, p.122.

원하시는 것을 서원하는 것이다."540) 우리가 하나님이 원하시는 뜻을 위해 서원할진대, 하나님은 더더욱 우리가 원하는 소원을 위해 아낌없이 역사하시리라. 한량없는 신뢰와 무한한 감화력이 존재 대 존재 간의 교감으로 밀착된다. 우리는 어떻게 해서 하나님의 뜻을 알 수 있는가? 참된 기도, 참된 서원, 참된 길을 바친 마음을 통해서이다.

> "마음을 다하여 一心으로 관세음보살의 명호를 부르라. 어떠한 괴로움 속
> 에서도 단 한번만이라도 관세음보살을 부르면, 괴로움에서 벗어나 두려움
> 을 여의리(『법화경』)."

이 같은 믿음, 이 같은 신앙, 이 같은 기도가 있어 관세음보살과도 통하고 하나님과도 통한다. 존재 대 존재 간, 마음 대 마음 간, 차원 대 차원 간의 거리를 메운다. 한번의 명호를 부름에 있어서도 상달이 가능할진대 무엇을 하건, 어디에 있건, 언제나 보리심을 잃지 않고 道를 생각한 염원 수행에 있어서랴? 그래서 염불 수행이다(불교). "염불－念佛은 천만 가지 흐트러진 정신을 일념으로 만들기 위한 공부법이고, 순역－順逆 경계에 흔들리는 마음을 안정시키는 공부법으로서, 염불의 문구인 나무아미타불은 무량수각－無量壽覺에 귀의한다는 뜻이다. 무량수는 원래 生滅이 없는 영원한 차원 세계이다."541)

염원(서원)이 지극하면 어떤 장애도 극복하지 못할 것이 없고, 어떤 차원도 도달하지 못할 곳이 없다. 독백→염원→잠재→초월 혹

---

540) 위의 책, p.65.

541) 『선이란 무엇인가(원불교 좌선의 원리와 실제)』, 구산 저, 정귀원 편저, 동남풍, 1998, p.16.

은 마음의 진정→다짐→집중→꿰뚫음. 그래서 염불 왕생은 실천 수행과 증과 세계가 동시에 결합된 문구이다.

> "부처님의 명호를 부름으로써 왕생케 하려고 본원에 맹세하면, 그 같은 서약대로 믿고 실행함을 통해 정토에 왕생할 수 있다."[542]

왜 명호를 끝없이 불러야 하는가? 마음은 본래 무형이고 유동적인 것이라, 마음을 잡기란 실로 어렵다. 그래서 염불은 이 같은 마음을 붙들어 두고 일정한 방향으로 나아가게 하는 방편이다. "마음의 작용인 정서나 사유 혹은 행위를 통해 바라는 방향으로 수련시켜 나가야 한다."[543] 그리하면 의지가 한 가지 목적 세계를 향해 집중될 수 있고 본질이 축적된다. "아! 그동안 기도하고 염원한 것이 헛되지 않았구나. 고스란히 쌓여 있었다는 사실을 깨닫는다."[544] 인류의 마음을 하나님이 원하시는 뜻에 따라 일치시켜야 하는 이유이다.

뜻을 어디에 두느냐에 따라서 큰 몸의 기운을 기르는 데 있어서 차이가 있다(浩然之氣).[545] "뜻이 한결같으면 氣를 움직이고, 氣가 한결같으면 뜻을 움직인다."[546] 이것이 염원하고 기도하는 힘이며, 왕생하고 하나님의 전에 상달시키는 작용력이다. 佛陀는 하나의 願을 세워서 "이백십억 제불묘토 − 諸佛妙土의 청정의 行을 섭취했다."[547] 관음 신앙이든 정토 신앙이든 그리스도에 대한 믿음이든,

---

542) 『대승경전의 비밀』, 송화홍 엮음, 우리출판사, 1993, p.159.

543) 『동학사상』, 이세권 편저자, 경인문화사, 1987, p.294.

544) 『신령한 영적 생활』, 김기동 저, 베뢰아, 1997, p.23.

545) 『맹자의 수양론(호연지기를 중심으로)』, 성태용 저, 태동고전연구, 제11집, 논문, p.173.

546) 위의 논문, p.181.

547) 『불교교리사』, 목정배 편자, 지양사, 1987, p.230.

그것은 발원한 願을 존재하는 본질 위에 쌓기 위한 실질적인 방법의 강구책이다. 다잡은 서원과 생각이 존재의 추구 방향을 확실하게 설정한다. 수행함에 있어서 긴요한 서원의 역할이 여기에 있다.

기도하는 것, 죄사함을 구하는 것, 참회, 용서, 수행, 정진, 찬송을 부르는 것은 우리의 영혼을 하나님에게로 향하게 하는 존재 의지에 대한 확고한 표명 강구책이다. 집중, 다짐, 바람, 간구, 기도, 염원, 희망, 소망, 서언, 일관된 일여 의식은 유동성인 존재 의지를 굳혀서 영혼을 그렇게 염원한 방향으로 추진시킨다. 염불은 왕생을 관철시키는 대자비심이다.[548]

염불→정토왕생→成佛. 죽음은 삶의 분열이 끝나는 시점이다. 그래서 차원적인 완성은 죽음 이후에 맞이하게 되는데, 일념어린 염불로써 삶을 고결하게 분열시키면 그 죽음이 차원적으로 완성된다. 成佛한다. 成佛한 자가 이르지 못할 차원 세계는 어디에도 없다. 어떤 세계도 통과할 수 있는 자격증을 가진다. 그래서 죽음을 맞이함이 안온하고 편안하다. 곱디 고와서 정결하기 그지없다. 지극한 염원으로 生을 고결하게 분열시켜서 죽음을 차원적으로 맞이하는 것, 그것이 온 인류가 성취해야 할 참된 成佛이다.

인간이 삶을 통해 바친 염원과 수행은 결국 마지막 길에서 완성되는 죽음과 成佛로써 보장될 것이니, 그것이 왕생하는 것이고 천국에 가는 길이며 영원한 하나님의 품 안에 안위되는 것이다. 구원과 깨달음은 완성된 죽음과 영원한 영혼의 안위를 위한 生의 분열 획책 방편이다. 살아생전에 깨달음을 얻고 구원을 이루어야 죽음 이후의 분열 방향과 머무를 차원 세계가 결정된다. 인류가 무엇보다도 하나님에 대해서 서원의 방향을 확고하게 세워야 하는 이유이다. 무

---

548)『탄이초』, 유이엔 저, 前田龍・田大錫 역, 경서원, 1997, p.39.

엇을 위해서? 하나님이 인류 구원을 위해 내세운 푯대 메시지, 곧 하나인 믿음, 하나인 서원, 하나인 영광을 성취하기 위해서…….

4. 공덕 수행

공덕 – 功德은 불교에서 많이 쓰는 일종의 신앙 행위 개념으로서 "좋은 일을 쌓은 功과 佛道를 수행한 德을 말한다."[549] 더 나아가서는 발원과 회향함에 있어서(상구보리 하화중생) 자신이 쌓은 수행 공덕을 일체 중생에게로 돌리는 것이다. 즉 佛道를 닦아서 이룬 공덕을 다른 사람에게 미치게 하는 일, 착한 일을 많이 한 힘, 현재와 미래를 좋게 하는 善業 등이다.[550] 공덕은 믿음과 영속할 세계와 가치 목적을 확고하게 하는 지혜를 증득한 覺者들이 실천하는 수행 방편이다. 현실의 이득을 저울질하지 않고 보다 높은 가치 세계를 지향한다. 그래서 깨달음이 필요하다. 자신을 위하던 일체 행위를 타인에게로 향하게 하고 세계를 향하게 하기 위해서는 획기적인 가치관의 전도가 필요하다. 그 같은 행위성을 주도하는 밑바탕에 깨달음이 주는 세계관이 있다.

대승 불교에서의 핵심이 된 수행도는 보살행이다. 보살행은 "佛陀가 보살이었을 때의 수행과 지혜와 자비 등, 佛陀가 갖춘 德을 자각적으로 실천함으로써 成佛에 이르고자 한"[551] 목적 수행이다.

---

549) 『법화경 입문』, 박혜정 저, 범우사, 1987, p.49.
550) 『새우리말 큰사전』, 앞의 사전, p.공덕 편.
551) 『화엄경의 수행도 체계 연구』, 권탄준 저, 불교학보, 논문, p.401.

'그리스도를 본받아'란 책명이 있듯,[552] 佛陀가 깨달음을 얻은 것을 大本으로 삼아 철저하게 실천함으로써 그와 동일한 결과를 얻고자 하는 믿음의 추구행, 이것이 보살도이다. 行의 완성을 통해 成佛에 이르고자 하는 것은 자칫 깨달음과는 상관이 없는 것으로 볼 수도 있지만, 願의 세움과 발원은 영혼의 심대한 방향 전회가 없고서는 곤란하다. 그래서 佛陀의 지고한 행적과 德을 정신적인 지주로 삼아 수행을 완성하고자 했다. 어떻게 해서 대승의 구도자인 보살들이 이타구제 – 利他救濟란 서원을 세워 줄기찬 실천행을 끊이지 않았던가?[553] 거기에는 佛陀가 진리의 화신으로 이룬 증과인 大本이 있기 때문이다. 위로는 진리를 구하고 아래로는 利他行을 완성하고자 한 보살들이 지침 삼은 수행의 알파와 오메가였다. 신앙의 범주를 결정한 세계관이다. 진리를 구해서 만인에게 회향시키는 것만큼 가치 있는 공덕은 어디에도 없다.

보살행을 실천함으로써 깨달음을 얻고 成佛할 수 있다고 한 것은 佛陀가 깨달음을 얻어 진리를 회향시킨 결과이다. 그만큼 佛陀의 각성 공덕은 뭇 인생의 어둠을 밝히는 인류의 영원한 등불이다. 이 같은 공덕 회향이 있게 된 것은 佛陀 이전에도 수많은 부처들이 願을 이루고 갔기 때문이다. 그중에서도 아미타불은 과거에 다르마카라(法藏)라고 하는 보살이었는데, 무상의 깨달음을 얻고 중생을 제도하고자 한 願을 세우고, 긴 세월에 걸쳐 수행을 거듭해서 마침내 願을 성취한[554] 보살 아닌 佛이다. 보살도의 완성자로서 출현한 부처라 할진대, 이미 10겁 이전에 부처가 되어 현재까지 극락

---

552) 『그리스도를 본받아』, 토마스 아 켐피스 저, 조항래 역, 예찬사, 1993.
553) 『중국불교사상사』, 카마타 시게 외 7인 저, 정순일 역, 민족사, 1991, p.200.
554) 위의 책, p.200.

세계에 주하여 있다 하나, 아미타불은 석존 이래 새롭게 생성한 대승 보살도의 이상적인 세계관을 충족시킨 독립된 부처이기도 하다. 불당에는 많은 불상들이 안좌되어 있거니와, 그 佛들은 한결같이 한 가닥 대원을 세워서 보살도를 실천했던 完成佛이다. 중생들도 한 가닥 願을 세워 利他行을 이룰 수 있다면, 보살도의 완성마다 한 분의 完成佛이 탄생한다. 즉 成佛한다. 너와 내가 독자적인 佛로서 탄강될 수 있는 것이니, 이 같은 수행도를 제시한 세계관이 보살도이다. 그중에서도 우주 간에는 거대한 주기가 있어 그 겁 간에서 대원을 이루어 수행을 완성한 대불들이 석가모니불이고 아미타불이다. 당연히 이후에도 대원을 세워 수행도를 체계 지을 가능성 있는 佛이 있다면? 그 佛이 다름 아닌 末法 시대에 출현하기로 되어 있는 彌勒佛이다. 수많은 覺과 法을 지혜로써 완성할 統合佛이다. 마지막 남은 중생들을 빠짐없이 成佛(구원)시키고 利他救濟의 보살도를 大成할 完成佛이다.[555]

공덕은 참으로 믿음 없이는 실천하기 어렵고, 깨달음은 그래서 선행되어야 하는 기본 조건이다. 그만한 세계관을 바탕 짓지 못한 상태에서는 공덕이란 행위 하나하나가 웃음거리가 된다. 도대체 기독교인들은 무엇을 보고 무릎 꿇고 기도하는가? 앙모하면서 묵상한 예배행을 드리는가? 이름이 거룩히 여김을 받으시오며라 경외심을 바치는가?[556] 물론 그 경배 대상은 모든 영광을 받아 마땅하신 하나님이시다. 하지만 하나님이 어디에 계시는가? 하나님이 계셔야 공경행은 실질적일 수 있다. 정성을 바치는 예배행이 성립된다. 佛陀를 본받은 보살행이나 하나님을 경배한 예배행은 한결같이 무형

---

555) 彌勒佛의 탄강 사명은 석가모니불의 중생 구원 + 마지막 남은 자들에 대한 인류 구원임.
556) 『무한한 기도의 능력』, 앞의 책, p.18.

의 궁극적 실체들에 대한 바침 행위이다. 믿음 하나가 일체를 뒷받침하고 있다. 그래서 문제점이 있다면? 믿음이 없어지면 바친 공덕도 일시에 무익해져 버린다는 데 있다.

그렇기 때문에 이 연구는 여태껏 인류가 쌓은 공덕을 大成시키기 위해 하나님의 지상강림 역사를 예비한 것인 만큼, 인류가 수행으로 공덕을 바쳤다면 그 공덕이 어떤 루트를 거쳐서 살아 계신 하나님에게 상달되고 증험되는 것인지를 원리적으로 밝히는 것이 긴요해진다. 대상과 세계관을 확고하게 해서 공덕 작용을 원리화해야 한다. 그렇게 해야 장차 닥칠 온갖 환란을 헤쳐 나갈 수 있다. 무한 공덕을 쌓아야 환란의 시대를 건넌다. "苦海를 건너기 위해서는 보살도를 닦아야 한다(원효)." "근원에 돌아가기 위해서는 만행 - 萬行을 겸비해야 한다."[557)]

그런데 정작 문제가 되는 것은 인간이 위해야 할 공덕의 대상이 세상 가운데 너무 남발되어 있다는 데 있다. 집중되지 못하면 환란을 이길 수 없다. 공덕이 무산되지 않도록 공덕 대상을 일원화해야 한다. 공덕의 일원화 창구를 개설하기 위해 제 佛을 통합해야 하는 것이 급선무이다. 무엇보다도 불교가 공덕 대상을 너무 남발하였으므로 무수한 제 佛들을 통합할 彌勒佛의 탄강이 절실하다.

환란의 시대인 만큼 쌓기는 쌓아야 하는데 무엇을 어떻게 쌓을 것인가? 인류를 구원할 주체 대상인 하나님에 대해서이다. 일컫은 바 강림하신 하나님은 다른 것이 아니다. 인류가 先天 하늘에서 분열시킨 제 佛과 제 神의 역사를 통합한 분이시다. 제 모습, 제 제단, 제 창구를 통해 공경해 마지않았던 공덕 대상들의 바탕 본체이시다. 그런데도 인류는 진정 알았어야 할 이 같은 사실을 알지 못

---

557) 『6월의 문화인물, 원효』, 앞의 책, p.19.

하고, 보존했어야 할 제단을 허물어 버렸으며, 경외해 마지않아야 할 대상을 저버렸다는 것은 불행이다. 왜냐하면 경외와 공경함이 바로 무한 공덕을 쌓을 수 있는 제일의 덕목이기 때문이다. 무한한 경외심과 한없는 공경은 인간의 본성을 무한토록 경건하게 한다. 율곡은 敬이야말로 학문이나 수양하는 자가 취해야 하는 가장 기본적인 자세이고, 처음부터 끝까지인 마음 자세(成始 成終의 所以)라고 했다.558) 바칠 대상이 있어야 쌓아 둘 곳이 생기고, 공덕을 쌓아야 구원을 얻는다. "마음을 간직하는 방법은 오직 敬일 뿐이다."559) 공경으로 공덕을 보존해서 그 행적(뜻)을 하나님께 상달시킨다. 공경할 대상이 있어야 하므로 이것이 곧 종교인들이 행한 예배 행위였다. 그런데도 지성으로 공경해야 할 수행의 도를 넘어 타 종교와 타 교단의 성인들을 철없이 비방하고 헐뜯는다면,560) 이것은 공경 수행의 원리성에 어긋난다. 한 가지 道는 철저하게 알았는데 그 道가 다른 道와 통한다는 사실을 깨닫지 못한다면 어떻게 되는가? 참회해야 하지 않겠는가?

강림하신 하나님은 환란의 시대에 온 인류가 한결같은 마음으로 바라보아야 할 구원의 主이시다. 공경으로 바라보면 인류가 저지른 죄악의 꺼풀이 확연해진다. 참회하므로 순수와 공경의 길로 나가는 길이 트인다. 죄는 그것을 낱낱이 들추어낸다고 해서 해결되는 것이 아니다. 진정 공경해 마지않을 대상을 공경해서 얻는 영혼의 고무 작용을 통해서 깨달아야 한다.

---

558) 『율곡의 수양론에 관한 연구』, 이영자 저, 논문, p.4.
559) 『동춘당의 수양론』, 서원화 저, 충남대학교 유학연구소, 유학연구, 권 4, 1996, p.2.
560) 『수도에서 득도까지』, 배일우 저, 구도의 길, 1994, p.184.

"참회 공덕은 이성의 자각이자 양심의 반성인 것으로서, 무엇보다도 진실
하고 소중한 마음의 광명이다."561)

공덕 원리가 그렇다. 공덕을 쌓으면 그렇게 쌓은 德이 세계적인
순수와 일치하여 본성적인 義와 實性을 견성케 한다. 보살이 보리
심을 발하여 보살행을 행하면 여래성 – 如來性을 개발해서 마침내
궁극의 位에 도달한다.562) 이것이 보리행을 바침으로써 공경한 대
상자와 하나 되는 공덕 원리이다. 바람 없이 기약 없이 바쳐야 하
는 것은 공덕 자체의 성향이라기보다는 공덕의 순수성을 선호하시
는 하나님의 뜻이시다. 왜냐하면 바람 없이 바쳐야 하나님이 그 바
람을 철저하게 보장하실 수 있고(그리해야 공덕이 됨), 공덕이란 원
리성을 가동시킬 수 있는 수수 – 授受 바탕이 마련된다.

다 바치지 않고 남겨 버리면 하나님도 줄 은혜를 다 주시지 못
하고 남겨두게 된다. 무한하게 바쳐야 무한하게 되받을 수 있는 공
덕 보따리가 만들어진다. 사람이 자신을 위해 살면 하늘로부터 구
할 것이 없지만 보리심, 공덕심을 바치면 하늘로부터 구할 것이 있
다. 하늘에 바쳐야 하늘로부터 구할 것이 있는 것, 이것이 공덕 작
용이고 人의 天에 대한 예배의 원리이다. 믿음의 원리이다. 아무리
바치더라도 따지고 보면 입을 은혜는 더 크다.

참으로 어리석은 양무제 – 梁武帝는 달마를 초대해서 물었다.
"내 즉위한 이래 스님공양, 사원건축, 불경초사 – 佛經抄寫 등을 무
수히 했는데 공덕이 얼마나 되겠소?" 달마가 답하기를 "無!" 스스
로를 내세운 공덕, 자체 행위를 치사한 행위는 공덕의 순수 원리성
에 위배된다. 그 공덕 본질을 달마가 꿰뚫길, 그것은 황제로서 행

---

561) 『법보단경의 선사상 연구』, 정진홍 저, 불교대학원 논총, 제1집, p.46.
562) 『화엄경의 수행도 체계 연구』, 앞의 논문, p.29.

해야 하는 당연한 도리이자 세속적인 인과보응에 불과하다.[563] 즉 전생에 쌓은 업보가 있어서 이 生에서 갚게 된 쌤쌤 공덕일 뿐이다. "참공덕은 가장 원만하고도 깨끗한 지혜라, 본체는 空이요 세속적 수단으로써는 얻어질 것이 못 된다."[564] 그 같은 공덕 대상이 바로 하늘에 있고, 차원성을 넘나든 믿음(보이지 않는 것을 위함)을 지향하는 것인데, 세속적인 덕행으로 공덕 운운하다니! 참공덕은 하늘나라에 가서야 그 위상을 겨우 목격할 수 있다. 무엇을 위해 삶을 헌신할 것인가 하는 문제에 있어서, 삶이 귀한 만큼이나 바칠 공덕 대상도 숙고되어야 한다. 잘못하면 평생을 바치고서도 헛될 수 있다. 밑 빠진 독에 물을 붓듯.

공덕 원리는 보편적이어야 하지만, 원리를 적용하는 대상만큼은 초점이 명확하고 일률적이어야 한다. 환란 때 손을 굳게 붙들어 주겠다고 약속하신 분은 강림하신 하나님이다. 이 하나님이 인류가 지켜 온 보리행, 利他行, 예배행, 참회행과 같은 공덕행의 대활성화를 원하고 계신다. 그렇게 해야 의지를 완수하고 본성을 승화시키고 구극의 깨달음을 얻으며 대원을 이룬다. 하나님은 어떤 장엄도 원하지 않으신다. 진실함과 정성이 있는 곳이면 어디서도 하나님이 義를 이루신다. 깨달음이 있고 구원이 있으리라. 예수, 석가, 공자, 무함마드, 소크라테스, 진인, 미륵불, 재림주……, 제 제단의 통합 역사가 있으리라.

공덕은 한낱 수양행의 방편에 머무르고 말 소소한 덕목이 아니다. "성품을 보는 것이 功이고 평등이 德이다. 생각 생각에 막힘이 없어서 항상 본성의 진실한 묘용 – 妙用을 보는 것을 공덕이라고

<hr>

563) 『육조단경(조계의 불창)』, 채지충 저, 김현진 역, 두성, 1988, p.11.
564) 위의 책, p.11.

한다. 안으로 마음을 겸양하여 낮추는 것이 功이고, 밖으로 예를 행하는 것이 德이다. 自性이 만법을 세우는 것이 功이며, 마음 바탕이 생각을 여읜 것이 德이다. 自性을 떠나지 않는 것이 功, 대응해 쓰지만 물들지 않는 것이 德이다."565)

따라서 오늘날에 이른 공덕은 인류의 뜻을 하나님의 전에 상달시키는 수행도로 완성되는 것이 마땅하다. 우리는 공덕 수행으로 하나님과 통하는 길을 개척할 수 있다. 길을 위한 제 수행도의 실천이 그것이다. 인간이 道를 구하는 것은 하늘과 통할 길을 찾기 위해서이다. 맹자는 "마음을 극진히 함으로써 본성을 깨닫고 天을 안다."566)라고 했다. 마음을 극하는 방도에 공덕이 있다. 공덕은 하늘로 통하는 삶의 기대이다. 바람 없이 바친다고 했지만 실상은 남김없이 보장된다.567) 제 행은 無常이나 하나님께 바치면 영원한 有常이다. 불교의 無常은 佛法의 지극함과 한계성을 동시에 표현한 교설이다.568) 불교 역시 자체 지닌 세계관적 한계성을 넘어서야 하는 이유이다. 우리가 주어진 운명성을 극복하기 위해서는 철저하게 수행으로 본질을 개선해야 하고, 선행된 본질 바탕에 공덕을 쌓아야 한다. 그러나 수행은 그것만으로 끝날 수 없다. 정작 그 쌓음을 보장할 수 없다면? 그래서 하나님이 인류를 구원하고자 하신 제일원칙도 사실은 그 쌓고 쌓은 제 수행 공덕을 하나도 헛되지 않게 보장하는 것이다. 단 구원의 푯대를 향해 나아오는 자에 한에서! 그것은 조건적인 구원이기 이전에 인류를 한 영혼이라도 더 구원

<hr>

565) 『역주 육조법보단경』, 심재열 역주, 불국선원, 1986, p.141.
566) 『맹자 수양론과 원불교 정신수양의 비교 연구』, 박희종 저, 원광대학교대학원 논문집, 제23집, 1999, p.16.
567) 授受 원리가 밝혀지면 공덕을 통한 수행도가 완성됨.
568) 제삼의 구원 의지, 授受를 통한 공덕 원리를 찾아내지 못함.

하기 위한 확실한 분별 기준이다. 바친 공덕을 낱낱이 보장할 수 있어야 하나님을 향한 인류의 공덕행이 순탄대로가 되리라. 하나님이 보장하시는 한, 만 인류는 언제라도 마음은 길을 위하여 出家를 단행할 수 있다.569) 자비행, 利他行을 실행하는 자들은(보살)570) 공덕의 제일 원리를 누구보다도 사려 있게 깨달은 자들이다. 지혜를 증득하고 道를 완성하며 구원에 이르는 길이 있다는 사실을 알진대, 이것을 자각하는 것이 모든 공덕행과 보살 利他行의 시발이고, 쌓은 실천행을 보장받는 구원적 승화이다. 수행의 가치가 드높아지는 이유이다. 공덕행은 인류가 지향한 성, 업, 원을 大成하게 하는 관건이다. 구원을 이루는 초석다짐이다.

따라서 末世를 맞이한 인류는 하나님이 계시하신 공덕 수행의 필수 가치성을 빠짐없이 자각해야 한다. 그리하여 보살행을 실천하는 수행자가 됨은 물론 길을 위하여, 하나님의 뜻을 위하여, 利他行을 완수하는 멀티미디어형 구원의 사도가 되어야 한다. 보살이 부처의 이상적인 정신을 구현하고자 한 현실의 실천자였다면, 구원의 사도는 하나님의 구원 의지와 뜻을 이 땅에서 구현할 실행자이다. 인류가 고통받고 있는 삶의 현장 어디서도 하나님의 뜻을 대신하여 직접 구원의 손길을 뻗칠 보살들이니, 공덕 수행으로 이 땅에 강림하신 하나님의 실존 사실을 알릴 증인들이다. 하나님이 인간 삶의 현장에서 동시에 대구원 사역을 펼치실 수 있는 최상의 역사적 방편이다.

그러므로 부처의 뜻을 구현하고자 했던 보살처럼, 구원의 사도는 하나님의 뜻을 깨달은 覺者이고 신실한 자녀이며 참된 사명의 계

---

569) 『대승불교 개설』, 앞의 책, p.237.
570) 『인도철학』, 김동암 편저, 대승불교전문강원, 1989, p.113.

승자로서 인정되리라. 누구라도 노력하면 成佛할 수 있듯, 깨달으면 구원의 사도가 될 것이니, 하나님이 인준하신 구원 – 久遠한 인격상이다. 한 영혼도 예외 없이 하나님의 뜻을 깨달은 覺者, 사랑을 전하는 메신저, 뜻을 구현한 완성자가 되리라.

5. 믿음 수행

신체적인 능력을 기르기 위해서는 목적에 걸맞은 트레이닝법이 있다. 직접 몸의 변화 상태를 하나하나 체크하면서 운동한다면 정확한 효과를 감지한다. 하지만 목적에 따라서는 임의로 트레이닝 조건을 다르게 하기도 한다. 두 눈이 있는데도 애써 더듬게 하고 가까운 길이 있는데도 돌아가게 한다. 수행이 바로 이와 같은 경우이다.

본질은 내재해 있을 뿐 아니라 형체도 없다. 그래서 이 같은 실체를 양성하기 위해서는 믿음이 주효하다. 믿음이란 작용은 무형인 본질 존재를 충족시킬 수 있을 뿐 아니라, 적극 조건화함으로써 義를 기른다. 보고 바쳐서는 선근 – 善根을 기를 여지가 없다. 조건화가 성립되지 못한다. 믿음으로 추구해야 義가 덕성화, 품성화, 공덕화된다. 道를 닦는 좌선이나 명상은 방편이지 목적이 아니다. 믿음(信)이 수행을 완성하고 구원을 이룬다. 道와 진리는 만고불변한 객체 대상이다. 자신이 자신의 것(마음)을 가지고 주체화할 수 있는 것은 믿음뿐이다. 수행은 깨달음에 머물지 않는다. 결국은 신뢰한 믿음을 완성하는 것이다. 수행은 제 가능성을(믿음) 확인해서 결과 짓는 진리 검증 절차이다.

진리는 다른 것이 아니다. 믿음으로 무형의 가설적인 가능성을 저편에 설정하고 이것을 직접 추구해 현실화하는 것, 이루는 것, 얻는 것이다. 수행이 진리의 근간이 되는 이유이다. 수행 자체가 가정된 믿음 위에서 출발하는 것이므로, 수행은 믿음이 기본 본위이다. 믿음 없이는 길을 출발할 수 없고, 출발이 없으면 성립이 없다. 화엄경에서는 "믿음은 道의 근원이고 공덕의 어머니이다."라고 했다. "믿음이 일체 善根을 기른다." 일체의 의혹을 없애며 무상도 − 無上道를 이룬다. 대승 경전은 믿음을 으뜸으로 해서 설하고 있다.571) 믿음이 근간을 이루고 믿음이 근본이다. "바른 믿음(正信)을 가지고 바르게 알며(正解) 바르게 행하면(正行), 바른 지혜와(正智) 바른 깨달음(正覺)을 얻어 佛陀가 된다."572)

본인이 출발했던 길도 조건은 동일하다. 믿음 하나가 모든 善果를 대신했다. 믿음 하나로 추구하고 믿음 하나로 길을 지켰다.

"하나님의 뜻과 진리와 세계를 위하여 나는 영원한 믿음의 수행을 쌓아야 한다."573)

믿음과 善果 간에는 엄청난 갭이 있는데, 이 갭을 충족시키고 추진시킬 믿음이 없다면 뜻을 다한 판단은 어디에도 없으리라. 믿음 하나가 모든 善根을 길렀다. 믿음은 뜻의 근본 자체이다. 왜 그러한가? 우리는 처음부터 모든 것을 다 파악할 수 없다. 특히 수행으로 양성하는 무형의 본질적 善根은 더욱 그렇다. 믿음으로 善根을 길러 믿음으로 善果를 결실 짓는 것인데, 믿음이 없다면 아예 싹을

---

571) 『한국근대민중불교의 이념과 전개』, 앞의 책, p.322.

572) 위의 책, p.322.

573) 『길을 위하여(Ⅱ)』, 졸저, 인쇄본, 1986, p.50.

틔울 조건부터 말살된다. 난자에 정자가 진입하면 즉시 하나의 위대한 생명체로서의 여행은 시작된다. 善根이 善果와 즉시 연결되어 버린다. 그래서 하나님은 믿음을 근본으로 쳤다. "일어서 가라. 네 믿음이 너를 구원하였느니라."574) 믿음은 현실적으로는 다 이루지 못했더라도 이미 모든 善果를 포함한다. 어떤 믿음과 진실함과 정성을 쏟았는가에 따라 善果는 이미 결정된 것과 진배없다.

믿음→수행→覺이란 치열한 구도 절차가 있는데, 『법화경』은 이같은 절차를 생략한 채 믿음 하나만으로 成佛할 수 있다고 한 것이 특색이다.575) 엄격한 과정 절차를 배제시킨 것이 자칫 수행도를 흩트리리란 우려도 있지만, 覺에 앞선 善根의 본질을 고려한다면 수행의 결과 여부는 믿음 여하에 따라서 이미 부차적인 것이 된다. 그만한 믿음이 그만한 수행도를 추진시키는 것이므로, 반대인 것은 일체 원리에 어긋난다.

"아브라함이 의롭다 함을 받은 것은 율법을 지킴으로써나 무슨 번제를 바쳐서가 아니며, 씨를 주겠다고 하신 하나님의 말씀을 믿었기 때문이다."576) 믿음을 가지고 수행과 공덕을 쌓는다면 깨닫지 못해도 成佛한다. 해탈과 열반은 철저하고 영민한 자들만 보상으로 얻는 完成德으로서의 월계관이 아니다. 믿음으로 보장하는 成佛은 모든 善根을 꿰뚫고 계신 하나님이 주시는 한량없는 구원의 은혜이다.577) 이루지 못하고 깨닫지 못해도 善根과 믿음의 본질을 간파하신 하나님이 일체 부족한 것을 채워 주신다. 그래서 은혜이다.

---

574) 누가복음, 17장 19절.
575) 『불교교리사』, 앞의 책, p.176.
576) 로마서, 4장 2절 - 3절. - 『복음과 율법과의 관계』, 서철원 저, 크리스챤비전하우스, 1984, p.30.
577) 『탄이초』, 앞의 책, p.79.

믿음은 어떤 경우에도 善根과 善果 사이를 가득 채우고 있는 의로운 본질이다. 그만한 믿음이 그만한 수행을 이루고, 그만한 수행이 그만한 깨달음을 이루며, 믿음은 이와 같은 결과를 이루게 하는 근간이다.

그러므로 인류가 심판대 위에서 최후로 내세울 것은 단연코 믿음뿐이다. 믿음으로 수행을 쌓아야 심판 시 義로써 구원된다. 하나님이 인류 심판에 대해 주안점을 둔 것은 바로 믿음 하나이다. 믿음으로 쌓은 義가 기준이지 장엄한 결과가 아니다. 불자들이 공덕을 쌓는 것과 기독교인들이 신앙을 지키는 것을 어떻게 평가할 것인가? 애초에 가진 善根인 믿음이 문제일 뿐이다. 본인은 길을 감으로써 세상적으로 세워짐을 원하였고 모든 성과들이 공인되길 바랐지만 하나님은 끝까지 믿음만 요구하셨다.[578] 무엇을 이루고자 했건 내보일 것은 그렇게 해서 성과를 이룬 진리가 아니다. 한순간 믿음을 저버린 마당에서는 그 위에 남아 있을 진리가 하나도 없다. 믿음 공덕은 수행의 절대적인 근간이다. 믿음 하나로 인류는 영원히 하나님과 함께할 수 있는 영생을 보장받게 되리라.

6. 공부 수행

공부-工夫라는 개념 속에는 학문 탐구와 主知主義, 즉 지식을 추구하는 성향이 내포되어 있는데, 이것은 서양이 전통적으로 맥을

---

578) 인정받을 수 있는 믿음을 지키고, 소망과 수고와 인내를 다하는 실천 수행. - 데살로니가 전서, 1장 3절.

이은 지적 코드 영향 때문이다. 인류가 한계도 모른 채 지식만을 추종함으로써 멸망을 재촉하였다는 것은 언급한 바이거니와, 서양이 공부 범위를 학문에만 국한시킴으로써 공부의 수행 역할을 부실하게 만들고 진리 영역을 제한해 버렸다.

공부라는 것이 知라는 코드만 붙들고 있어서는 세계를 완성할 수 없다. 아홉 가지를 차단하고 한 가지만을 내세우는 방식을 통해서는 세계와 진리와 하나님을 연결해서 판단할 수 없다. 세계적인 목적을 달성하는 데 있어서 부분적으로 도움은 될지라도 수단이란 한계성은 벗어날 수 없다. 사물은 아무리 탐구해도 끝이 없다(분열성을 본질로 함). 어디까지나 앎의 주체는 인간인데, 인간을 모르고 세계를 안다면 그것은 사상누각에 불과하다. 인간을 알고 인간을 통해 세계를 보아야 하는 순리가 배제되었다. 물론 知의 궁극에 무엇이 있는가 하는 것은 밝혀야 할 과제이지만, 서양은 전적으로 知的 영역을 탐구하기 위해 사고 능력을 활성화하는 데만 주력했다(이성·사고·논리·연역·추리·분석·체계 등등). 공부도 수행의 한 방편일진대, 방법론 면에 있어서 身을 배제해 버렸다. 공부는 온몸을 통해 지각하고 온몸을 통해서 훈련하며 온몸을 통해 지극한 앎에 이르는 것이다. 머리만의 작동이 아니다. 어디에도 창조성은 머물러 있고, 무엇을 통해서도 하나님에게 이르는 길은 있다. 몸의 경험 범주 일체를 공부 수행에 포함해서 지성으로 가꾸고 끝내 종합할 수 있어야 한다. 현대 교육이 지·덕·체·기를 골고루 육성하는 전인 교육을 지향하고 있다고는 하지만, 이 같은 목적을 달성할 방법론이 수행적이지 못하였다는 것은(학문적임) 결국 主知主義를 조장한 요인이다.

하지만 동양은 공부의 방법이 그야말로 수행적이었다. 삶의 가치와 목적이 서양과 반대인 성향을 띠었다. 서양이 외부적이었던 데 대해 동양은 內物, 즉 "마음속의 이치(性)를 직관적으로 통찰하여 존재 일반의 진리인 본체를 체득하고자 했다."579) 그래서 성리학은 거경－居敬과 궁리－窮理란 두 가지 수양 공부법을 내세웠으며, 이것은 사물의 이치가 아닌 존재 내부에서 작용하고 있는 마음속의 이치를 꿰뚫고자 한 것이다. 이미 밝혔다시피, 분열하는 현상적 질서는 귀납과 연역 같은 논리 추적 방식으로 접근하는 것이 유효하지만, 통합성을 띤 마음의 이치는 직관으로 일구어 냄이 주효했다. 그래서 동양은 학문 추구의 방향을 몸이 지닌 본체성을 구현하는 쪽으로 돌려, 仁은 사람의 마음이고 義는 사람의 길이라고 했다. 즉 학문의 길은 잃어버린 마음을 찾는 것에 있을 따름이다.580)

朱子는 인간의 선한 본성을 구현하기 위한 필수 절차로서 앎과 학문을 대단히 중요시했다. 인격을 완성하는 데 있어서는 학문이 본질적인 의미를 갖는다고 보았다. 당연히 도덕적인 수양은 물론이고 제반 이치를 궁구해서 깨달아야 한다.581) 물론 朱子가 말한 이치의 궁구는 서양처럼 실험적인 탐구 방법이 아니라 말 그대로 생각으로 깊이깊이 골몰(궁리)하는 방식인데, 마음과 외부 현상을 아울렀다는 점에서는 진일보된 공부 방식이다. 그러나 끝내 사물의 근거 뿌리까지 추적한 경계선까지는 넘지 못했다. 수행을 병행한 테두리 내에서 "지식의 양적 확대보다는 인간의 구체적인 삶 속에서 몸과 마음을 통일해서 지혜를 구하고자 했다."582)

---

579) 『진덕수 심경의 수양론적 분석과 동유의 심경 이해』, 박지현 저, 한국정신문화연구원 한국학대학원, 철학·종교전문석사학위논문, 1993, p.1.
580) 『맹자의 인격 수양관』, 라만기 저, 논문, p.31.
581) 『선인들의 공부법』, 박희병 저, 창작과 비평사, 2000, p.50.
582) 『장자철학에 있어서 마음닦음의 해체적 성격』, 이종성 저, 새한철학회 논문집, 철학논총, 제

이 같은 성향은 동양과 서양이 공히 궁극적인 앎을 이루는 데 있어서 중대한 사항을 결여하고 있다는 판단이다. 비록 세계를 안다 해도 정작 자신이 자신을 모르고 있다면 온전한 앎일 수 없다. 반대도 마찬가지이다. 그런데도 인류가 엮어 온 문명사 위에서는 내면을 통해서 세계를 봄과 동시에 세계를 통해서 내면을 볼 수 있는 공부법을 제대로 제시하지 못했다.583) 그리고 지금은 거의 서양이 구축한 공부법 일색이라 해도 과언이 아니다. 서양은 그렇다손 치더라도 동양은 동양대로 전통적인 공부법을 지켰어야 했는데, 현실이 그렇지 못하다는 것은 안타까운 일이다. 현재의 교육 실상은 전통적인 패러다임과 마주할 수 없는 괴리 상태로 방치되어 있다.584) 지금이라도 사물을 탐구한 지적 추구와 함께 동양이 지향한 내적 본질의 탐구 방식을 반드시 병행해서 활성화해야 한다. 지식적 형식과 수양적 목적은 노선을 달리하고 있더라도 전체 위에서는 필요한 공부 방식이다. 분명한 것은 현재 만연된 지식 형식은 수양적 지식을 포함하고 있지 않아, 이 같은 방법으로서는 완전한 공부법이 될 수 없다.585)

그렇다면? 東西가 추진한 공부법과 목적을 아우를 수 있는 통합적인 목적관을 제시할 수 있어야 하는데, 그것이 곧 하나님이 강림하심에 따른 통합적 목적관의 요청이다. 알고 보면 각자 추진된 목적과 방법은 이 같은 뜻을 이루기 위해서 역사적으로 예비되었던 것이라고 해도 과언이 아니다. 물론 이전에는 누구도 이 같은 섭리

21집, 2000, p.20.

583) 일체를 아우를 수 있는 제삼의 통합 공부 방식이 제시되어야 함.

584) 『노장과 선가의 초월적 수양 공부』, 서명석 저, 한국종교교육학회 종교교육학 연구, 권 13, 2001, 논문, p.3.

585) 위의 논문, p.3.

뜻을 깨닫지 못했다. 당연히 초점이 불분명할 수밖에 없었지만, 이제는 모든 것을 일관할 수 있다.

왜 우리는 독서와 궁리를 수양화한 공부법을 통해서 자아를 확립해야 하는가? 자아가 확립되지 못한 상태에서는 절로 外物에 정신을 빼앗기게 되어 시비 – 是非와 화복 – 禍福의 문제에 대해 초연할 수 없다.586) 배가 흔들리면 갑판 위에 쌓아 둔 물건들을 바르게 놓을 수 없다. 공부에 있어서 수양적인 정신 자세의 확립은 자신과 세계를 똑바로 바라보게 하는 관건이다. 지식의 공부 방향이 세상을 향해 있고 수양의 공부 방향이 내면을 향해 있을진대, 이것을 통합해서 하나님을 향하게 해야 인류는 비로소 세상과 내면을 동시에 볼 수 있어 하나님의 전모를 보게 되는 역사 단계로 진입할 수 있다. 이전에는 부분적인 것을 절대적인 것처럼 여겼어도 큰 불편이 없었지만, 이제는 하나라도 결여되어서는 안 된다. 자신을 아는 것만으로써는 자신을 다 알지 못한다. 세계를 아는 것만으로써는 공부의 궁극 목적을 달성할 수 없다. 세계를 통해서 하나님을 알아야 하고, 하나님을 알기 위해서 자신을 알아야 한다.587)

朱子는 경 – 敬에 대하여 "학자의 수양 공부는 단지 본심을 깨치게 하는 데 있다."588)라고 했다. 하지만 이제는 그것을 넘어서야 한다. 정약용은 "학문은 다름 아니 修己와 治人이다. 修己는 자기 몸을 닦는 것으로서 자기를 좋고 올바르게 하는 것이며, 다른 사람을 다스린다는 것은 다른 사람을 사랑함으로써 그들을 유리하게, 이롭

---

586) 『서계 박태무의 수양론에 대하여』, 정경주 저, 남명학연구, 제15집, 2003, p.13.

587) 왜 세계를 알아야 하는가? 세계를 알아야 하는 것은 세계와 하나 되기 위해서이며, 세계와 일체 되면 하나님을 알 수 있다.

588) 『주자어류』 – 『소태산의 정신수양에 관한 연구』, 김은종 저, 원광대학교대학원 불교학과 석사학위논문, 1996, p.23.

게 하는 것이다. 修己와 治人은 결국 하나이다. 그것이 학문의 본질이다."[589]라고 했다. 공부의 목적이 修己와 治人까지 나아갔다는 것은 하나님에게까지 나아갈 수 있다는 말과 같다.

공부는 인간이 태어남과 더불어 의도적으로 추구하게 되는 보편적 행위이다. 시대와 문화에 따라 특성이 있기는 하지만 어떤 시대, 어떤 장소에서건 인류는 공부를 요구했고, 공부를 통하지 않고서는 삶을 영위할 수 없었다. 당연한 행위라, 만인은 이왕 행하고 있는 삶의 형태 위에서 그 목적을 하나님에게 두면, 공부는 가장 손쉬운 실천 수행 형태가 된다. 수행하면 어려움을 각오해야 하는 인내행이 대세이지만, 공부 수행은 누구라도 실천할 수 있는 수행법이다.

왕양명은 치양지를 통해 "天理를 보존하고 인욕을 제거하는"[590] 공부법을 제시했다. 이것은 자아와 본성을 컨트롤하면 天理를 보존할 수 있다는 것을 넘어서 궁극적인 앎의 경지, 즉 하나님의 창조 본질과 뜻을 파악할 수 있다는 말이다. 朱子는 격물치지 - 格物致知를 통해 격물을 궁리하면 사물의 제 이치를 활연관통 - 豁然貫通할 수 있다고 했는데,[591] 활연관통도 수양 공부의 궁극적인 도착지는 아니다. 제 이치를 활연하게 관통하였다는 것은 제반 이치가 놓인 존재 상황을 시사한 것이다. 좀 더 구체적으로는 세계가 하나로 구성된 하나님의 본체적 구조를 직시했다. 격물 궁리법은 하나님의 존재 본체를 엿보려 한 공부법인데, 이 같은 비밀을 이전에는 알 길이 없었다.

한편, 서양이 개척한 공부법을 따라가도 도달되는 결론은 마찬가

---

589) 『국사』, 정재용 교수 강의테이프 2, 한국방송통신대학.

590) 『왕양명의 만물일체에 관한 연구』, 권상우 저, 계명대학교대학원 동양철학전공 석사학위논문, 1994, p.37.

591) 『수도에서 득도까지』, 앞의 책, p.322.

지이다. 그들은 지식의 가지를 파헤쳐 세계의 구조 상황을 일목요연하게 판단할 수 있도록 했는데, 펼쳐 놓은 구조도를 살펴보면 역시 하나님이 만물을 그와 같은 방식으로 창조했다는 것을 알 수 있다. 어떤 방법이건 최선을 다해 구조도를 그려 놓았기 때문에 그것을 통하면 하나님이 천지 만물을 창조하셨다는 사실을 알 수 있다. 세계를 알아야 神을 안다는 말이 맞다. 공부로 궁리를 다하면 세계와 나와 神을 안다. 만물이 하나님의 창조 역사에 근거할진대 법칙, 진리, 원리, 현상을 파고들면 거기에 그대로 하나님의 창조 뜻과 존재 바탕을 판단할 수 있게 되어 있다(바탕 본질이 구조화됨).

그런데도 제 공부법들이 이 같은 창조 사실을 판단하는 데까지 나가지 못했던 이유는? 공부의 궁극 목적을 하나님에게 두지 못해서이다. 하나님에게 둘 때 일체 증과 결과가 창조의 門으로 연결된다. 진리 가운데서, 세계 가운데서, 인생 가운데서 하나님의 뜻과 일치시키려는 태도가 긴요한 이유이다.

孔子는 평소 제자들에게 禮를 가르치는 데 정성을 들였다. 그래서 "禮는 學에서 習으로 이어져서 숙달되어야 한다."592)라고 했다. 禮를 어떻게 해서 숙달하건, 지식을 어떻게 해서 습득하건, 공부해야 할 대상체로서 개방되어 있어야 한다. 그리해야 禮를 통해서도 하나님의 뜻을 알고자 하는 과정을 설정하면 그 같은 노력을 통해서 하나님에게로 통하는 길이 열린다. 그래서 하나님에게 궁극 목적을 두고 소정의 과정행을 설정하는 것을 일컬어 이 연구에서는 공부＋수행이라고 개념 짓는다. 공부 수행은 인내로써 해결해야 할 숱한 난제를 안고 있다. 원하지 않아도 행해야 하는 것이 있고, 몸과 마음을 던져 만난을 헤쳐 나가야 소정의 과정을 완수할 수 있

---

592)『공자사상의 발견』, 윤사정 외 저, 민음사, 1992, p.124.

다. 공부는 결코 쉬운 행이 아니다. 책을 읽는 공부는 공부일 뿐 공부 수행이 아니다. 공부 수행은 인생 전체를 투신할 수 있는 모험을 불사해야 하며, 인생의 종합적인 신념을 녹여 내야 하는 그 무엇이다. 하나님을 향해 生을 바칠 수 있는 목적행이 확고해야 한다. 아무리 일상사적인 일도 하나님을 위하면 하나님에게 바치는 공부 수행이 된다. 이 연구도 알고 보면 공부 수행의 한 방법으로써 깨달은 하나님의 뜻을 종합한 결과물이다.

소정의 과정을 설정해서 추구하면 거기에는 반드시 결과가 있다. 하나님과 통하는 길이 열린다. 불교에서는 일과 공부를 따로 구분하지 않는 것을 미덕으로 삼아 "세상일을 잘하면 그것이 곧바로 佛法 공부를 잘하는 것이고, 佛法 공부를 잘하면 그것이 세상일을 잘하는 것이라고 보았다."[593] 그러나 공부 수행은 목적을 분명하게 한 원인행을 반드시 출발시켜야 한다. 그리해야 제 과정 속에서 목적지에 도달할 수 있는 존재력을 활성화시킬 수 있다. 궁극적인 앎(知)을 얻기 위해서는 세상의 지식을 섭렵하고 이치를 궁구하는 것은 물론이고, 자체 보유한 인식 능력까지 길러야 내외가 合一된 神과 교감체계를 구축할 수 있다. 본체를 인식하기 위해서는 수행력을 겸비해야 하는 것이 기본이다. 그리하면 진리와 合一하고 세계와 合一하며 하나님과 하나 된다. 접착제가 있어야 양쪽 물체를 붙일 수 있듯, 궁리 인식의 개양은 제 공부행을 세계와 일치시키는 매개 역할을 한다. 朱子가 격물 궁리의 목적을 "내 마음의 본체와 큰 작용의 밝음(明)을 회복하려는 것이다."[594]라고 했던 것은, 수양 공부를 통해 인간의 본질력을 확대해야 세계와 하나 될 수 있는 길

---

593) 『원불교사상논고』, 김홍철 저, 원광대학교출판국, 1980, pp.390－391.
594) 『진덕수 심경의 수양론적 분석과 동유의 심경 이해』, 앞의 논문, p.34.

을 열수 있었기 때문이다.

격물-格物을 통한 '지극한 앎'은 창조 본체의 알파와 오메가를 관통한 통찰 안목의 개양 경지이다. 인식의 능력을 개양하지 않으면 궁리 치지, 즉 아무리 노력해도 사물의 이치를 통달할 수 없다. 궁극성을 꿰뚫을 수 없다. 창조된 바탕 본체를 볼 수 없다. 朱子 철학에서는 "학문하는 목적을 인간으로서의 최고 가치, 즉 당연의 이치인 오상-五常의 德을 충분히 실현하여 이상적인 인생의 경지, 聖人의 경지에 도달하는 것이라고 했다. 聖人의 경지는 곧 天人合一 경지이다."595) 궁극의 경지에 도달하면 그 즉시 하나님의 창조 본체와 맞닥뜨린다. 天人合一은 사실상 하나님과 하나가 된 경지이다. "理와 德을 남김없이 발휘한 거경-居敬과 궁리-窮理의 수행 공부 실천 방법으로"596) 선현들은 하나님과 하나 되는 길을 이미 터 닦아 놓았다고 해도 과언이 아니다. 그런데도 그렇게 연관 짓지 못한 것은 그동안 수양 공부를 통해 제반 창조 요소(진리)는 추출했어도 이것을 종합할 통찰 안목을 확보하지 못한 때문이다. 하지만 이 같은 성향이 道를 구하고자 했던 선현들에게 책임이 있는 것은 아니다. 본질인 진리는 본질인 진리로서(空-동양 공부법), 현상인 진리는 현상인 진리로서(色-서양 공부법) 지극성이 미치지 못한, 세계의 본질이 분열을 다하지 못해서였다. 그렇다면 정말 완료되는 때는? 彌勒佛이 제 법을 요해함과 더불어 탄강된 때이고, 하나님이 천고 이래의 창조 시공을 통합해서 전능한 본체자로서 강림하신 때이다. 이때를 위해서 이 연구는 수행의 원인론을 아우른 증과 결과까지 함께 제시해야 한다.

---

595) 『주자의 수양론』, 최영찬 저, 충남대학교유학연구소, 유학연구, 2000, p.결론 편.
596) 위의 논문, p.결론 편.

제10장 수행의 증과성

1. 결과·세계·차원적 증과

여러 종교에서 말한 이상적인 도달 목적지나 경지 상태 혹은 체험들은 인간이 바라고 또 얻어야 할 세계인 것은 분명하지만, 누구나가 다 공유할 수 있는 객관적인 인식 세계를 대변하고 있는 것은 아니다. 특히 일부 교조들이 밝힌 신비한 종교 체험 현상들은 특별한 권위를 내세우는 근거가 되기도 한다. 후세인들이 아무리 이치적으로 이해할 길을 찾고자 해도 어떻게 해서 그와 같은 비범한 권능을 발휘하고 경지 세계에 도달했던가를 판단할 길이 없다. 주관적인 체험들이라 "연구자들에게는 모든 접근이 차단된 배타성이 있다(신비주의)."597) 증과 – 證果인데도 불구하고 차원성이란 벽에 가로막혀 믿음 이외는 교감할 길이 없다. 예수는 많은 기적을 행하였지만, 아무리 神的 차원에서 발휘된 권능이라도 거기에는 모든 것을 가능하게 한 근거가 있다. 창조도 일체 근거를 세상 위에 남기고 있듯,598) 하늘 아래 원인 없는 증과는 있을 수 없다.

그런데 각 종교에서 주장하고 있는 증과들은 과정은 생략한 채 결과만을 내세우고 있는 것이 문제이다. 그러니까 해탈을 이룬 증과라도 도달한 결과적 관점에서 회상하는 도리밖에 없다. 과정을

---

597) 『종교경험으로서의 깨달음』. 강은애 저, 논문, p.44.
598) 창조는 천지 만상을 있게 한 기적의 최초 근거임.

장악해야 추구행이 완성되는 것인데, 결과만 가지고 중생들을 제도하고자 하니까 완전한 구원을 이룰 수 없었다.

아무리 교리 면에서 참신성이 있더라도 과정을 결여하면 중생들을 이성적으로 제도하는 데는 한계가 있다. 기존의 수행론들이 모두 이와 같은 불미성으로부터 자유롭지 못하다. 이끈 과정을 소상하게 밝혀야 진리가 객관화된다. 궁극성을 밝히든 경지성을 주장하든 중요한 것은 그곳까지 이른 길을 밝히는 것이 대지혜이다.599) 본체 경지는 각성을 이룬 이전이나 이후나 상관없이 다만 고고할 뿐이다. 증과 세계는 어김없는 원인과 과정을 겪은 결과 현상일 뿐이다. 인류의 지성들이 여태껏 이해하지 못한 하나님의 천지 창조 역사가 그러한 것처럼……. 수행이 무엇보다도 엄격한 과정행을 요구한 이유도 여기에 있다. 철저한 원인의 씨앗을 뿌려야 증과란 확실한 결과를 얻는다. 추구한 발자취가 뚜렷해야 후인들이 그 남아 있는 근거들을 통해서 판단할 수 있다.

증과는 수행자의 의지와 상관없이 모든 것을 소상하게 보존하고 있는 창조 바탕(본질)이 존재하게 됨으로써 이루어진다. 예나 지금이나 道는 깨달았다고 하는데 제대로 증거한 이는 없고, 분명 自性은 보았다고 하는데 만인 앞에 드러내어 보이지 못한 것은 창조 이래의 섭리가 완결되지 못해서이다. 하지만 이제는 세계적 여건이 순숙된 관계로 얼마만큼 수행이란 실행 과업을 닦았는가 하는 여부가 인생과 구원 문제를 해결할 실마리가 된다. 이전에는 제 작용성과 원리성의 미비로 증과 세계가 요해될 수 없었지만, 이제는 믿음과 구원, 수행과 正覺 간의 관계성이 모두 밝혀진다. 목적을 가지고 가치 있는 행업을 쌓으면 분명 증과는 있다. 천국, 해탈, 시온

599) 수행의 보편화를 위해서는 궁극 본체를 규명한 대지혜를 밝힐 수 있어야 한다.

의 영광이 납득할 수 있는 원리 작용으로 요해되고 실현된다.

경과를 겪지 않은 자가 진리를 말할 수는 없다. 과정도 살펴보지 않은 자가 비판을 일삼는 것은 자신의 어리석음조차 모르는 무지이다. 객관적인 진리는 논증함으로써 확인할 수 있지만, 수행은 혼신을 바쳐 소정의 과정을 겪는 것이다. 인내와 투쟁으로써 극복해야 한다. 관념적인 사료만으로써는 불가하다. "불교를 이해하기 위해서는 부처님의 말씀을 파악하는 단계를 넘어서 가르침대로 실행하여 자기 체득을 이루어 가는 철저한 과정행을 거쳐야 한다."[600]

『화엄경』에서는 "佛道 수행의 단계를 信·解·行·證의 넷으로 나누었는데",[601] 이것 역시 果를 증득하기 위해서는 과정이 동시에 작용해야 한다는 것을 말한 것이다. 『大學』에서도 "머무를 데를 안 뒤에야 능히 定함이 있고, 定함이 있은 뒤에야 능히 고요함이 있고, 고요함이 있은 뒤에야 능히 생각함이 있고, 생각함이 있은 뒤에야 능히 얻음이 있다."[602]라고 했다. 절차가 이러한데 증과만 진리의 전부인 것처럼 이해하려는 것은 큰 잘못이다. 증과 세계는 반드시 과정을 밝힐 수 있어야 한다는 상식적인 요구를 충족시키지 못했다.

信行의 원리라는 것이(종교라면 교리) 주관적인 판단이라는 생각을 벗어나지 못하는 이유도 여기에 있다. 하지만 信行은 무엇보다도 철저한 인과법칙과 원리성이 적용된 세계라, 이것을 확인할 수 있은 것은 하나님이 지혜를 동원해서 삶의 과정을 근거 지은 '길의 추구법'이었다. 그만한 과정이 있었기 때문에 그만한 증과가 있었

---

600) 『천태사교의』, 고려사문 제관 록, 이영자 역주, 경서원, 1988, p.11.
601) 『마음닦는 길(수심결 강의)』, 지눌 저, 강건기 강의, 불일출판사, 1991, p.232.
602) 『명상의 세계』, 정태혁 저, 정신세계사, 1994, p.158.

는데, 이것을 확인하기 위해서는 일체 과정이 긴요했다. 모든 의혹을 물리치고 그만한 과정이 결국 그만한 결과를 낳은 것이다.

하지만 과정이 증과를 목표로 해서 실행되었다고 해도 그것이 곧바로 과정＝증과란 등식으로 성립되는 것은 아니다. 여기서 증과 세계에 대해 信行의 원리가 잘못 이해된 이유가 있다. 수행은 극복된 세계를 요구했다. 땀 흘려 등정을 했다면 정상에 서야 천하를 굽어볼 수 있다. 설정된 수행 과정도 마찬가지이다. 길은 극복된 세계 속에 있다. 과정은 수행되었더라도 절로 완수되는 것은 아니다. 반드시 극복함을 전제로 한다. 뜻을 다하고 마음을 다하고 의지를 다해야 하는 질적 과제에 직면한다. 그렇지 못하면 평생을 추구했어도 물에 물 탄 듯하다. 구원 의지는 인간 실존이 한계성에 직면했을 때 드러나는 제삼의 작용력이다. 잔존 의지가 남아 있어서는 세상 어디서도 하나님의 손길을 볼 수 없다. 길을 가기 위해서는 세계를 보아야 하고, 세계를 보기 위해서는 길을 획득해야 한다. 아무리 길 가고자 해도 세계를 획득하지 못하면 영원할 수 없다.

인생도 마찬가지이다. 평생을 바쳐 업을 소멸시켜야 육도 윤회를 벗어날 수 있다. 出家를 해서라도 저지른 업을 멸진시킬 방도가 있다면 그 목적 하나만을 위해 정열을 바칠 만도 하다. 현실의 극복 문제도 마찬가지이다. 의미 있는 삶을 통하여 보다 영원한 가치를 인식할 수 있다는 것은 사고할 수 있는 이성자로서의 행복이다. 그러나 허무를 극복할 수 없으면 그림 속의 떡과 같다. 수행으로 이룬 증과는 증과를 얻지 못해 이해하지 못하거나 진리가 아니라서 인식할 수 없는 것이 아니다. 극복이란 과제와 차원적인 승화란 갭이 문제였다. 그러나 이제부터는 상황이 달라졌다.

하나님이 강림하셔서 이 같은 제 증과 세계를 낱낱이 밝히고자 하시는 이유는 무엇인가? 門을 활짝 여는 만큼이나 모두가 다 드나들 수 있어야 한다는 뜻이다. 무엇을 위해서? 도래할 종말 심판과 구원을 대비해서 결과를 이룰 원인 행위를 사전에 요구하심이다. 하나님은 천지를 창조하신 전능한 분이지만 그런 하나님도 결정된 창조 원칙을 충족시키는 조건 안에서만 인류를 구원하실 수 있다. 그 원칙적인 조건 항목에 바로 인류의 다함없는 수행적 바침이 있다. 증과 원리, 그 구원을 위한 조건의 요구는 무시할 수 없다. 하나님이 하늘과 땅을 창조하신 원칙 그대로 뭇 행적들을 증과하실 것이니, 그것이 극복된 세계 속에서 차원적으로 주어지리라. 차원성은 존재를 영원하게 하기 위해 결정된 전제 조건이다. 과정을 바쳐 뜻을 다하면 끝을 보는 것이 아니라 새롭게 생성되는 통합 세계를 맞이한다. 부분의 합은 부분을 합한 그대로인 전체가 아니다. 특히 분열로써 통합을 낳은 생성 본질은 더욱 그렇다. 분열적인 한계성을 벗어나지 못해 부분적인 한도 내에서 합이란 세계를 생각하지만, 통합 세계는 분열적인 특성과는 전혀 다르다. 그래서 차원적이다. 극복하지 못하면 끝내 파멸할 수밖에 없는 근거이다. 인류 역사도 도래한 종말성을 극복하지 못하면 분열적이고 부분적인 한계 속에 머물뿐이니, 그것이 문명의 종말적 한계이다. 부분 속에 머물러서는 영원할 수 없다. 지상 천국을 맞이할 수 없다면(차원 세계) 이 세계는 더 이상 지속될 수 없다. 멸망이 있을 뿐이다. 때란 어김없이 한정되어 있다.

이와 같은 종말의 때를 맞이하여 이 연구는 증과 세계에 있어서 각자 도달한 경지 세계들이 결국은 하나인 창조 본질에 근거하여 획득된 동일한 작용 결과라는 사실을 밝힘으로써, 수행론에 있어 대완성을 기하고자 한다. 도상에서는 추측은 할 수 있어도 도달해 보지 않고서는 확인할 수 없다. 만 말이 필요 없다. 결론이 하나라면 제 과정은 자연적으로 제도된다. 경지란 다름 아닌 통합 세계이다. 통일과 해오와 일체의 과정을 제도할 수 있는 차원 세계이다. 증과는 온갖 분별을 넘어선 세계라, 세상이 종말을 맞이한 지금은 정말 모든 증과 세계를 밝혀 제 과정의 분열성을 제도해야 할 때가 되었다. 하나님에게로 이르는 길을 보편화, 정형화, 객관화한 통찰력을 발휘해야 할 때이다. 이전에는 제 교리, 제 신앙, 제 득도 방법에 있어서 우위성과 진리성과 유일성을 놓고 아옹다옹하였지만, 알고 보면 같은 원리이다.[603]

불교에서는 해인삼매－海印三昧란 증과 경지가 있다. 공식적인 해석으로는 『화엄경』을 설하려 할 때 부처님이 도달하신 선정 상태, 고도의 정신 통일 상태인데,[604] 부처님이 三世를 관통한 진리와 지혜를 설하시기 위해 수행으로 구축한 차원 경지이다. 부처님이 설하신 말씀 하나하나가 진리로서 장엄될진대, 이것은 三世 간을 초월해서 역사하신 하나님의 계시를 받드는 것과 동일한 성령의 충만 상태이다. 성령이 역사하실 수 있도록 영성이 깨어 있는 것은 참으로 고도한 정신 상태이다. 선정 역시 얼마나 차원적인 경지 상태에 있어야 하는 것인가를 고려할 때, 佛陀는 바로 이와 같은 영성의 충만 상태에서 초월적인 法을 설할 수 있게 된 것이다. 성령에 감동되어야 하나님의 계시를 받들 수 있듯, 佛陀 역시 해인삼매란 경지 상태에서 우주 생성의 뿌리를 관통한 法을 현시했다.[605]

---

603) 신앙 방법과 得道 과정이 각 종교마다 서로 다른 듯하나 내면세계로 도달하는 과정은 일치되며, 깨닫고 보면 이 종교 저 종교가 다른 것이 아니고 모든 종교가 진리의 길을 안내하였을 뿐이며, 인간을 교화하여 이상 세계를 지구상에 건설하고자 한 것이다. －『수도에서 득도까지』, 배일우 저, 구도의 길, 1994, p.314.

604) 『화엄일승법계도 게송의 해석』, 의상조사 저, p.인터넷자료.

605) 중후한 수행과 믿음행으로 초월적인 통합 본체계를 영원한 메시지로서 현현시킴.

이 연구도 이 같은 작용 세계를 요해할 수 있다는 것 자체가 일종의 경지 안목에 도달한 증과성의 유지 상태라고 말할 수 있다. 제 과정을 통활한 세계성을 보유했다. 애써 동일하다고 하는데도 (不二) 현실 가운데서는 엄연히 중생과 부처가 다르고 하나님의 아들과 종이 다르고 너와 내가 다른 것은, 그들이 현재 머물고 있는 경지 차원이 다르기 때문이다. 어떻게 해서 누구는 구원을 얻는데 누구는 심판을 받는가? 그것을 어떻게 분별할 수 있을 것인가? 하지만 누가 어떤 경지를 획득했는가 하는 것은 너무도 명백하다. 진리와 함께하는 동안 영혼은 무한한 평화와 안정과 성령의 살아 계심을 만끽한다. 증과된 세계는 이처럼 현존재의 차원 상태로서 확고하다. 증과 세계가 확고한 차원 세계로서 운위되고 있는 것인데도 깨달음과 계시가 여전히 특별한 권위에 의해 도그마화되거나 더 이상 신비주의란 도성 안에 갇혀 있어서는 안 된다.

진리를 체험했다면 이제 그것을 증거할 수 있는 길도 함께 마련되리라. 어렵게 도달한 증과성인 만큼, 이치성으로 관통하면 진리와 세계와 인간이 일체가 된다. 覺者는 정말 대우주의 생성성과 생명성을 한 눈으로 간파한다. 하나님의 살아 계심을 안다. 信·解·行·證을 꿰뚫음으로써 결국은 일체인 존재성을 안다. 과정은 비록 온갖 극복을 요하는 인내행을 요구하다 하더라도 결국 일과성과 관통됨과 초월성을 허용한다는 것은 본체적인 존재성 내에서만 성립될 수 있는 작용 현상이다. 일체 과정을 요해할 수 있고 증과된 세계로서 제도할 수 있으며 제 법, 제 과정을 통합한 존재화가 시사하는 것은? 그것은 놀랍게도 깨달음의 제 방법론과 제 원리성과 제 결과 세계를(증과) 동시에 장악한 佛의 완성 본체, 통합 본체, 곧 彌勒佛이 탄강했다는 사실을 뜻한다.606)

수행의 바탕, 작용, 원리, 방법, 증과를 체계 짓는 것은 法의 본체자인 彌勒佛의 지혜 과업이다. 彌勒佛은 모든 분별 세계를 넘어선 統合佛이고, 統合佛은 모든 증과 세계를 일체화시킨 法의 完成佛이라, 만상의 주권자이신 하나님께로 귀속될 創造佛이다. 부처가 미혹한 先天세계에서는 하나의 상징 역할인 化身佛로서 추앙되었다면, 이제 인류가 깨달음을 얻어 성령이 충만한 증과 세계를 넘나들게 한 후에는 彌勒佛＝보혜사 하나님이란 통합 명호로 통용될 것이다.

2. 각성 · 자유 · 초월적 증과

각성－覺醒, 즉 깨달음은 인류가 영원히 지향해야 할 이상적인 증과 경지이다. 인간이 만난을 극복하고 본질적인 변용 상태를 자각하게 되는 최초의 입각 門이다. 수행을 통한 고차－高次的인 의식의 변화 상태라고 할까? 일상적인 존재 양식과는 차원이 다른 의식 상태를 경험하는 순간이다.[607] 이것을 이 연구에서는 차원적인 세계 진입 상태로 접근하고자 하는데, 이것은 비단 의식뿐만 아니라 존재하는 전반에 영향을 미치는 세계성 획득 격식이다. 自性을 깨달아 見性했다는 것은 존재가 지닌 분열의 제한성, 어김없는 결정성, 인식의 한계성을 넘어서 자신의 영원한 자유성을 획득했다는 말과 같다. 초월적인 궁극성과 조우되었다면 그것은 구원이라고도

---

606) 그래서 수행의 완성도론임. 완성도론은 彌勒佛의 탄강 사실을 예고하고 그 역사를 뒷받침할 것임.
607)『과학기술과 정신세계』, 湯淺泰雄 해설, 박희준 역, 범양사출판부, 1988, p.228.

할 수 있다. 그래서 覺한 결과, 지울 수 없는 신념과 진리에 대해 확신을 얻는다. 무궁한 신뢰와 바침이 있는 세계로 진입한다. 그 차원적인 경계 門은 실로 가늠할 수 없는 그 무엇이다.

우리는 수행하는 것이 자유를 제약하는 것처럼 보여 선뜻 받아들이기를 꺼리는데, 자고로 성현은 진리가 너희를 자유롭게 하리라고 했다.608) 인간이 지금 누리고 있는 자유는 사실 밑도 없고 끝도 없는 불안한 자유이다. 오직 진리가 주는 자유, 진리 안에서 영원한 자유를 누릴 수 있다. 하나님의 엄중한 구속 의지를 깨닫는 거기에 무궁한 자유가 있다. 세태는 욕구를 충족할 수 있는 生의 감미로움을 최고의 열락으로 치지만, 그것은 감각 전체를 쾌락의 나락으로 떨어지게 하는 제약이라 이것이야말로 부자유한 구속이다. 생명의 유한성을 한꺼번에 불태우려는 처사이다. 벗어날 수 없으면 그것은 자유가 아니다. 그러나 깨달음으로 지혜를 얻은 자가 누리는 자유는 차원이 다르다. 언제든지 세상 유혹으로부터 벗어날 수 있다. 그것이 존재 의지의 알파와 오메가를 장악해서 의지의 생성 전모를 간파한 참자유이다.

욕망을 극복한 자유는 어떤 쾌락도 비할 바 없는 차원적인 열락이다. 현대인은 禮를 귀찮기만 한 행위 절차로 여기는데, 禮는 인가이 지닌 무한 욕구를 자제시켜서 오히려 승화시키는 행동 규범이다. 뭇 행위의 자유성을 보장하려 한 보다 높은 욕망 컨트롤 방식이다. 그 경계는 참으로 제 분열 경계를 넘어선 자유지경, 초월지경이다. 인욕을 끊고 "天理神命께 순응해서 천지와 조화를 이룬 경지이며, 浩然之氣를 갖춘 자 칠척－七尺의 체구에 한하면서도 그 지경은 이미 유한을 넘어서 무한에 나아간다(맹자)."609) 天地之

---

608) "진리를 알지니 진리가 너희를 자유케 하리라." - 요한복음, 8장 32절.

氣와 宇宙之氣로 나아가는 길, 그 바탕에 浩然之氣 경지가 있다. 무한성으로 나간다는 것은 분열의 경계를 넘어선 것이라, 그 같은 세계가 바로 自由之境이다. 텅 빈 것 같은데 오히려 일체의 사물을 포용해서 氣를 하나로 통일한 차원 상태이다.[610]

분열 이전에는 분열되어야 판단이 가능했는데, 그 경계를 넘어서니 일체의 존재성이 활연관통된다. 知가 지극성에 이른다. "뭇 사물의 표리 – 表裏와 정조 – 精粗(정밀과 조잡)의 세밀한 이치가 모름이 없게 되고, 마음을 크게 활용하여 밝지 않음이 없다."[611] 천안통·천이통·타심통……. 능히 하늘의 일을 알고, 능히 하늘의 말을 들으며, 능히 미래의 일을 안다.[612] 이것이 三世 간에 걸쳐서 분열의 경계를 넘어선 초월 경지이다. 시공간상에서는 직접 겪어야 아는 것인데, 깨달은 이는 생성의 전모 본질을 벌써 꿰뚫었다. 알파와 오메가를 관통했다. 원인과 결과가 함께한 본체성의 직시이다. "응념 – 凝念과 선정과 三昧를 쌓은 요기 – Yogi는 결과로서 과거와 미래에 관한 지식을 얻게 되는 초자연력을 갖추게 된다."[613] 그래서 覺者가 "진리를 통찰하는 것은 우주 생성의 알파와 오메가를 관철하는 것이며, 시공을 초월한 본질의 생성 궤도 위에 편승하는 것이다. 전체 궤도를 통활하므로 천지 질서가 인식된 그대로 운행되는 것처럼 보이며, 미래의 운행 질서를 관통하는 예지력을 발휘한다."[614]

---

609) 『호연지기에 대한 소고』, 안금희 저, 논문, p.116.

610) 분열된 관점에서 보면 온갖 분열이 사라졌으니, 텅 빈 상태로 보임.

611) 『수도에서 득도까지』, 앞의 책, p.328.

612) 『선불합종』, 오충허 저, 허천우 역, 여강, 1995, p.89.

613) 『선수행법의 역사와 실천에 관한 연구』, 박동기 저, 원광대학교대학원 불교학과 박사학위논문, 1992, p.53.

614) 운행 질서가 통속인 형태로 존재하므로, 이것이 도래하지 않은 질서를 드러낸 예지력이 됨.

진리의 생성 방향을 사전에 통찰한 『금강경』에서는 "아도 없고 인도 없고 중생도 없고 수자도 없는 것으로서 일체의 선한 法을 닦으면 아뇩다라삼먁삼보리를 얻으리라."[615]라고 했다. 초월적인 증과체인 지혜를 얻기 위한 조건적인 수행 지침이다. 없고 없고를 반복한 것은 분열의 경계를 넘어서기 위한 구체적인 가닥 붙듦이다. 그렇게 갖추어야 아뇩다라삼먁삼보리를 얻을 수 있다고 한 것은 하나님의 본체성을 직시한 대지혜이다. 하나님이 그와 같은 초월적인 지혜(아뇩다라삼먁삼보리)를 근간으로 해서 "이제도 있고 전에도 있었고 장차 올 자요 전능한 자"[616]로서 존재하신다. 시공의 알파와 오메가를 통활하신다. 이 같은 하나님이 이 땅에 강림하셨을진대, 彌勒佛도 함께 탄강하시어 그 본체성을 보위하지 않겠는가? 아뇩다라삼먁삼보리를 얻었다면 그 혜안으로 하나님인들 분간하지 못하겠는가? 彌勒佛은 깨달음으로 창조 지혜를 통찰한 法身體로서 彌勒佛 즉 하나님이시다.

3. 합일 · 해탈 · 통합적 증과

지금까지 인류는 神을 찾아 헤매었고 찾아도 안 보이니까 존재하지 않는다고 판단했는데, 神과 창조 역사는 현 시공간과 차원 양식을 달리하고 있는 만큼, 동일한 조건을 갖추기 위해서는 일련의 노력이 필요하다. 그리해야 증과 세계로서 하나님을 만날 수 있게

---

615) 『금강경 강해』, 김용옥 저, 통나무, 2003, p.332.
616) 요한계시록, 1장 8절.

되는데 그 같은 도달 경지가 곧 天人合一, 神人合一, 梵我一如之境이다. 본래 인간은 만상과 함께 창조되었기 때문에 세상 가운데는 어디서건 하나님께로 나아갈 수 있는 길이 있다. 그것이 우리에게 부여된 본성이란 바탕이다. 불교에서는 自性이 天으로 연결된 길을 트는 것을 見性이라 했고, 유교에서는 본성 가운데 만물이 구비된 것을 지극한 가치로서 인정했다. 그런데도 天의 창조 이상에 비해 존재와의 거리가 너무 크기 때문에 인간은 끊임없이 수행을 쌓아야 했으며, 그렇게 해서 드러나게 된 것이 天的 본성 바탕이다.

맹자는 수양으로 "개개인의 도덕 실천이 끝없이 이루어져 다하면 天人合一이 이루어진다."[617)]고 했다. 수양이 지극하면 분열의 경계를 넘어서 본래의 창조 바탕과 일치할 수 있는 길을 튼다. 그것이 수행으로 이룬 合一的 증과이다. 분열을 다하면 존재한 본질이 원만 구득한 창조 본체와 통한다. 쌓은 義가 하나님의 뜻과 일치되어 신념의 正覺을 이룬다. 성현들은 진리와 하나 되고 종국에는 귀의하고자 한 이상을 추구했는데, 그것이 곧 하나 된 증과 결과로서 실현된다. 온갖 경계를 넘어선다. 만물과 일체 되고 우주 법계가 一如하다.[618)] 뜻과 의지가 合一되고 우주의 생성 질서가 함께하여 "내 마음을 깨달으면 上帝가 곧 내 마음이고 천지가 내 마음이다. 삼라만상이 내 마음의 一物이다. 내 마음을 모시는 것이 곧 하늘을 모시는 것이 되고(侍天), 人이 天이 되는(人乃天)"[619)] 일체지경이다. 아트만이 곧 브라흐만이다.[620)] 그것이 神人合一지경,

---

617) 『맹자 수양론과 원불교 정신수양의 비교 연구』, 박희종 저, 원광대학교대학원 논문집, 제23집, 1999, p.9.

618) 『선불합종』, 앞의 책, p.24.

619) 『동학사상』, 이세권 편저자, 경인문화사, 1987, p.245.

620) 『인도철학』, 김동암 편저, 대승불교전문강원, 1989, p.73.

곧 인간의 뜻이 하나님에게 상달되고 하나님의 뜻이 인간의 의지 위에서 작용하는 경지 세계이다.

그렇다면 合一지경과 함께 해탈적 증과는 어떻게 해서 주어지는가? 그것은 삶의 분열 의지를 수행으로 완수했을 때이다. 즉 삶의 과정을 고결하게 분열시켜서 죽음을 차원적으로 완성하고, 滅함과 동시에 정토에 왕생하는 것이다. 生을 온전하게 분열시키면(수행으로) 얻게 되는 증과 결과가 해탈이다. 죽으면 모든 것이 사라지고 마는가? 아니다. 삶을 통해 분열시킨 본질력이 그대로 남아 새로운 死的 生의 발동 에너지가 된다. 분열의 끝은 새로운 차원 세계의 시작이다. 그래서 生의 분열이 고결하지 못하면 그것이 그대로 남아 분열을 반복하게 된다(윤회). 그런데 열반은 어떻게 해서 그 같은 윤회를 멈추게 하는가? 업을 멸진시키므로 더 이상 윤회할 건더기가 남아 있지 않기 때문이다. "集을 끊어 道를 닦아 滅을 證했다."[621]는 것은 生을 완전하게 분열시켰다는 뜻이다. 욕망이 멸진된 것인 한, 욕망에 따른 더 이상의 윤회는 없다. 고통을 일으킬 원인이 멸진되어 버린 세계, 이것이 천국이고 극락이다.[622] 해탈로써 이룬 증과 경지이다. "成私는 無私의 자연스러운 결과이다."[623] 無私는 生의 분열이 다한 경지이다. 이 生을 버려서 저 生만을 위하려는 것이 아니다. 이 生을 다해서 영원한 生을 획득하기 위한 차원적 증과를 얻기 위해서이다.

生이 有한 결과로서 死도 동일하게 有하다. 다만 그 有함 방식이 차원적으로 다른 것인데, 生이 분열적 차원이라면 死는 통합적

---

621) 『원각경 역해』, 한정섭·송은진 공저, 불교통신대학, 1994, p.210.

622) 『단의 비고』, 홍태수 저, 세명문화사, 1993, p.206.

623) 『금강경 강해』, 앞의 책, p.189.

차원이다. 그래서 死的 차원을 보다 적극적으로 맞이하기 위해 삶
의 분열을 온전하게 하는 것, 이것이 인류가 수행적인 삶으로 모든
것을 헌신하고 있는 이유이다.624) 원인은 분열의 과정을 안고 있어
분열이 끝나는 지점에서 새로운 세계로 진입할 통합이란 작용이
있다. 그런데도 통합은 현실 인식과 존재의 有無 경계를 넘어서 있
어 대개는 저 生과 윤회와 천국이 존재하지 않는다고 단언했다. 하
지만 삼라만상이 예외 없이 통합성을 본체로 한 모태로부터 창조
된 것이 사실인 한, 인류는 어떡하든 각성하여 본래의 통합성과 合
一된 차원 세계로 귀환할 수 있어야 한다. 영원한 자유와 평안과
생명이 있는 곳, 그곳이 하나님의 창조 품 안이다.

天人合一, 梵我一如, 萬物一體는 별다른 증과가 아니다. 나를
주신 하나님과 하나 된 곳이다. 통합성을 이룬 증과 경지이고 분열
을 다한 해탈지경, 창조된 모태로의 귀환지경이다. 이 生 위에서는
아무리 추구해도 다함이 없지만, 저 生에서는 완성이 있고 귀환이
있고 완전한 合一이 있으리라.

4. 응답 · 구원 · 본체적 증과

길은 한 인생의 추구와 바침과 간구에 대한 하나님의 응답 역사
이다. 깨달음은 천하에서 독자적이라고 생각한 인간이 자신 이외에
제삼의 절대적인 의지가 있다는 사실을 발견하게 되는 증험 인식
이다. 구하고 바치지 않았다면 확인할 것도 없겠지만, 소정의 과정

---

624) 수행은 死的 삶의 예비 절차, 곧 영생의 길을 엶.

을 통해서 믿음과 義와 공덕을 바치면 응답이 있으리란 것, 응답은 믿음을 바침에 따른 분명한 증과 결과이다. 득도도 마찬가지이다. 자신이 자신에게 말하는 것은 응답이 아니다. 그렇다면 어떻게 전달받아야 득도(통한 앎)로 성립되는가? 역시 제삼의 의지체를 자각함으로써이다. 수운이 계시받았다는 한울님의 메시지가 그 예이다. 그것은 자신이 바친 願과 뜻을 통해서 제삼의 의지성을 자각한 영성 작용 체제이다. 뜻과 의지가 세계의식과 合一된 시점에서 전달받게 되는 메시지 교감 상태이다.

> 한울님이 말씀하시길, "아름답다 너의 뜻이여 가상하다 너의 절개여, 너의 공부가 지극하고 너의 수련이 이미 도수에 차고 너의 행실이 이미 원만하니, 내 이제 너에게 보국안민 – 保國安民하고 포덕천하 – 布德天下하여 광제창생 – 廣濟蒼生하고 지상천국을 건설할 후천 오만 년의 무극대도 – 無極大道를 주노라."625)

이것은 분명 수운 자신으로부터가 아닌, 제삼의 의지체로부터 반향되어 응답받게 된 계시 형태이다. 소리로써 표현되었지만 그것은 말없는 깨달음인 것과 진배없다. 우주는 언제나 말이 없되, 覺者는 우주의 엄밀한 운행 질서로부터 하나님의 창조 의지를 전달받는다. 이것이 차원성을 이룬 의식과의 교감 경지이다. 오감을 통한 인식의 경계를 넘어섰다. 마음을 다하고 정성을 다하면 못 들을 소리가 없고 해석하지 못할 의미가 없다. 수운은 지극성에 이른 자체의 의미 해석 경지 안에서 하나님의 뜻을 메시지화한 것이며, 대요는 결코 天理에 어긋나지 않는 응답 형태로 피력되었다. "하나님이 세상을 이처럼 사랑하사 독생자를 주셨으니 이는 저를 믿는 자마다 멸

---

625) 『수도에서 득도까지』, 앞의 책, p.235.

망치 않고 영생을 얻게 하려 하심이니라.”626) 즉 제삼의 의지로부터 부여된 형식틀을 취하고 있지만, 그 이면에는 계시를 받든 자 자체의 해석적 판단이 깔려 있다. 그런데도 자의적인 것으로 표현되면 계시로서 성립이 안 된다. 그래서 성령의 은사에 감동되었다고 하는 대언 형식이 취해진다. 제삼의 의지 형태를 빌려서 자신의 신념어린 절대 의지성을 표명하게 된 것, 그것이 간구에 대한 응답 증과이다.

계시가 응답된 증과인 것이라면 구원도 동일한 작용 형태 안에 있다. 다른 점은 계시는 의미를 통해서인데 구원은 의지적 실체를 확인하는 형식이다. 품은 의문과 바친 간구에 대해 모종의 반향이 일어나므로, 이것을 확인하는 인식 절차가 구원에 대한 확신 증과이다. 제 역사에 하나님의 구원 의지가 뒷받침되어 있다는 사실을 알진대 심판인들 없을 텐가? 심은 대로 거두지만 그 같은 철칙 이면에는 항상 하나님의 주체 의지가 작용하고 있다. 영혼들이 하나님을 위해 인생을 바치면 하나님은 당연히 그들 영혼을 끝까지 책임지신다. 이것은 하나님이 역사하셨기 때문에 벗어날 수 없는 절대 철칙이다. 구원은 반드시 증과된 결과로서 확인할 수 있는 시공간 내에서의 엄연한 작용 현상이다. 하나님은 만사에 가로놓인 인과적 결정성으로부터 자유로운 분이시라 사전에 약속을 천명하실 수 있다. 그것이 실현되기 위해서는 온갖 과정행이 요구되지만 결국은 하나님이 조건화하신(풋대 세움) 의지의 생성 방향을 벗어나지 않는 한에서는 모든 약속을 보장받으리라. 존재는 구원됨으로써 영원하다.

수행으로 이룬 증과 세계를 인류가 종말을 맞이한 이 시점에서

---

626) 요한복음, 3장 16절.

요해하고 획득하고자 하는 것은 그곳에 바로 천지를 창조하신 하나님이 계시고 하나님의 본체상이 그려지기 때문이다. 수행으로 도달한 증과 세계에는 천지 만상을 바탕 지은 창조의 본질 구조가 드러난다. 그래서 이 같은 증과성을 요해하는 것은 인류가 일군 지적 성과를 기반으로 해서 끝내 하나님의 존재자리를 추출하기 위한 막바지 과정이다. 先天하늘에서 걀출한 제 진리 세계를 통합해서 하나님의 본체상을 그려 내는 것, 증거하는 것, 이 과업의 완수 절차에 대수행의 완성도론이 있고, 수행의 대단원에 걸친 결정적 증과가 있다.

▌약 력

1957년 경남 진주 출생
진주고등학교(47회)
경상대학교 사범대학 체육교육과
R.O.T.C.(19기)
서남대학교 교육대학원 졸업, 1984년 교직에 첫발을 내디딤(현 교사).
자아와 세계에 대해 눈떴을 때부터 세상의 분파된 진리에 대해 의문을 품고 '길은 어디에 있는가.'라는 명제 하나로 탐구의 길에 나서, 현재까지(53세) 다수의 책을 저술함.

▌주요 저서

1985년(29세): 길을 위하여 Ⅰ(아가페)
1986년(30세): 길을 위하여 Ⅱ(인쇄본)
1990년(34세): 길을 위하여 Ⅲ(인쇄본)
1995년(39세): 세계통합론(다짐)
1997년(41세): 세계본질론(청학사)
1998년(42세): 세계창조론(인쇄요약본)
2000년(44세): 세계유신론(인쇄요약본)
2004년(48세): 세계섭리론(인쇄요약본)
2006년(50세): 세계수행론(인쇄요약본)
2008년(52세): 교육수상집 가르침(인쇄본)
　　　　　　　세계도덕론(인쇄본)
　　　　　　　통합가치론 – 한국학술정보(주)
2009년(53세): 인간의 본성 탐구 – 한국학술정보(주)
　　　　　　　선재우주론 – 한국학술정보(주)
　　　　　　　수행의 완성도론(현재)

수행의 완성도론

초판인쇄 | 2009년 12월 31일
초판발행 | 2009년 12월 31일

지은이 | 염기식
펴낸이 | 채종준
펴낸곳 | 한국학술정보㈜
주 소 | 경기도 파주시 교하읍 문발리 파주출판문화정보산업단지 513-5
전 화 | 031) 908-3181(대표)
팩 스 | 031) 908-3189
홈페이지 | http://www.kstudy.com
E-mail | 출판사업부 publish@kstudy.com
등 록 | 제일산-115호(2000. 6. 19)

ISBN 978-89-268-0714-9 93110 (Paper Book)
      978-89-268-0715-6 98110 (e-Book)

내일을여는지식 은 시대와 시대의 지식을 이어 갑니다.